위험을 향해 달리다

기억과 대면한 기록들

위험을 향해 달리다

세라 폴리

이재경 옮김

표지 설명

전체적으로 남색 바탕이 깔려있다. 표지 맨 위 왼쪽에 "기억과 대면한 기록들"이라는 책의 부제가 흰색으로 적혀있고, 이어 대제인 "위험을 향해 달리다"가 하늘색으로 적혀있다. "위험을 향해"는 부제와 같은 줄에 나란히 있고, "달리다"는 오른쪽으로 90도 기울어진 글씨로 우측 모서리에서 꺾이며, 제목부 전체가 기역 자 형태를 이룬다. 그 아래 중앙에 왼쪽으로 40도 정도 회전시킨 사각형 아트워크가 있고, 남색부터 하늘색까지의 푸른색 계열로 물의 흐름처럼 보이는 이미지가 채워져 있다. 이 아트워크의 하단부 오른쪽에 흰색으로 지은이 이름 "세라 폴리"가, 바로 아래에 "이재경 옮김"이라는 옮긴이 정보가 하늘색으로 적혀있다. 표지 전체적으로 하늘색의 물줄기가 오른쪽 맨 위에서부터 점차 많은 부분을 차지하며 아래로 흐르는데, 하단부에서 물방울이 왼쪽으로 튀어 오르며 표지를 가로지른다. 이 물방울 위를 일부 덮으며 책의 원제인 "Run towards the Danger: Confrontations with a Body of Memory"가 흰색으로 적혀있다.

이 책이 오디오북, 점자책 등으로 만들어지거나 전자책으로 제작돼 TTS(Text to Speech) 기능을 이용할 독자들을 위해 간단한 표지 설명을 덧붙인다.

초등학교 2학년 때 베벌리 파니카 선생님은 내게 매일 종일 이야기를 쓰게 해주셨고, 언젠가 내가 작가가 될 거라고 말씀하셨다. 몇 년 후 나는 선생님에게 말했다. "언젠가 제가 책을 쓰게 되면, 그 책을 선생님이 어린 제자들에게 주셨던 공간, 존재, 호응에 헌정하겠어요."

이제 그때가 왔어요, 베브 선생님. 감사합니다.

내 삶을 다시 쓴 이브, 에일라, 에이미 덕분에 가능한 일이다.

엄마는 너희의 이야기가 펼쳐지고 그 속에서 너희를 보는 것이 행복해.

일러두기

1. *Run towards the Danger: Confrontations with a Body of Memory*(2022)를 우리말로 옮긴 책이다.
2. 원문에서 이탤릭체로 강조한 부분은 기울임체로, 대문자로 강조한 부분은 볼드로 표시했다.
3. 각주는 모두 옮긴이가 첨언한 것이다.
4. 단행본·정기간행물에 겹화살괄호(《》)를, 기사·영화·노래·방송 프로그램 등에 홑화살괄호(〈〉)를 사용했다.

차례

서문

> “뒤로 살다뇨?” 앨리스가 깜짝 놀라서 되물었다. “그런 건 처음 들어봐요!”
>
> “하지만 엄청난 장점도 있단다. 기억이 양방향으로 작동하거든.”
>
> “제 기억은 한 방향으로만 작동하는 게 분명해요.” 앨리스가 말했다. “일어나지 않은 일은 기억나지 않거든요.”
>
> “뒤로만 작동하는 기억이라니, 형편없는 기억이로구나.” 여왕이 말했다.
>
> — 루이스 캐럴, 《거울 나라의 앨리스》

이 책의 가제는 ‘뒤로 살기’(Living Backwards)였다. 기억이 두 가지 이상의 방향으로 흐른다는 거울 나라 여왕의 말에서 영감을 얻었다. 하지만 '뒤로 살기'는 누군가의 평생을 담은 회고록처럼 들린다. 이 책이 회고록이나 자서전이라면 이 책은 비참하게 불완전하다. 이 책에 담겨있는 여섯 편의 에세이들이 내 삶의 지도로 읽히기에는 한계가 많다. 이 에세이들은 내가 얼마나 운 좋은 사람인지 제대로 담지 못하고, 동시에 내가 겪은 트라우마도 충분히 말하지 못하기 때문이다.

나는 원래 이 에세이들을 각각의 독립된 글로 썼다. 그중 일부는 몇 년에 걸쳐서 썼다. 어떤 것은 수십 년이 걸렸다. 오래 방치하기를 반복했기 때문이다. 내게 이들을 끝낼 용기가 있는지, 이들이 세상에 있을 자리가 있는지 확신이 없었다. 이 에세이들이 스스로 책의 형태를 취하기 시작하면서 나는 이들 사이에 결합 조직이 존재하는 것을 깨달았다. 그것은 내 인생의 두 가지 상이한 시간대 사이에서 일어나는 일종의 대화였다. 과거는 내가 세상을 경유하는 방식에 영향을 미치고, 현재는 과거가 나를 통과하는 방식에 영향을 미치고 있었다.

전부터 나는 어릴 적 경험이 현재의 삶에 미치는 영향을 민감하게 인식했다. 반면 내 성년의 삶이 내 기억에 미치는 영향에 대해서는 상대적으로 잘 인식하지 못했다. 적어도 최근까지는 그랬다. 그러다 과거의 중추적이고 힘겨운 기억과 유사한 경험을 하게 되었고, 다행히 이번에는 그 경험을 과거보다 나은 방식으로 소화하면서, 애초의 기억에 대한 인식도 달라졌다. 오래전에 겪은 경험의 의미가 부단히 변하는 현재의 맥락 속에서 함께 변화했다.

나는 깨달았다. 과거와 현재는 끝없이 대화한다. 둘은 일종의 상호 압박 춤을 추며 서로 작용과 반작용을 거듭한다.

*

나는 뇌진탕 후유증으로 3년 동안 고생하다가 뇌진탕 전문의 마이클 콜린스 박사를 만났다. 처음 만났을 때 콜린스 박사는 이렇게 말했다. “오늘 진료에서 다른 건 몰라도 이것 하나만 기억해요. 위험을 향해 달려요.” 내 뇌가 외상성 뇌손상에서 회복하는 방법은 증상을 유발하는 활동들에 오히려 매진해서 뇌를 다시 강하게 단련하는 것이었다. 이는 내게 인식의 전환이요 패러다임의 전환이었다. 내가 이전에 피했던 것들이 이제는 환영의 대상이었다.

뇌진탕에서 회복하는 동안 ‘위험을 향해 달려라’가 부상 치료뿐 아니라 내 인생 전반에서 일종의 주문이 되었다. 이 주문은 이제껏 내가 만든 서사를 다루며 거기에 이의를 제기하는 프로젝트를 맡으라고 종용한다. 나는 그 도전장을 받아들였다.

이 책은 내 인생의 가장 위험한 이야기들을 다룬다. 내가 이제껏 피해왔고, 한 번도 꺼내지 않았던 이야기들, 수많은 밤을 지새우게 했던 이야기들이다. 내게 계속 출몰하고, 부지불식간에 우회로를 택하게 했던 이야기들이다. 다행히 이 이야기들이 내 성년의 삶에서 공명하면서 어릴 때보다 더 나은 방향성을 띠게 되었고, 결과적으로 짊어지기 더 가볍고 쉬워졌다.

이 이야기들은 다 붙여놓아도 한 인생의 초상이 되지는 못한다. 심지어 스냅사진도 되지 못한다. 다만 계속 진화하는 기억과의 관계와 그 관계의 변혁적 힘에 대해 말한다. 이 이야기들을 발설하는 것 또한 위험을 향한 달리기의 한 형태다.

앨리스,

무너지다

"내 모험은—오늘 아침부터 시작됐다고 할 수 있어요." 앨리스가 조금 자신 없이 말했다. "어제는 말해봤자 소용없어요. 어제의 나는 다른 사람이었으니까요."

— 루이스 캐럴, 《이상한 나라의 앨리스》

나는 일주일에 최소 두 번 하얀 앞치마가 달린 하늘색 원피스를 입었다. 한껏 부푼 치마에 줄무늬 스타킹을 신었다. 머리는 귀 뒤를 파고드는 머리띠로 단단히 고정했다. 막 생기기 시작한 젖가슴은 압박붕대로 아플 만큼 납작하게 눌렀다. 이것은 내가 자주 꾸던 꿈이었다. 주위에서 하는 말을 하나도 알아들을 수 없었고, 모든 것이 적대적이었다. 내 상식에 적대적이었고, 내 유년에 적대적이었고, 내 성장에 적대적이었다. 꿈속에서 나는 어린아이이고 싶지 않았다. 나는 여왕이 되고 싶었지만 혼자 남겨지거나, 시험에 처하거나, 놀림을 받는 등 여왕이 되기 위해 필요해 보이는 것들을 감당하고 싶진 않았다. 나는 나선형 길을 따라가야 했다. 나는 한자리에 머물기 위해 뛰어야 했다. 사람들이 다치기 전에 고통의 비명부터 질렀다. 내 입에는 행운을 비는 박하사탕이 있었다. 나는 나를 죽이고 싶었다.

이 꿈에서 깨면 때로는 꿈속에서 내가 입고 있던 원피스가 파란색이 아니라 장미색이었던 것 같기도 했다. 때로 나는 내 잠재의식을 수정했다. 하지만 대개는 꿈속의 내 모습을 현대에 컬러판으로 만든 존 테니얼◆의 삽화와 분간하지 못했다. 앨리스 리델◆◆도 나와 같은 문제를 겪었을지 궁금했다.

진짜 앨리스는 검은 머리와 검은 눈에 뚱한 표정의 소녀였다. 찰스 도지슨(루이스 캐럴의 본명)이 찍은 앨리스 리델의 사진 가운데 '거지 소녀'(The Beggar Maid)로 분장한 것이 있다. 이 사진에서 앨리스는 놀랄 만큼 요염해 보인다. 더 많이 원하라고 그를 조롱하고 도발하는 것 같다. 적어도 어린 10대였던 내 눈에는 그 사진이 그렇게 보였다. 지금의 나는 성인 여성의 눈으로 같은 사진을 보며 이런 생각을 한다. 사진을 찍는 어른이 아이에게 어떤 지시를 내렸기에 이런 섬뜩한 효과를 끌어낼 수 있었을까. 하지만 수많은 사람들이 소비한 책과 영화에서 앨리스는 금발

◆ 루이스 캐럴이 쓴 '앨리스' 시리즈의 오리지널 삽화를 그린 삽화가.

◆◆ '앨리스' 시리즈의 실제 주인공. 루이스 캐럴이 교수로 재직했던 옥스퍼드 크라이스트처치 칼리지의 헨리 리델 학장의 세 딸 중 둘째였다.

에 파란 눈이다. 전형적인 와스프♦의 외모로 순수함을 뿜어낸다. 《이상한 나라의 앨리스》와 《거울 나라의 앨리스》는 이 기만적인 의상을 입고 한 세기 넘게 아이들의 손을 거쳐 오늘에 이르렀다.

이 책들은 어렸을 때부터 늘 내게 공포와 울화를 불러왔다. 앨리스가 자신이 마주한 낯설고 비이성적인 세계를 이해하고, 뭐라도 정상에 가까운 것을 찾고, 또는 그저 집에 돌아가고자 할 때마다 그의 시도는 저마다 해괴한 논리 체계를 장착한 비열한 존재들의 방해로 좌절된다. 아빠는 이 책들을 몹시 좋아했다. 하지만 나는 어렸을 때 아빠가 이 책들을 잠자리 동화로 읽어주는 것이 너무 싫었다. '앨리스' 시리즈는 내 진을 뺐다. 서슬 퍼런 불확실성으로 나를 짓눌렀다. 잠깐 방심해서 이야기 속에 빠졌다가는 내 방의 벽과 천장이 폭삭 무너지고 요상한 각도로 휘어진 석고판으로 바뀌어버릴 것만 같았다.

성인이 된 지금은 '앨리스' 이야기가 연상되는 영화에 대해 비슷한 혐오감을 경험한다. 나는 누군가가 앨리스처럼 끊임없이 어딘가로 가려 하지만 계속 실패하는 영화가 싫다. 〈특근〉(After Hours) 같은 영화를 보면 비명을 지르고 싶어진다. 구토와 울분이 올라오고 소름이 돋는다.

나는 사람들이 가려는 곳으로 가지 못하는 이야기가 싫다.

♦ WASP, White Anglo-Saxon Protestants의 약어로 앵글로색슨계 백인 신교도를 뜻한다. 미국 주류 계급을 지칭하는 말이기도 하다.

*

두 손을 머리로 올리는 것은 불가능해 보였다. 그래서 앨리스는 반대로 머리를 손을 향해 숙여보았다. 그리고 자기 목이 마치 뱀처럼 어느 방향으로든 쉽게 구부러지는 것을 알고 기뻤다. 앨리스는 우아한 지그재그를 그리며 목을 내리는 데 성공했다. (…)

"하지만 나는 뱀이 아니라니까!" 앨리스가 말했다. "나는—나는—"

"흥! 그럼 네가 뭔데?" 비둘기가 말했다. "네가 뭔가를 꾸며내려는 건 알겠다!"

"나는—나는 여자아이야." 그날 하루에 겪었던 변화의 횟수를 떠올리며 앨리스가 다소 자신 없게 말했다.

—《이상한 나라의 앨리스》

*

나는 열다섯 살 때 분홍 원피스에 빳빳하게 풀 먹인 하얀 앞치마를 겹쳐 입고, 가슴을 동여매고, 내 나이보다 어린 소녀를 연기하며 거울 나라에 갇혔다. 이때 내 척추는 이미 45도 휘어 있었다. 아마도 비통의 무게에 눌려서, 라고 나는 생각했다. 내 가슴만 압박붕대로 꽁꽁 싸맨 것이 아니었다. 어깨와 등과 허리가 대칭으로 보이도록 분홍 원피스 안쪽에도 필요한 곳마다 다양한 모양의 패드가 붙어있었다. 그럼에도 꼿꼿해 보이려면 노력이 필요했다. 하루 두 번 공연하는 날에는 몸이 기우뚱하게 처지기 시작해서 왼쪽 손가락 끝이 왼쪽 무릎 옆에 닿을 정도였다. 가슴 바로 아래의 왼쪽 갈비뼈 하나가 심하게 튀어나와 몸통 한가운데에 불룩한 혹을 만들었고, 오른쪽 갈비뼈는 그 뒤로 숨었다.

몸이 최대한 곧게 자라려면 하루 16시간씩 딱딱한 플라스틱 보조기를 착용해야 했다. 하지만 나는 보조기를 착용하지 않았고, 그렇게 몇 달이 지날 때마다 내가 전보다 더 뒤틀리고 더 굽는 것을 나도 남들도 느꼈다. 이 무렵 나는 척추측만을 교정하려면 대수술이 필요한 지경에 이르렀다는 것을 알고 있었다. 하지만 그런 결정을 주관해 줄 부모가 없었기에 그것도 내 선택에 달려있었다. 나는 수술이 무서웠다. 10시간 동안 몸이 절개된 상태로 수술대에 누워서 척추를 펴고, 뼈를 이식하고, 금속을 1파운드(약 450그램)나 박아 넣는 수술을 받는 것도 무서웠지만, 회복 기간에 누가 나를 돌봐줄 것인지도 막막했다. 나는 이미 한참 전에 정기적인 통원 치료를 포기했고, 하루 16시간씩 보조기를 착용하라는 병원의 처방도 따르지 않았으며, 내 태만이 가져올 결과에 대해 생각하는 것도 중단했다. 내가 아는 것은 내가 멋대로 뒤틀리고 휘고 삐뚤어지고 있다는 것과, 무엇도 나를 막지 못하리라는 것이었다. 내게 똑바를 것을 강제해 줄 어른은 아무도 없었다.

하지만 열다섯 살에 나는 이런 생각이 들었다. 가장 무섭던 것—대대적 척추수술—이 지금 더 무서운 것에서 나를 해방시킬 수도 있지 않을까? 그렇게 해서라도 피하고 싶었던 것은 바로 스트랫퍼드 연극제의 무대에 계속 올라야 하는 공포였다.

*

나는 그보다 4년 앞서 열한 살 때 처음 척추측만증 진단을 받았다. TV 드라마 〈에이번리 가는 길〉(Road to Avonlea)을 위한 정기 건강검진을 받을 때였다. 의사는 내게 몸을 숙여 발가락을 짚으라고 한 다음, 손가락으로 내 척추 돌출부를 꼼꼼히 살폈다. 내가 다시 몸을 일으켜 의사를 마주했을 때 의사의 이마에 주름이 깊게 잡혀있었다.

내 몸이 곧지 않다는 말, 내 척추가 상부는 오른쪽으로, 하부는 왼쪽으로 어이없이 휘고 있다는 말이 어쩐지 내게는 타당하게 들렸다. 그 전해부터 내 세상이 어그러지기 시작했다. 내 몸이 거기서 함께 휘고 있다는 것이 일종의 논리적 대칭을 부여했다. 그 진단은 계속 변하는 내 몸에 대해 납득되지 않았던 몇 가지 문제도 해명해 주었다. 그중 대표적인 (그리고 열한 살의 내게 가장 신경 쓰였던) 문제는 젖가슴의 발육 상태가 눈에 띄게 불균형한 것이었다. 왼쪽 가슴은 크고 성숙하게 자랐지만 오른쪽은 있는 둥 마는 둥 했다.

이 진단을 받을 때 진료실에는 나 혼자였다. 의사가 *척추측만증*이라는 단어를 말했을 때 그 말이 죽음처럼 들렸다. 엄마가 죽은 것이 바로 몇 달 전이었다. 병에 대한 내 경험에 따르면 병은 인정사정없었다. 병은 사람을 잡았고, 손상했고, 끝장냈다.

그래서 그 심상찮은 병명을 들었을 때 나는 내가 살날이 얼마 안 남았다고 생각했다. 의사는 나를 토론토 아동병원 정형외과로 인계했고, 한 달 후 나는 병원 대기실에 있었다. 거기에는 나와 비슷하게 비뚤어진 아이들이 모여서 자신이 얼마나 뒤틀려 있는지 들을 순서를 기다리고 있었다.

엑스레이 검사 후 내 흉추에 38도의 만곡이 있다는 결과가 나왔다. 나는 얼어붙은 채 엑스레이 사진을 멍하니 보았다. 조명판 위에 내 등뼈가 허옇게 떠있었다. 내 등뼈가 내게 감추고 있던 비밀이 훤히 보였다. 기분이 이상했다. 내 등뼈는 수년간 남몰래 휘어서 흉한 똬리가 되려 하고 있었다. 내가 이 정도로 뒤틀려 있다니 믿기지 않았다. 믿기지 않게 무서웠지만, 믿기지 않게 운이 좋았다.

운이 좋다는 속내는 나만의 비밀로 간직했다. 엄마가 투병 중일 때도 내 일부는 암에 걸린 부모를 둔 것을 즐겼다. *암*은 강력한 단어였다. 아무 때나 툭툭 뱉어도 즉각적인 결과가 따랐다. 사람들의 집중을 부르는 말이었다. 사람들은 연민을 의도했겠지만 내게는 찬양처럼 느껴지는 눈으로 나를 보았다. 암에 걸린 것은 엄마인데, 마치 내가 갑자기 병색이 완연한 비극의 아이로 변한 기분이었다. 모종의 마법에 물든 듯했다. 비운의 사건에 먹히기 직전의 아이들에게 허락된 마법이었다. 나는 이 역할이 편했고, 즐거이 연극의 진행에 협조했다. 나는 숨죽인 목소리와 흠잡을 데 없이 겁에 질린 표정으로 *암*이라는 단어를 말했고, 엄마가 최근에 받은 수술이나 항암치료를 언급했고, 그것이 불러

모은 지대한 관심 앞에서 수줍게 눈을 내리깔았다. 나는 엄마가 진짜로 죽을 줄은 꿈에도 몰랐다. 그랬기에 가능한 연기였다. 그것이 내게 사람들의 반응에 집중할 여유, 내가 사람들의 마음속에 얻은 특별한 자리를 즐길 여유를 허락했다. 나는 내가 과장하고 있고, 지어내고 있다고 생각했다. 내심으로는 엄마의 병이 무서운 단어로 치장했을 뿐 매우 무해한 것이라고 믿었다. 나는 단지 관심을 얻기 위해 이 병의 극적 효과를 이용하고 있었다. 엄마가 실제로 죽을 때까지 나는 그렇게 믿었다. 오랫동안 내 일부는 내가 엄마의 죽음에 책임이 있다고 느꼈다. 죽어가는 엄마를 둔 아이의 역할을 너무나 실감나게 연기함으로써 내가 비극적 엔딩을 자초했다고 믿었다.

그런데 지난 몇 달간 나는 *암* 같은 단어가 그리웠다. 그리고 이제 암을 대신할 단어를 얻었고, 내 일부는 그것이 기뻤다.

토론토 아동병원 정형외과 의사와 면담을 시작하자마자 나는 척추측만증이 죽을병이 아니라는 것을 알게 되었다. 좋은 소식이기도 했고 나쁜 소식이기도 했다. 당시에 내가 정말로 죽기를 바랐던 건 아니라는 점에서는 좋은 소식이었다. 하지만 시한부 엄마를 둔 아이가 어른들에게 일으키던 놀라움을 이번에는 기대할 수 없다는 점에서는 나쁜 소식이었다. "제가 어떻게 이런 병에 걸린 거예요?" 나는 의사에게 물었다. 의사는 유전이라고 했다. 우리 가족 중에 나 말고는 척추측만증이 없었기 때문에 나는 비통을 원인으로 점찍었다. 엄마의 죽음에 대해 내가 그때껏 실감하지 못했던 슬픔이 나를 척추가 휠 때까지 짓누른 것이

틀림없다고 판단했다. 어떻게든 내가 그것을 느낄 수밖에 없게 하려고.

의사에 따르면 척추측만증 치료법은 두 가지였다. 상대적으로 정도가 심하지 않은 경우를 위한 첫 번째 선택지는 몸통에 두르는 플라스틱 보조기를 하루 16시간 착용하는 것이었다. 몸이 성장하는 중인 사춘기를 이용해 척추의 만곡을 바로잡고 측만의 진행을 막는 용도였다. 정도가 심한 경우의 선택지는 수술이었다. 굽은 척추를 펴고 골반에서 채취한 뼈를 이식한 후, 이식한 뼈가 척추에 단단히 유합하도록 쇠막대 두 개를 척추 양쪽에 심어서 고정하는 수술이었다. 쇠막대를 고정하는 후크와 너트와 볼트까지 다 합치면 등허리에 1파운드가량의 금속을 붙이는 셈이었다.

두 선택지 모두 암울했고, 내 경우는 딱 중간이었다. 그달 중에 나는 몸에 밀착되는 흉요천추정형(TLSO) 보조기를 맞췄다. 이만하길 다행이었다. 전에 읽었던 주디 블룸의 책《디니》(*Deenie*)에 지독히 자세하게 나오는 척추측만 치료용 보조기는 이보다 훨씬 심했다. 그건 밀워키 보조기였는데, 목에 두르는 금속 테까지 붙어있어서 프랑켄슈타인을 연상시켰다. 내가 맞춘 TLSO 보조기는 앞면은 가슴 바로 아래까지, 뒷면은 목 바로 아래까지 올라왔다. 재질은 단단한 플라스틱이었다. 앞면에 두 줄의 두꺼운 벨크로가 붙어있었다. 벨크로를 보조기에 고정하는 여덟 개의 작은 금속 원판 때문에 로봇 분위기가 났다. 하지만 가장 굴욕적인 것은 따로 있었다. 보조기는 내 몸을 본떠 제작한 것이었다. 따라서 내 앞에, 보조기를 보는 모두의 눈앞에 내 몸의 모형이 떡하니 있었다. 골반이 막 생기기 시작하고 흉곽이 울퉁불퉁한 미완의 몸. 보조기는 척추의 상부와 중부를 세게 압박했다. 오른편에 필요한 곳마다 배치된 단단한 패드들이 척추를 밀어서 최대한 곧게 자라게 했다. 왼편에도 척추 상부와 중부 사이에 딱딱한 패드가 하나 있었다. S자 만곡의 아랫부분을 밀어서 직선으로 만들기 위한 것이었다. 병원에서 처음 보조기를 채웠을 때 나는 숨을 쉴 수 없었다. 처음 한동안은 등뼈를 파고드는 딱딱한 패드 때문에 피부가 쓸리고 아플 수 있지만 차츰 익숙해질 거라고 했다. 병원은 보조기 착용 방법을 보여주었을 뿐 나 혼자 착용하는 연습은 시켜주지 않았다.

막상 해보니 혼자 보조기를 착용하는 것은 거의 불가능했다. 보조기 위로 옷을 입는 것도 보통 일이 아니었다. 딱딱한 플라스틱 갑옷에 묶여 살지 않아도, 갑작스럽고 예측 불가하게 변하는 사춘기의 몸속에 사는 것으로도 충분히 힘들었다.

보조기는 하루 16시간 착용해야 하는데 그 절반이라도 채우려면 병원 권고대로 밤에 보조기를 차고 자야 했다. TV 드라마 〈에이번리 가는 길〉을 촬영하는 날이 특히 문제였다. 보조기를 착용하고서는 특정 장면들이 요하는 만큼 활동적으로 움직이기 어려웠다. 보조기를 처음 차고 자던 밤, 나는 병원에서 여기까지 조여야 한다면서 펜으로 표시해 준 지점까지 벨크로 끈을 당기기 위해 몸부림쳤다. 나는 한참 용을 쓰다가 못 하겠다고 울부짖었다. 결국은 아빠가 내게 보조기를 채웠다. 나는 아빠가 나를 그 장치에 집어넣는 것이 싫었다. 나는 분노로 펄펄 뛰었다. 아빠는 잘못이 없었다. 하지만 아빠가 내 유일한 양육자였고, 아빠가 자기 몸을 인형처럼 다루는 상황을 반길 열한 살짜리 여자애는 세상에 없었다. 그날 밤 이후 나는 내게 있는 힘과 절망을 낱낱이 모아서, 벨크로 끈을 몸에서 최대한 멀리, 팔과 손이 아파서 눈물이 터질 때까지 잡아당겼다. 덕분에 아빠의 도움을 받는 것만은 피할 수 있었다.

딱딱하고 빡빡한 보조기는 몸을 쥐어짰고, 금세 내 땀으로 흥건해졌다. 당연히 잠을 잘 수 없었다. 이틀 만에 패드에 닿는 피부가 전부 빨갛게 부어올랐다. 보조기 밑에 입으라고 받은 얇은 속셔츠는 오후에 벗어 보면 땀에 흠뻑 젖어있었다. 엄마가 죽은 후 아빠와 나는 빨래를 하지 않았다. 얼마 안 가 옷에서 고약한 냄새가 났다. 하지만 내 열한 살짜리 뇌는 이 문제의 해법이 그저 옷을 세탁하는 것이라는 생각을 하지 못했다.

몸에 보조기의 두께가 추가되면서 나는 옷을 새로 사야 했다. 어느 주말에 로리가 나를 데리고 백화점에 갔다. 로리는 내가 출연하는 TV 드라마의 관계자였고, 촬영장에서 내 개인교사 겸 보호자 역할을 했다. 나는 백화점 탈의실에서 엉엉 울었다. 보조기 때문에 몸을 굽혀 바지를 올릴 수가 없었다. 학교에서는 체육 시간이 악몽이었다. 나는 체육 시간 전에 화장실에 숨어서 남들 눈을 피해 보조기를 벗었고, 수업이 끝난 후에 돌아와 다시 입었다. 하지만 사춘기 아이들은 잔인할 만큼 적극적인 관찰자다. 보조기를 차고 학교에 간 첫날, 수업이 파할 무렵 친구 중 하나가

애들이 잔뜩 있는 데서 큰 소리로 내 "엉덩이가 실종됐다"고 말했다. 그 애는 내 대답을 원했다. "너한테 엉덩이가 없는 거 알고 있어?" 보조기가 등을 타고 내려오며 나를 납작하게 누른 탓이었다. 나는 창피해서 말문이 막혔다.

〈에이번리 가는 길〉에서 내가 입는 의상도 전부 다시 제작해야 했다. 서너 명의 남녀가 치수를 재고, 내 몸에 옷감을 이리저리 대보는 동안 나는 속옷 위에 보조기를 착용한 상태로 사람들 앞에 오래 서있어야 했다. 벌거벗은 것보다 더 벌거벗은 기분이었다.

2년이 흘렀다. 이제는 내가 계속 보조기를 착용하는지 마는지 아무도 신경 쓰지 않으리란 생각이 들었다. 어린 10대가 자신의 유익을 위해 불편과 고통을 알아서 감내하기는 어렵다. 대개는 어른의 강제를 요한다. 아빠는 집행관 유형이 아니었다. 내가 꾀를 부려도 아빠는 눈치채지 못하거나 신경 쓰지 않을 것이 분명했다. 나는 어쩌다 하루씩 거르는 걸로 시작했다가 결국에는 보조기 착용을 아예 중단했다. 보조기 패드의 압박에서 벗어난 내 척추는 고삐 풀린 망아지가 되었다. 나는 심하게 비대칭으로 자라는 젖가슴을 보완할 요량으로 푸시업 브래지어를 착용했다. 브래지어는 두 개의 짝짝이 가슴을 하나의 연속적인 가슴으로 바꾸는 일종의 선반 노릇을 했다.

열네 살 무렵에는 내 오른쪽 어깨뼈가 극적으로 튀어나와 왼쪽과 높이 차이가 심해졌다. 몸이 왼쪽으로 기울어져서 몸에서 힘을 빼면 왼쪽 손가락이 무릎 옆에 닿을 정도였다. 나는 절대 몸에서 힘을 빼지 않았다. 억지로 몸을 곧게 펴고 다녔다. 아무리 아파도 오른쪽 어깨를 힘껏 뒤로 젖히고 몸통을 꼿꼿이 세웠다. 일할 때나 친척이 왔을 때 나는 보조기가 얼마나 효과 있는지에 대해 언급했다. 누가 묻지도 않았는데 불쑥 큰소리로 말했다. 누군가 내게 그 고문 장치를 잘 차고 다니는지 묻는 상황을 감수하고 싶지 않았다. 토론토 아동병원의 후속 진료에 갔을 때 어느 익살맞은 정형외과 의사가 말했다. "착한 어린이군요, 찰리 브라운." 그는 이렇게 덧붙였다. "여기서 쫌만 더 나가면 수술을 고려해야 하겠지만, 어쨌든 이번에는 칼을 잘 피했어요!"

나는 이미 빌어먹을 보조기 착용을 때려치우기로 마음먹은 후였다. 그렇다면 누군가가 내 등을 갈라 뼈를 손보겠다는 생각을 품기 전에 병원 검진도 끊는 것이 좋겠다고 판단했다. 다음번에는 '칼을 피하지' 못할 수도 있었다.

나는 토론토 인근 도시 오로라에 있던 집에서 아빠와 둘이 살다가 열네 살 때 독립해서 나왔다. 이제는 내가 병원에 다니는지 마는지 알 사람도 없었다.

*

아빠는 엄마가 죽은 후 무너져 내렸다. 어쩌면 아빠는 항상 허물어져 있었고, 엄마가 그동안 아빠를 간신히 하나로 붙들고 있었던 건지도 모른다. 아니면 아빠도, 아빠 세대의 많은 남자들이 삶의 실질적인 일을 도맡아 해주던 여자가 죽었을 때 무너져 내리듯이, 그냥 그렇게 무너져 내린 걸지도 모른다. 아빠는 자신의 붕괴를 걱정하는 것 같지 않았다. 아니면 걱정은 되지만 그렇다고 어떻게 해볼 엄두가 나지 않았거나. 어쨌든 아빠는 아무것도 하지 않았다. 나와 터울이 많이 지는 언니오빠들은 이미 오래전에 독립해서 나갔기 때문에 내가 일할 때나 학교에 있을 때는 집이 텅 비었다. 아빠는 매일 온종일 TV 앞에 앉아있었다. 밤에는 끝도 없이 일인용 카드놀이인 솔리테어 게임을 했다. 수없이 많은 밤 나는 아빠가 카드를 커피테이블에 *탁 탁 탁* 내려놓는 리듬에 맞추어 잠이 들었다. 아빠가 게임 세팅을 끝내면서 카드 정렬을 완성해 갈수록 그 소리의 횟수가 점차 줄어들었다. 아빠의 카드는 점점 더러워졌고, 군데군데 작고 검은 땟자국이 생겼다. 카드는 특유의 오물 냄새를 풍겼다. 그 톡 쏘던 냄새가 지금도 떠오른다. 몇 년이 지나자 카드는 너무 닳아서 원래 무슨 그림이었는지도 알아보기 어려웠다. 혹시 그것이 아빠가 만들어낸 새로운 게임이었을까? 판독이 불가능해진 카드를 들고 그것이 무엇일지 상상하는 게임? 아빠는 그저 게으름의 소치였다고 말했을 것 같다. 카드 세트를 새로 사는 것이 너무 귀찮았다고. 아빠는 자신의 나태함에 대해 자족감이 섞인 체념 투로 말할 때가 많았다. 마치 느긋함이 자신의 매력이자 자신이 하지 않았고 하고 있지 않은 모든 일의 이유라는 듯이.

놀랍게도 엄마가 죽은 후 아빠는 느리게나마 요리하는 법을 익혔다. 평생 자기 먹을 샌드위치 한 번 만들어본 적 없는 50대 남자치고는 꽤 이례적인 일이었다. 하지만 아빠는 청소하는 법은 결코 익히지 못했다. 아빠가 빨래를 했던 기억도 없다. 단 한 번도. 침대 시트가 참을 수 없을 정도가 되면 나는 그냥 시트를 벗겨내고 맨 매트리스에서 자거나 다른 빈 침실로 가서 잤다. 이런 생활이 여러 해 이어졌다.

어느 해 우리는 앤 이모 집에서 크리스마스를 보냈다. 이모 집은 모든 것이 깨끗하고 쾌적하기 짝이 없었다. 충격적이었다. 우리 집과는 딴판이었다. 그때쯤 나는 모든 표면을 두껍게 덮은 먼지와 때에 익숙해져 있었다. 집으로 돌아오는 차 안에서 나는 집에 가면 순차적으로 청소할 모든 표면을 세세히 적은 리스트를 만들었다.

다음 날 나는 싱크대 아래 찬장을 뒤져서 청소 용품을 찾아냈다. 내 손에 걸려든 것은 오랫동안 사람 손이 닿지 않은 녹슨 광택제 깡통들과 세정제 한 병이었다. 나는 내 리스트에 의지해 표면들을 차례로 닦아나갔다. 나는 내 눈보다 리스트를 더 믿었다. 나는 집의 모든 표면을 청소했다. 사이드테이블이나 벽난로 선반을 한 번만 닦아도 걸레가 새까매졌다. 아빠는 황당한 눈으로 나를 보며 고개를 내저었다. "네가 드디어 미쳤구나." 아빠가 말했다. 어느 정도는 감탄 투였다.

하지만 집은 곧바로 먼지 모으는 일에 복귀했고, 나는 사흘쯤 더 청소에 매달리다가 열정을 잃었다. 결국 세상에는 치울 수 없는 난장판도 있었다. 아빠가 축구를 보다가 잠드는 안락의자 팔걸이에 덕지덕지 생긴 담뱃불 자국들. 집 앞 진입로에서도 들릴 만큼 쾅쾅 울리는 TV 소리. 무키가 물어뜯어 놓은 가구 귀퉁이들. 내 비숑프리제 강아지 무키는 아빠에게 욕만 얻어먹었지 제대로 훈련받은 적이 없었다.

나는 열세 살 때 아빠와 유럽 여행을 떠났다. 우리는 프랑스, 그리스, 영국에 갔다. 내가 이 여행을 구상했고, 연기로 번 돈으로 여행 비용을 대겠다고 했다. 아빠는 동의하면서 무키의 영구 양육권을 스트랫퍼드에 사는 앤 이모와 사촌언니 세라에게 넘기는 것을 조건으로 걸었다. 내가 다니던 학교는 집에서 1시간 반 거리였고, 그나마 1년에 몇 달밖에 다니지 못했다. 나는 친구들 모두와 유리되어 있었다. 내게 있는 것은 내 강아지뿐이었다. 강아지는 누구 한 사람 훈련을 시키지 않아서 매일 바닥에 오줌을 누고 똥을 쌌다. 하지만 밤마다 작은 턱을 내 목에 얹고 잠을 잤다. 나는 무키를 필사적으로 사랑했다. 내가 왜 무키를 포기하기로 동의했는지 정확한 이유는 지금도 모르겠다. 다만 내가 보기에도 무키는 심하게 방치되고 있었다. 나는 하루에 12~15시간을 일했고, 아빠는 무키를 산책시키지 않았고, 심지어 밥도 제대로 챙겨주지 않았다. 개는 내 책임이었다. 그것이 엄마가 투병 중일 때 강아지 키우는 것을 허락하며 부모가 내게 내건 조건이었다. 내가 일과 학교로 아무리 바빠도 아빠는 이 조건을 양보할 생각이 없었다.

유럽 여행은 고통의 연속이었다. 그곳들(에펠 탑! 런던 탑!)을 보는 것은 좋았지만, 그곳들을 아빠와 함께 보는 것은 고역이었다. 아빠는 우리를 커플로 상정하는 기괴한 농담을 점점 더 많이 했다. 파리에서 호텔에 체크인할 때 침대 하나짜리 방을 요청하면서 큰 소리로 "하! 꼭 험버트와 롤리타 같잖아!"라고 말했다. 나는 분노와 치욕감이 끓어올라 며칠 동안 아빠를 쳐다보지도 않았다. 하지만 그것도 아빠를 막지 못했다. 아빠는 이후에도 그 농담을 여러 번 했다. 아빠는 대화와 유머에 금기가 있다는 인식이 없었고, 이런 농담이 그 점을 여실히 드러냈다. 나는 그냥 집에 가고 싶었다. 돌아가면 아빠와 붙어 다닐 필요가 없었다.

여행에서 좋았던 기억도 있었다. 영국박물관에 간 날에는 둘 다 어린아이처럼 감탄하며 놀라워했다. 아빠는 선물 가게에서 내게 세계지도 두 장을 사주었다. 수백 년 전에 만든 지도였다. 그 기초적인 지도에서 대륙들은 너무 가깝게 달라붙어 있거나 너무 멀리 떨어져 있었다. 아직 정확히 알아내지 못한 세상을 그린 어리고 엉성한 스케치들이었다.

그해 여름 아빠는 매일 종일 골프를 쳤고, 나는 강아지도 없는 휑하고 더러운 집에 혼자 남았다. 나는 내 방에서 담배를 피우거나, 책을 읽거나, 스트레칭을 했다. 드러누워서 다리를 들어 배로 당기는 운동을 하며 이런 생각을 했던 기억이 난다. "좋아. 이제 나는 기본적으로 성인이야. 담배도 피겠다, 생리도 하겠다. 이제 성인이 되기 위해 남은 일은 섹스뿐이야. 그리고 이 집에서 나가야 해." 당시 내 열세 살 자아에게는 지당한 논리였다.

열네 살 때 나는 집을 나가 오빠의 전 여자친구인 로라와 살기 시작했다. 로라는 자기주장이 강하고 정서적으로 관대한 스물넷의 여성이었고, 토론토 북부에 침실 두 개짜리 아파트를 가지고 있었다. 어느 날 토론토에 로라를 만나러 가서 나는 아파트에 들어가도 좋을지 물었고, 집세를 나누자고 제안했다. 로라는 전부터 나를 챙기고 좋아했다. 그는 내 제안에 동의했다. 나는 아빠에게 내 계획을 말했고, 아빠는 내가 독립을 원하는 것을 타당한 이치로 받아들였다. 아빠는 자신을 "친구 같은 부모"로 자부했다. 아빠는 아이와 어른 사이의 어떤 분리도 믿지 않았고, 아이와 어른이 해야 할 대화와 해서는 안 될 대화도 구분하지 않았다. 무엇도 금기시되지 않았고, 모두가 평등했다. 내가 일하러 나가면 아빠는 종일 집에서 혼자 솔리테어 게임을 했다. 내가 다음 날 일하러 나가지 않는 밤에는 둘이서 밤늦도록 함께 담배를 피우고 책에 대해 이야기했다. 우리는 몇 년을 그렇게 살았다. 열세 살 때 나는 이미 D. H. 로런스의 책을 모두 읽었고, 다음에는 블룸즈버리 그룹♦의 저작으로 옮겨 갔다. 아빠가 내 독서 가이드이자 심야 북클럽 일원이었다. 내가 새로운 책을 제안할 때마다 아빠는 그 맥락과 배경을 이해하기 위한 독서부터 선행해야 한다고 우겼다(제임스 조이스의 《율리시스》에 들어가기 전, 우리는 참고 도서를 읽는 데만 6개월을 바쳤다). 어느 날 밤, 아빠는 내 나이 때 신경쇠약에 걸렸던 이야기를 꺼냈다. 아빠는 자신이 모든 것을 한꺼번에 배우려 했고, 배움에 대한 갈망이 걸귀처럼 자신마저 잡아먹기 시작했다고 했다. 아빠는 조증을 겪었고, 늘 좌불안석이었다. 잠도 자지 못하고 밤새 책을 읽고 스스로 만들어

♦ Bloomsbury Group, 버지니아 울프, 존 메이너드 케인스, E. M. 포스터, 리턴 스트레이치 등 20세기 초 런던 블룸즈버리 지역에서 모임을 갖던 작가, 지식인 및 예술가들의 모임.

낸 수학 문제를 풀었지만 지식에 대한 허기가 채워지지 않았다. 그렇게 몇 주를 보낸 후 아빠는 완전히 붕괴했다. 아빠는 노동자 계층의 아이였지만 교장의 눈에 들었고, 학교는 성금을 모아서 그가 제정신을 회복할 수 있게 여행을 보내주었다. 잠을 마다하고 아빠와 밤늦게까지 책을 읽고 대화하면서 나는 머리보다는 본능으로 아빠의 이야기, 아빠의 갈망을 이해했다(참고로 아빠의 가족 중 일부는 이 이야기에 대한 기억이 전혀 없다며 반박했다).

아빠는 모든 활동이 다 그렇지만 특히 배움에 있어서는 모든 것이 더 큰 야망을 위해서가 아니라 그 자체를 위한 것이어야 한다고 믿었다. 아빠가 학창 시절에 대해 들려줄 때 유난히 자주 하던 이야기가 있다. 훈련 없이 막판에 육상 경기에 출전하게 된 일이었다. 아빠는 아픈 선수를 대신해서 학교를 대표해 뛰어달라는 요청을 받았다. 아빠는 달리기에 별반 관심이 없었고, 자신이 우승할 가망이 없다는 것도 알고 있었다. 아빠는 자기만의 게임 규칙을 만들었다. 즉 자기 앞의 주자를 추월하는 것을 승리로 삼기로 했다. 아빠는 앞사람을 따라잡는 것이 최종 목표인 것처럼 달렸다. 아빠는 앞사람을 차례로 따라잡을 때마다 작은 승리를 자축하며 달렸다. 그러다 문득 자기 앞에 딱 한 명이 남아있다는 것을 깨달았다. 아빠는 우승이라는 예상치 못한 결과에 당황한 채 결승선을 향해 돌진했다.

허풍이 섞인 이야기였지만, 아빠가 어찌나 극적이고 실감 나게 이야기하던지 듣는 내내 아빠가 앞의 경쟁자를 따라잡기를 응원하고, 아빠가 한 명씩 제칠 때마다 함께 환호하지 않을 수 없었다. 이 이야기는 성공에 대한 아빠의 소신을 대변했다. 아빠는 노력과 야망 없이, 거의 우연히 실현된 성공만 믿었다. 장기 전략이 아닌 순간의 열정과 현재에 대한 헌신에서 비롯된 성공만 인정했다. 나는 아빠의 이야기들을 좋아했다. 그것들의 사회와 동떨어진 관점을 좋아했다. 대부분은 이미 골백번 들은 이야기였지만 그래도 좋았다.

따라서 아빠와의 관계가 불행하지는 않았다. 다만 매우 복잡했다. 방마다 쥐와 나방이 들끓는 허물어져 가는 집에서 소애성애자의 비애에 대한 대화가 너무 많이 오가는, 매우 성숙한 관계였을 뿐이다.

집에서 독립해 나온 직후 나는 같은 고등학교에 다니는 남자애와 사랑에 빠졌다. 그는 나보다 네 살 많았고, 침울하고 냉소적이고 괴짜였다. 그는 매일 검은 외투를 입었고, 자신을 에디 마스라고 불렀다. 이것이 본명이 아니라 고전 영화 〈명탐정 필립〉(The Big Sleep)에서 차용한 이름인 것은 몇 달 후에야 알았다. 그의 진짜 이름은 코리 민츠였다. 나는 그를 사랑했고, 그에게 사랑받았다. 마흔한 살이 된 지금 생각해도 그때 코리와 나의 사이는 진짜 사랑이었다. 코리는 함께 사는 아버지, 의붓어머니와 끔찍하게 사이가 나빴다. 나는 엄마는 돌아가셨고, 아빠는 아빠답지 않은 것을 자랑으로 여겼다. 우리에게는 부모가 없었고, 그렇게 서로의 부모가 되었다.

코리를 만났을 때 나는 이미 이듬해 여름 스트랫퍼드 연극제에서 개막하는 〈거울 나라의 앨리스〉에 캐스팅되어 있었다. 연극 무대에 서는 것은 겁나고 떨리는 일이었다. 하지만 TV 드라마 계약에 몇 년이나 묶여있는 것보다는 스트랫퍼드 연극 무대에 데뷔하고 연극 연기를 실전으로 배우는 것이 더 지적인 추구로 느껴졌다. 그리고 내가 사랑하는 앤 이모, 사촌언니 세라, 언니의 딸 리베카가 스트랫퍼드에 살았다. 하지만 이런 이유 때문에 내가 연극 출연에 동의했던 것 같지는 않다. 당시 내가 연기에 별로 관심이 없었는데도 거기에 동의한 것은 내가 앨리스를 연기할 수도 있다는 말에 아빠가 주체 못 할 기쁨이 뭔지 보여주는 반응을 보였기 때문이다. 일단 아빠는 〈에이번리 가는 길〉의 내 배역을 지루하게 여겼다(열두 살에 출연 계약에 묶여 그 배역을 몇 년이나 더 연기해야 했던 내게 아빠가 대놓고 한 말이다). 아빠는 '앨리스' 책들에 집착했고, 찰스 도지슨(루이스 캐럴)의 앨리스 리델을 향한 사랑에 대해서는 더욱 집착했다. 도지슨과 리델의 관계를 다룬 영화 〈드림차일드〉(Dreamchild)를 아빠와 함께 본 적이 있다. 그것도 여러 번 봤다. 아빠는 그때마다 내 옆에서 꺽꺽대고 흐느꼈다. 아빠에게는 아이를 향한 성인 남자의 짝사랑이 못 견디게 애틋한 것이었다. 아빠는 도지슨 역의 이언 홈이 앨리스에게 사랑을 고백하려다 실패하는 장면에서 늘 눈물을 쏟았다.

영화에서 앨리스의 어머니가 딸에게 도지슨과의 범상치 않은 상호작용에 대해 묻는 장면이 나온다.

"도지슨 씨가 너에게 놀랄 만큼 많은 것들을 털어놓는 눈치더구나." 앨리스의 어머니가 말한다.

"남자에게는 자신의 비밀을 믿고 말할 누군가가 필요한 법이래요." 앨리스가 대답한다.

"그런데 그걸 하필 왜 *너에게* 말하는 거지?" 앨리스의 어머니가 심란하게 묻는다.

"그거야 그분이 나를 사랑하니까요." 어린 앨리스가 말한다.

영화에서 도지슨은 앨리스와 함께 있을 때 끊임없이 거부와 굴욕을 느낀다. 도지슨은 말을 더듬고, 리델 자매는 그의 뒤에서 이를 조롱하고 앞에서는 웃음을 참는다. 그가 속마음을 드러내고 사랑을 고백하려 할 때마다 앨리스는 외면하거나 대화를 피한다. 그중에서도 특히 보기 딱한 장면이 있다. 어느 화창한 여름날 도지슨이 템스강에서 리델 자매들과 뱃놀이를 할 때였다. 도지슨이 노를 저으며 앨리스를 사랑스럽게 바라보는데 앨리스가 일부러 그의 얼굴에 물을 튀긴다. 그는 상처받고 굴욕을 느낀다. 하지만 앨리스의 어머니가 버릇없는 딸을 질책하자, 그는 문제 될 것 없다며 최선을 다해 앨리스를 두둔한다. 그가 상황을 원만히 무마하고 앨리스가 벌을 받지 않게 보호하려 드는 모습은 그 장면을 더욱 슬프게 만든다. 이 영화는 전반적으로 어린 소녀를 짝사랑하는 성인 남자에게 동정적이다. 이 영화를 본 경험은 내가 해당 역학관계를 어린 소녀의 관점이 아니라 성인 남자의 관점에서 보게 만들었다. 이 관점이 내게 얼마나 깊이 각인되었던지, 나는 수년 후 처음으로 (자전적인) 영화 각본을 쓰면서 어린 시절 나를 스토킹한 남자의 편을 들면서 나를 가증스런 꼬마로 묘사했을 정도다(그것을 영화로 만들지는 않았다).

나는 도지슨과 리델의 관계를 하나의 상징적인 관계로 받아들이며 자랐다. 소녀를 사랑하는 남자의 비애, 그를 거부하고 조롱하는 아이의 냉혹함. 나는 아빠가 이런 세계관, 이런 관점을 나와 부단히 공유하는 것에 반기를 들거나 이상하게 여긴 적이 없었다. 나는 '앨리스' 이야기 자체도 싫었고, 그 이야기가 주는 좌절 감옥에 갇힌 느낌도 싫었다. 그런데도 아빠 옆에서 그 영화를 볼 때만큼은 도지슨에게 강렬한 연민을 느꼈다. 앨리스가, 그의 마음을 찢어놓은 그 아이가 미웠다. 내 인식에 자리한 앨리스는 이렇듯 조숙하고, 자의식 있고, 성적이고, 강력한 앨리스였다. 그것이 바로 내가 스트랫퍼드에서 연기할 것으로 생각한 앨리스였다.

*

"어떤 크기를 원하는데?"

"아, 크기는 중요하지 않아요." 앨리스가 서둘러 대답했다. "다만 이렇게 자주 변하는 것을 좋아할 사람이 어디 있겠어요."

—《이상한 나라의 앨리스》

열다섯 살의 나는 내 자신을 완전히 성장한 여자로 느꼈다. 가슴도 풍만했고, 이제는 아빠와 멀리 떨어진 곳의 아파트에서 코리와 동거했다. 그러다 스트랫퍼드에서 갑자기 다시 아이가 되었다. 집에서는 이모와 사촌언니가 나를 어린애 대하듯 돌봤고, 무대에서는 앨리스 역이 내 몸을 그야말로 작게 동여맸다. 앨리스가 이상한 나라에서 다양한 물약을 마실 때처럼 나도 시시때때로 자라고 줄어들기를 반복했다. 그곳에서 나는 나대로 내 인생의 거울을 통과했다. 토론토에서 나는 완전히 독립적인 개체였다. 나를 관찰하고 나와 연결되어 있는 인물은 열아홉 살의 고등학교 중퇴자 남자친구뿐이었다. 1994년 여름의 스트랫퍼드에서는 세상에서 가장 모성애 넘치는 두 명의 여성이 나의 모든 필요를 채워주었다. 내게 맛있는 음식을 먹였고, 꽃과 화려한 벽지로 뒤덮인 집의 거대하고 안락한 소파에서 나와 함께 고전을 읽었다. 나는 이 집의 살림에 어떠한 기여도 하지 않았다. 다 먹은 접시를 싱크대에 갖다놓은 적이나 있었나? 나는 몇 년간 시기상조의 독립 생활을 보낸 후에 누리는 뒤늦은 응석받이 생활에 빠져들었다. 이모는 내게 감기 기운만 있어도 극장에 전화해서 내가 아파서 리허설에 가지 못한다고 했다. 나는 영화를 찍을 때는 단 하루도 촬영을 빼먹은 적이 없었다. 고열, 구토, 패혈성 인두염이 있어도 촬영장에 갔다. 나는 토론토의 보호자 없는 아이였다가 스트랫퍼드에서 과잉보호 대상이 되었다.

앤 이모와 세라 언니는 하루 세 번 근사한 식사를 만들었다. 이모 집에는 푹신하고 멋들어진 앉을자리가 수십 군데였다. 모든 것이 꽃에 싸인 듯했다. 고풍스런 벽지에서 꽃과 덩굴이 기어올랐다. 안락의자들도 확장해서 큰대자로 누울 수 있었다.

오후에 우리는 거실 소파의 깃털 쿠션에 기대 차를 마시면서, 더운 날에는 식물이 녹색 커튼처럼 늘어진 포치에서 레모네이드를 홀짝이면서 몇 시간씩 함께 책을 읽었다. 그러는 동안 세라 언니의 열 살 난 딸 리베카는 우리와 함께 책을 읽거나 〈스타트렉〉(Star Trek)의 에피소드들을 연이어 보았다. 밤에는 내가 작은 공연을 벌였다. 내 형제자매들을 흉내 냈고, 리베카도 연기에 끌어들였다. 앤 이모와 세라 언니는 내 익살에 체면을 포기하고 웃었다. 두 사람은 내가 평생 만난 중 가장 박식하고 영리한 여자들이었다. 조용하고 사려 깊고 현명한 세라 언니는 영문학을 전공했고, 열일곱 살 때 시문학 잡지를 편집했다. 20대의 비혼모인 세라 언니는 인생을 자식에게 바쳤고, 세상을 딸에게 안전하고 호의적인 곳으로 만드는 데 헌신했다. 언니는 아름다운 것들로 가득한 작은 가게를 운영했는데 상품 중 일부는 이모의 작품이었다.

앤 이모는 비범한 예술가였다. 다섯 자녀를 키우느라 못 했던 한을 풀듯 작품 제작에 몰두했다. 이모는 젊었을 때 영국에서 미대에 다녔고, 그 무렵 캐나다 과학자를 만나 사랑에 빠졌다. 이모의 말에 따르면 그는 처음부터 노골적으로 자신이 일하는 동안 집에서 살림하고 아이들을 키울 아내를 원한다고 말했다. 이모는 그를 사랑했고, 그래서 동의했다. 남편이 암으로 죽기 전까지 나름 행복한 결혼 생활을 했고, 눈에 넣어도 아프지 않을 다섯 아이를 얻었다. 하지만 이모는 이 이야기를 하던 중 한동안 허공을 보다가 이렇게 말했다. “때로 궁금해. 내가 왜 그리 쉽게 모든 걸 포기하기로 동의했을까.” 하지만 이모의 예술은 중단되지 않았다. 이모는 셰익스피어와 몰리에르 희곡의 인물들을 모델로 한 정교한 인형들을 만들었다. 그리고 조각과 유화로 장식한 액자에 넣은 볼록 거울을 제작했다. 이모의 거울 속에는 고장난 모습의 세상과 내가 있었다.

그해 여름 세라 언니는 페이 웰던의 책을 모두 읽는 중이었는데, 특별히 재미있는 문장을 만나면 우리에게 주목을 구한 뒤 큰 소리로 읽었다. 나는 조지 엘리엇을 읽었다. 첫 책은 오래되고 곰팡내 나는 《사일러스 마너》였다. 나는 그 책의 퀴퀴한 냄새와 낡은 질감이 좋았고, 그래서 이모가 매주 도서관에서 빌려오는 책들을 계속 받아 읽었다. 한번은 내가 책에서 눈을 들고, 딱히 누구에게랄 것 없이, 나는 평생 우울감을 느꼈다고 말했다. 앤 이모가 눈을 들지도 않고 말했다. "음, 나쁘지 않아. 그건 지능의 신호니까. 종일 희색이 만면해서 돌아다니면 그건 동네 바보지." 이모는 포근하고 자상한 분위기와 도러시 파커 뺨치게 신랄한 위트와 주위 사람들의 결점에 대한 과민증을 하나의 성격으로 용케 결합했다. 이모의 거품 안에 있는 사람은 이성을 초월한 사랑과 아낌을 받았다. 하지만 거품 밖에 있으면 갈기갈기 찢길 수도 있었다. 그 점 때문에 좋든 나쁘든 내가 이모 집에서 경험하는 사랑이 더욱 진귀하게 느껴졌다. 나는 이모의 작고 소중한 컬렉션에 들어가 있는 것이 좋았다.

(훗날 혼자 살면서 고립감을 느낀 앤 이모는 친구가 많으려면 노력해야 한다는 생각으로 노인친목회에 가입해서 주위를 놀라게 했다. 그런데 모임의 몇몇 사람들이 실제로 친구가 되려고 이모에게 전화를 걸기 시작했고, 이모는 이에 경악했다. 이모는 이를 소름 끼치는 공포물

로 만들어 들려주었다. 그들이 얼마나 하나같이 멍청했는지에 대한 세세한 묘사로 가득한 이야기였다. 그들은 이모를 바비큐 파티에 초대했고, 이모는 그것을 "발암성 허튼짓"으로 불렀다. 이모는 그들을 좋아할 수도 있다고 생각한 자신의 순진함을 배꼽 빠지게 비웃었다. 거기에는 그들을 참지 못하는 자신의 결벽증에 대한 자조도 있었다. 한번은 이모가 컬처 벌처스(Culture Vultures)라는 모임에 가입했다. 흥미로운 곳들로 버스 여행을 다니는 모임이었다. 이모는 모임 명칭을 바꾸겠다고 나섰다. 이모 생각에는 모임 회원들이 문화적이지도, 심지어 흥미롭지도 않았기 때문이었다.)

내가 그해 여름처럼 모성적 사랑과 돌봄을 흠뻑 받았던 적은 없었다. 그 이전에도 이후에도 없었다. 우리가 함께 책을 읽을 때면 내 사랑 무키가, 내가 몇 년 전에 보낸 무키가 와서 내 무릎에 머리를 올려놓곤 했다. 차분한 아는 척이었다. 나는 무키의 무게를 느끼지 않으려 애썼다. 무키의 존재가 내게 일으키는 사랑과 슬픔을 느끼지 않으려 애썼다. 내가 무키를 산책시킨 것은 다섯 달 동안 한 번뿐이었다. 내가 버린 생명체를 사랑할 염치까지는 내 속에 없었다.

*

"넌 누구니?" 애벌레가 말했다.

대화치고 고무적인 시작은 아니었다. 앨리스가 몹시 겸연쩍게 대답했다. "그게, 잘 모르겠어요, 선생님, 지금은요. 오늘 아침에 일어났을 때만 해도 제가 누군지는 알았거든요? 그런데 그때 이후로 제가 몇 번이나 바뀐 것 같아요."

"그게 무슨 말이지?" 애벌레가 엄하게 말했다. "알아듣게 설명해!"

"죄송하지만 설명이 안 돼요, 선생님." 앨리스가 말했다. "아시다시피 저는 제가 아니거든요."

"내가 알기는 뭘 알아." 애벌레가 말했다.

"더 분명히 말씀드리지 못해 죄송해요." 앨리스가 매우 정중하게 대답했다. "저부터 이해가 되지 않거든요. 하루 사이에 온갖 크기로 변하자니 너무 혼란스러워요."

—《이상한 나라의 앨리스》

리허설 홀에서 〈거울 나라의 앨리스〉의 첫 대본 리딩이 열렸다. 가장 먼저 (각색자인) 제임스 리니가 소개말을 했다. 리니는 출연진에게 루이스 캐럴에 대해, 캐럴과 앨리스 리델의 관계에 대해 말했다. 리니가 말한 내용이 자세히 기억나지는 않는다. 하지만 그가 '앨리스' 이야기의 이면, 거기 내포된 욕망과 숨은 의미를 언급한 것은 생각난다. 사실 숨은 의미라고 말하기도 뭣하다. 도지슨이 필시 소아성애자였고, 그가 앨리스 리델을 사랑했고, '앨리스' 시리즈가 리델에게 바치는 책이라는 것은 공공연한 사실이니까. 《거울 나라의 앨리스》는 《이상한 나라의 앨리스》가 나온 지 몇 년 후 슬픔과 향수 속에 쓰였다. 도지슨은 리델 가족과 강으로 나들이 갔을 때 있었던 모종의 사건을 계기로 그들과 소원해졌다. 도지슨의 일기에서 그 무렵에 쓴 결정적인 세 부분이 사라지고 없다. 도지슨 사후 친척이 그의 사생활을 지키기 위해 찢어냈기 때문이다. 그날 무슨 일이 있었는지는 확실치 않지만, 찰스 도지슨이 앨리스 리델에게 선을 넘는 행동을 했고, 그로 인해 리델 부인이 마침내 도지슨과 교류를 끊었다는 것이 오래된 추측이다.

나는 '앨리스' 이야기의 물밑 배경에 대한 제임스 리니의 세심한 분석에 마음을 빼앗겼다. 내가 항상 알던 이야기를 파헤치는 느낌이었다. 제임스의 소개말이 끝나자 인정 많고 유쾌한 연출가 마티 메러든이 자리에서 일어났다. 메러든은 제임스가 말한 모든 것이 매우 흥미롭고 심지어 사실일 가능성이 높지만, 도지슨이 이 이야기를 쓴 데에는 "어린이들에게 즐거움을 주기 위한" 목적도 있다고 했다. 그리고 그것이 우리가 이 연극을 선보이는 극단으로서 추구할 정신이라고 했다. 그가 재차 강조했다. 우리가 이 연극을 무대에 올리는 것은 "어린이들에게 즐거움을 주기 위해서"였다. 메러든은 이 말을 몇 번이나 반복하며 이 점을 분명히 했다. 우리가 나쁜 길로 빠지지 않게 미리 단속하는 것 같기도 했다. 우리는 어린이들의 즐거움을 위해 그곳에 있었다. 내 안에서 불협화음을 내는 충돌음이 났다. 내적 앎을 건드는 징소리가 길게 울렸다. 왠지 거북했고, 뭔가 이상했다. 나는 그 느낌을 밀어냈다. 이미 결론 났다시피 나는 이곳에 "어린이들에게 즐거움을 주기 위해서" 있었다. 도지슨이 짝사랑했던 옛날의 앨리스를 재현하기 위해서도 아니었고, 작가와 어린 뮤즈의 관계에 내재한 변태 성욕을 일깨우기 위해서도 아니었다. '어린이들의 즐거움'을 위해서였다. 그것이 내 행군 명령이었다(아빠에게는 비밀이었다).

나는 이날 1차 리딩에 모인 출연진 앞에서 잔뜩 긴장한 채 대사를 읽었다. 발성 훈련을 받기 전이라서 목소리가 작았고, 주눅이 들어있었다. 영화와 TV를 위한 목소리였지 무대를 위한 목소리가 아니었다. 리딩이 끝난 후 당시 각각 70대와 80대였던 (하얀 왕 역의) 빌 니들스와 (붉은 왕 역의) 머빈 블레이크가 와서 내 리딩이 좋았다고 말해주었다. 사실일 리 없었다. 두 분은 내가 스트랫퍼드에 있었던 기간 내내 내게 과분한 친절을 베풀었다.

스트랫퍼드 연극제의 개척자이자 산증인이며, 영화 〈2001 스페이스 오디세이〉(2001: A Space Odyssey)에서 인공지능 컴퓨터 HAL의 목소리를 연기한 유명 배우 더글러스 레인이 내게 퉁명스러운 고갯짓과 함께 무뚝뚝하게 말했다. "안녕. 대사가 잘 안 들렸어." 나는 그에게 해죽 웃었다. 단박에 그가 좋아졌다. 잔인하게 솔직할 때가 온정을 가장 격하게 표현할 때인 사람들이 있다. 나는 그가 그런 사람임을 직감했다. 그는 자신에게 해죽대는 나를 마주 보았다. 내가 자신을 간파했다는 것을 간파한 듯했다. 나는 그가 방을 나가며 미소를 참는 것을 보았다. 하지만 나는 무서웠다. 내 목소리가 무서웠다. 작고 힘없는 목소리. 내게 주어진 짧은 기간 동안 아무리 열심히 연습해도 목소리가 커지지 않을 것 같아 무서웠다. 내 두려움은 기우가 아니었다.

나는 말 그대로 연극 신병훈련소에 던져졌다. 연극 리허설 외에 매일 재닌 피어슨이라는 뛰어난 발성 코치에게 집중 훈련을 받았고, 켈리 매커비뉴라는 훌륭한 알렉산더기법♦ 코치에게 자세와 동작 레슨을 받았다. 연극학교에서 4년에 걸쳐 배우는 것을 6주 만에 벼락치기로 배우는 셈이었다. 연극 출연이 생전 처음인 내가 북미 최대의 고전 레퍼토리 극단의 연극에서 주인공을 맡아 1200명의 관객 앞에서, 때로는 하루 두 번씩 공연하려면 다른 방법이 없었다. 거기다 내 역할은 햄릿보다도 무대 등장 시간이 더 길었다(어느 날 드레스리허설 중에 더글러스 레인이 말했다. "세상에, 너는 무대에 없을 때가 *없구나*! 심지어 햄릿도 가끔은 무대를 떠나는데").

나는 저녁 시간을 대사 외우는 데 바쳤다. 대사를 까먹으면 그 장면을 다시 찍을 수 있는 TV 연기를 할 때도 나는 대사 암기에 애를 먹었다. 리허설을 끝내고, 그날의 학교 숙제까지 마치고 나면 2시간짜리 연극을 연습해야 했다. 그것도 완벽하게. 침실에서 혼자 대사를 한 줄 한 줄 외우며 나는 공포로 멀미가 났다.

반면 리허설 홀에서는 혼자 있을 틈이 없었다. 나는 재닌에게 스트레칭을 배웠다. 숨을 횡격막까지 깊이 들이마시는 호흡법을 배웠고, 그것을 이용해 내 배 속에서 대극장의 뒷자리에까지 도달하는 소리, 넓은 발코니석까지 올라가는 소리를 끌어내는 방법을 배웠다. 발코니석 뒤편까지 모든 단어가 낱낱이 들려야 했다. 나는 단어의 첫 자음에서부터 마지막 자음까지 집중력

♦ Alexander Technique, 호주 연극배우 F. M. 알렉산더가 창안한 신체 수련법. 건강관리를 위한 것이지만 무대 연기를 위해 예술학교에서 커리큘럼에 넣어 가르치기도 한다.

을 유지해야 했다. 재닌은 일상 담화에서는 사람들이 단어의 끝소리를 삼키면서 말끝을 흐리는 일이 많다고 했다. 하지만 무대에서는 마지막 자음을 마지막 자음이 아닌 것처럼, 최종 소리가 또 있는 것처럼, 또는 단어가 정상적으로 끝난 후에도 계속될 것처럼 발음해야 했다. 나는 그 점에 특히 유의해서 연습했다. 리허설 때 내가 평상시 발화처럼 끝소리를 흘려 없애는 경향을 보였기 때문이다. 재닌은 엄격하고 까다로운 동시에 지극히 따뜻하고 친절했다. 재닌과의 훈련이 끝날 무렵 나는 내게 있을 것으로 상상하지 못했던 강력한 목소리를 발견했다. 더 이상 노력 부족으로 내 자음들을 말끝에서 잃지 않았다. 나는 단어가 완전히 발화되기 전에 미리 포기하지 않았다.

하지만 내게 주어진 시간은 연극학교를 대체하기에는 턱없이 부족했다. 드레스리허설이 본격적으로 시작되면서 마티와 무대감독은 마지못해 내게 마이크를 달기로 결정했다. 나는 이것을 직업윤리의 참담한 위배로 느꼈고, 사람들이 나를 포기한 기분이 들었다. 그리고 마이크가 처음 내 머리카락 속에 숨겨지던 순간 나도 나를 조금 포기했다.

동작 수업에서는 켈리가 내게 걷는 법, 서있는 법, 내 몸을 항상 살아있고 존재감 있게 만드는 법을 가르쳤다. 관객을 등지고 있을 때는 내가 파티에 있고, 정말 좋아하는 남자애가 내 뒤에 있다고 상상했다. 내 얼굴은 이 상상의 소년을 외면하고 있지만, 내 몸의 에너지와 언어는 모두 그를 향해있었다. 이는 연기에 유용한 이미지였고, 무엇보다 내 10대 자아와 즉각 통하는 이미지였다. 하지만 아무리 애써도 내 뒤틀리고 굽은 몸을 바로 펼 수 가 없었다. 상부 척추가 점점 더 오른쪽으로 이동했고, 그럴수록 상부 척추와 우측 어깨뼈 사이의 공간이 좁아졌다. 켈리가 이 작은 공간에 갇혀 점점 더 눌리는 근육들을 마사지해 주었다. 켈리는 더 효율적으로 덜 고통스럽게 몸을 곧추세우는 방법, 그래서 균형 잡힌 인상을 만드는 방법도 가르쳐 주었다. 하지만 나는 비뚤어져 있었고, 거기에는 의심의 여지가 없었다. 의상 팀이 내 몸이 비대칭인 곳마다 패드를 꿰매 붙였고, 척추측만 때문에 어깨와 가슴 사이에 생긴 틈을 메웠다. 왼쪽 어깨뼈에 패드를 붙여서 오른쪽 어깨뼈 돌출을 숨겼고, 흉곽 왼편에도 길게 패드를 대서 오른편과 균형을 맞췄다. 물론 압박붕대로 내 젖가슴을 동여매는 것도 필수였다. 나는 사춘기 이전의 소녀처럼 보여야 했다.

성생활이 삶의 일부가 된 내게 가슴은 너무나 당연한 것이었다. 그런데 그 가슴이 내가 앨리스 의상을 입을 때마다 소거되는 과정은 내게 묘한 기분을 안겼다. 어린 시절을 벗어나 성장하기 위해 그렇게 오래 안간힘을 써놓고, 이제 나는 그 분투 끝에 얻어낸 성숙함을 적극적으로 지우고 있었다. 이는 내가 이모 집에서 누리는 유아적 삶과 묘한 연속성을 띠었다. 성인 여성으로 독립해서 사는 것이 내가 아주 일찍부터 선택한 방식이었는데, 그때의 나는 더 이상 어른이 아니었다. 나는 가사 참여에 대한 요구도 어떤 책임도 없이, 전적으로 남의 보살핌을 받는 아이의 몸으로 다시 강제 투입되었다.

이쯤 되면 대대적인 신경쇠약의 임박이 명백했다. 내 여성적

육체는 일종의 반(反)성장적 붕괴에 빠졌고, 나는 사춘기가 반전하고 어렵게 얻은 독립성이 역행하는 해괴한 경험을 하는 중이었다. 그리고 이 경험은 소아성애자로 알려진 작가가 쓴, 아빠와 내 관계를 떠올리게 하는 것들로 가득한 이야기와 마디마디 얽혀있었다. 이 부조화가 내 잠재의식에 일촉즉발의 화약고를 만들었다.

하지만 당시의 내게는 그것이 전혀 명백하지 않았다. 오히려 나는 연극 리허설을 좋아했다. 연극이 서서히 모양을 갖추어가는 것을 보는 것이 좋았다. 연기와 실험의 기회, 시도의 불발이 패닉을 야기하지 않는 여유를 보는 것이 좋았다. 패닉은 내가 작업했던 TV 드라마와 영화 촬영 현장에서는 거의 기본 설정이었다. 그곳은 끊임없이 일정이 지체되고, 예산이 초과되고, 긴장감이 전기처럼 흐르는 곳이었다. 연극이 지적이고 창의적인 작업으로 느껴진다면, 내가 이전에 수행했던 다른 모든 일은 산업적이었다. 즉 제품을 최대한 신속히 찍어내는 것이 관건이었다. 거기서는 *최상*의 방식이 아니라 결과에 *가장 빨리* 도달할 방법을 찾는 것이 중요했다. 그런데 놀랍게도 연극은 *재미있었다*. 나는 일이 재미있는 상황에 익숙하지 않았다. 하지만 연극인들은 없던 재미도 만들어냈다.

함께 일한 연극인들은 지극히 명민하고 활기찬 인물들이었다. 그들은 TV와 영화 쪽 사람들에게서 보지 못한 수준의 진정성과 지성을 발했다. 그들은 셰익스피어와 고전을 사랑했기에 이곳에 있었다. 수년간 위대한 문학작품들을 섭렵한 이들이었다. 영화와 TV 현장에서는 자기애성 성격을 가졌거나 불안정한 상태의 배우 한 명이 모두의 하루를 망치고 일정을 작살낼 수 있었다. 하지만 이곳에서는 내가 영화와 TV 현장에서 익숙하게 봤던 자기애가 활개 치지 않았다. 물론 광기 어리고 허풍 떠는 인물도 있었지만 이들은 자기 역할을 했고, 알아듣게 의사 표시를 했고, 소외시키는 방식이 아니라 넋을 빼놓는 방식으로 공간을 차지했다. 나는 붉은 여왕을 연기한 미셸 피스크와 분장실을 같이 썼다. 그는 전율을 주었다. 우렁찬 목소리와 당당한 존재감으로 무대를 장악했다. 그는 첫날부터 가슴 저미게 엄마 같았고, 다정했고, 강경하게 내 편이었다.

때로 나는 리허설에서 실제 앨리스 리델의 느낌을 슬쩍 넣어서 연기했다. 더글러스 레인이 분(扮)한 험프티 덤프티에게 뾰로통하고 삐딱한 말투를 쓰면서 일종의 도발적인 추파가 연기에 녹아들게 했다. 나는 더글러스가 그것을 눈치채는 것을 눈치챘다. 그가 거대한 달걀 의상을 입고 나를 곁눈으로 유심히 볼 때 그의 눈에 당황스러워하는 미소가 작게 번지는 것을 보았다. 나는 재빨리 훨씬 순진한 말투로 복귀했다. 재수 없는 연기는 그에게 맡기고 나는 귀여움을 연기했다.

책의 끝부분에서 앨리스가 만나는 하얀 기사는 명백히 도지슨이 자기 자신을 모델로 한 캐릭터다. 이 갈팡질팡하고 무능한 괴짜는 앨리스가 무사하길 바라고, 결론적으로 앨리스가 체스 게임의 마지막 칸에 진입하도록 돕지만, 폰에서 여왕으로 격상된 앨리스에게 버림받는다. 톰 우드가 하얀 기사를 맡았다. 나는 톰과의 장면에서 애정과 경멸의 묘한 조합을 연기했다. 이 역학 관계는 내게 친숙한 것이었다. 나는 영화 촬영장에서 평생을 보냈다. 아이가 있는 데서 해도 될 말과 안 될 말을 구분하고 성인과 아동의 경계를 지키려는 교양도 마음도 없는 남자들 앞에 사춘기를 고스란히 노출하며 살았다. 그동안 내 가슴 크기는 빈번히 논평의 대상이었다. 나는 내 나이의 세 배나 되는 사람들이 굳이 숨기지 않는 갈망을 경험했다. 섹스에 대한 노골적인 대화들을 들었다. 그중 상당수는 내게 직접 하는 말이었다. 나는 이 모든 것을 다루는 데 있어서 내가 가진 유일한 힘을 휘둘렀다. 당시에는 그 힘이 매우 실질적이고 강력하게 느껴졌다. 나는 그 남자들을 면전에서 조롱할 수 있었고, 말이면 다 할 수 있었고, 마음껏 비열하고 심술궂고 악의적일 수 있었다. 나는 그들의 욕구를 감지한 어린아이였다. 나는 그들의 약점을 잡았고, 그것을 나도 그들도 알고 있었다.

나는 이런 야릇한 요소들을 험프티 덤프티, 하얀 기사와의 장면들에 슬쩍 적용했다가 더 '착하게' 연기하라는 지적을 받았다. 나는 주뼛대는 목소리로 진짜 앨리스가 그다지 '착했을' 것 같지 않다고 대답했다. 그러자 "다시 말하지만 이 연극은 아이들의 즐거움을 위한" 것이라는 대답이 돌아왔다. 도지슨과 리델이 실제로 어떤 관계였고, 그 관계에 어떠한 골치 아픈 함의가 있는지 몰라도, 이 연극은 관객에게 섹슈얼리티와 소아성애에 대한 불편한 질문이 아니라 꿈과 환상을 안겨주기 위한 것이었다. 다시금 나는 내가 요구받은 연기와 내가 이해한 연극 사이의 불협화음을 느꼈다. 하지만 그 느낌을 재빨리 밀어냈고, 출연진끼리의 격의 없고 유쾌한 어울림에 나를 밀어 넣었다. 다음 번 의상 가봉 때 왠지 내 가슴이 전보다 더 세게 조여지는 느낌이었지만 그냥 눈을 감았다.

저녁에는 학교 수업을 따라가기 위한 공부를 마친 후에 다시 대사 연습을 했다. 혼자 앉아서 대사 연습을 할 때마다 마음도 함께 내려앉았다. 각양각색의 출연진과 나를 돕는 코치들과의 시끌벅적한 동지애와 떨어져 혼자 있으면 *나 혼자만* 앨리스라는 사실이 실감 났다. 내가 이 연극을 짊어져야 했다. 내가 *이 모든 대사를 한꺼번에* 기억해야 했다. 일단 연극의 막이 오르면 두 번째 테이크 따위는 없었다. 하지만 내가 오래 패닉에 빠지기 전에 아침이 왔고, 재닌과 켈리의 집중 훈련과 마티의 지원과 인도 속에 게임이 다시 시작됐다.

다시 저녁이 오면 내가 관객 앞에 서는 진짜 도전은 아직 시작도 안 했다는 것이 기억났다. 나는 극장 관객석이 더 이상 비어있지 않을 때의 느낌이 지금과 얼마나 다를지에 대해 생각하지 않으려 애썼다.

첫 시연 날, 나는 배우 휴게실의 사탕 그릇에서 작고 동그란 박하사탕을 꺼내 입에 물었다. 그리고 커튼 뒤에서 극장 조명이 꺼지기를 기다리며 초조하게 사탕을 잘근잘근 씹어 삼켰다. 톰우드가 내게 다가와 속삭였다. "씹어 먹자"(Break a leg). 나는 톰을 향해 말했다. "말아먹지 않을게요"(I just hope I don' suck). 그가 껄껄 웃었다. 우리는 어둠 속에서 무대에 올랐다. 나는 가짜 새

끼 고양이를 품에 안고 벽난로 앞의 안락의자에 자리를 잡고 앉았다. 벽난로 선반 위에 거대하고 불길해 보이는 거울이 놓여있었다. 앞으로 내가 2시간 동안 통과할 거울이었다. 시연은 다행히 잘 흘러갔다. 나는 아드레날린이 솟구쳤다. 이렇게 중대한 일의 중심에 내가 있다니, 날아오른 듯한 기분이었다.

첫 공연의 성공으로 내게는 엄격히 지켜야 할 미신이 생겼다. 나는 반드시 같은 박하사탕을 입에 물고 조명이 꺼질 때까지 씹었다. 그리고 톰에게 매번 시작 직전에 내게 와서 소등이 완료되는 시점에 "씹어 먹자"라고 말해달라고 부탁했다. 그럼 나는 첫 시연 때와 똑같은 톤으로 "말아먹지 않을게요"라고 말했다. 나는 톰에게 첫 시연 때와 똑같이 웃어달라고 했다. 그는 다정하게 내 청에 따랐다. 이 루틴에 따라 나는 매일 밤 어둠 속에 숨어서 벽난로 앞의 안락의자로 미끄러져 들어갔다. 무대 조명이 내게 쏟아지기 직전 몇 초 동안 관객의 눈에서 기대와 흥분을 볼 수 있었다. 관객 대부분은 아이들이었고, 즐겁기 위해 거기 있었다.

시연 기간이 시작되자 백스테이지 구역의 문 옆에 출근표가 붙었다. 출연진 명단이 있었고, 이름 옆에는 극장에 도착해서 서명하는 칸이 있었다. 공연 시작 전에 무대감독이 전원 도착을 확인하는 용도였다. 나는 더글러스 레인의 칸이 항상 비어있는 것을 눈치챘다. 미셸에게 물어봤더니 그는 "원래 그래. 더글러스는 원래 사인 안 해"라는 취지의 대답을 했다. 나는 더글러스의 분장실 문을 두드렸다. 이때쯤 더글러스와 나는 많이 친해져서 일종의 만담 콤비가 되어있었다. 내가 얄밉게 깐족대는 10대를 담당했다면, 그는 허튼짓을 참지 않고 괄시에 익숙하지 않은 괴팍한 노인을 담당했다. "더글러스," 내가 말했다. "왜 출근표에 사인 안 해요? *본인이 너무 잘났다고 생각해요?*"

"질문 같아야 대답을 하지." 그는 계속 험프티 덤프티 분장을 하며 나보고 나가라고 했다.

"왜 사인 안 해요? 뭐가 문제예요?"

"나는 프로야." 그가 쏘아붙였다. "내가 여기 있어야 한다면 있는 거야. 내가 내 일을 하는 데 *사인*이 왜 필요해."

나는 눈알을 굴렸다. 그날 이후 내가 더글러스 대신 사인했다. 나는 그의 칸에 출연진에게 보내는 익살스런 응원의 말을 써넣었다. 하루는 이렇게 썼다. "**오 마이 갓!** 나는 여러분 모두를 **너무 사랑해요! 해피해피 조이조이!**" 어떤 날에는 이런 취지의 말을 썼다. "여러분은 이 일을 **사랑하나요?** 나는 사랑해요!!! 모두들 멋지게 공연하세요! 여러분 정말 고마워요!" 나는 글자 사이사이에 무지개와 행복한 얼굴과 웃는 태양을 그렸다.

출연진 중 다수가 내게 그건 좋은 생각이 아니며, 더글러스의 노여움을 유발해서 좋을 게 없다고 충고했다. 사실 내가 더글러스의 살벌한 분노를 모르는 것은 아니었다. 붉은 왕 역을 맡은 머빈 블레이크는 이때 여든을 넘긴 나이였고, 천막 치고 연극하던 1950년대부터 스트랫퍼드 축제의 일원이었다. 머빈은 이제 많이 노쇠해서 지팡이를 짚고 힘들게 걸었다. 그는 제2차 세계대전 당시 나치의 베르겐벨젠◆ 수용소를 해방시킨 영국군 연대에 있었다. 그때 그가 목격한 참상이 심한 트라우마로 남았고,

시시때때로 악몽으로 돌아와 그를 괴롭혔다(공연 투어에서 머빈과 한방을 썼던 사람에게 들은 바에 따르면, 머빈은 비명을 지르며 잠에서 깨는 일도 많았다). 머빈은 따뜻했고, 항상 웃는 사람이었다. 그는 모두에게 사랑받았다. 또한 그는 스트랫퍼드 축제에서 셰익스피어 희곡의 전편에 출연한 최초의 배우였다. 어느 날 험프티 덤프티 장면의 드레스리허설을 진행할 때였다. 더글러스가 작은 다리가 달린 우스꽝스러운 달걀 탈을 쓰고 울타리에 올라앉아 있었다. 이 장면을 머빈이 잠시 곁무대◆◆에 서서 구경했다. 그가 재미있게 지켜보다 감탄하듯 웃었는데, 그 웃음소리에 더글러스가 *폭발했다*. 더글러스는 우리가 리허설 중인데 머빈이 거기 서서 구경하는 것은 프로답지 못하다고, 배우의 집중을 방해하는 아마추어 짓이라며 악을 썼다. 그러더니 충격 먹은 노배우에게 직접 악쓰는 것을 멈추고 이번엔 마티를 향해 외쳤다. **"저 나이면 알 때도 됐잖아!"** 끔찍한 말이었다. 곁무대에 혼자 망연자실 서있는 머빈을 보니 내 심장이 무너지는 것 같았다. 더글러스의 불같은 성격을 조심하라는 주위의 경고는 근거 없는 말이 아니었다. 하지만 나는 멈출 수 없었다.

나는 어느 날 극장에 도착해서 출근표를 응시하는 더글러스를 보았다. 그는 내가 자기 칸에 써놓은 말들을 읽어 내려가며

◆ Bergen-Belsen, 제2차 세계대전 당시 나치독일이 전쟁 포로와 유대인을 수용하기 위해 설치한 수용소 중 한 곳으로, 이곳에서 수만 명의 수용자가 굶주림, 학대, 질병 등으로 죽었다. 1945년 4월에 영국군에 의해 나치 수용소 중 가장 먼저 해방되었다.

◆◆ 무대 좌측과 우측의 객석에서는 보이지 않는 공간. 배우와 무대장치가 대기하는 장소로 쓰인다.

혼자 웃고 있었다. 지난주 서명들에까지 이르렀을 때는 배를 쥐고 웃었다. 그가 돌아서다가 나를 보았다. 그의 얼굴이 쇠처럼 굳어졌다. 하지만 그 순간 나는 느꼈다. 그가 평소와 달리 자신을 온전히 내려놓고 내게 고마움을 표했다는 것을. 내 몸은 승리감으로 무게를 잃었다.

개막일이 왔다. 아빠, 언니오빠들, 이모 부부, 사촌들이 초연을 보러 스트랫퍼드에 왔다. 나는 무대 뒤에 섰다. 나는 박하사탕을 빨았다. 톰이 내게 "씹어 먹자"라고 했고, 나는 그에게 "말아먹지 않을게요"라고 했다. 그가 껄껄 웃었다. 나는 어둠을 헤치고 안락의자로 갔다. 토할 것처럼 속이 울렁거렸다. 대사를 시작했다. 목소리가 떨렸다. 내 속만 떠는 것이 아니었다. 내 겉도 덜덜 떨렸다. 통제할 수가 없었다. 나는 겁에 질렸다. 내가 거울 안으로 들어갈 때 증기가 벽처럼 올라왔고, 다음 순간 단원들이 벽난로와 거울 무대장치를 밀어냈다. 나는 각다귀와 대사를 주고받았다. 그때 극장 왼편 뒷자리 어딘가에서 아빠가 소리를 냈다. 기침 소리였다. 그 기침 소리가 모든 것을 해결했다. 나는 무대 위에 있었다. 내가 주인공이었다. 나는 앨리스였다. 위대한 배우 더글러스 레인이 각다귀 목소리도 맡았고, 나는 그의 목소리와 연기하고 있었다. 걱정할 필요가 없었다. 갑자기 나는 거기 있는 것이 신났다. 사람들을 실시간으로 웃게 하고 숨 막히게 하는 짜릿함을 느꼈다. 아이들을 즐겁게 해주는 짜릿함. 나는 그곳이 아닌 다른 어디에도 있고 싶지 않았다.

연극이 끝날 무렵 앨리스는 하얀 기사를 만난다. 앨리스에 대한 소유권을 놓고 붉은 기사와 결투를 벌인 후 하얀 기사는 앨리스에게 가장 먼저 이렇게 말한다. "눈부신 승리였어, 그렇지?"

앨리스는 대답한다. "모르겠어요. 나는 누구의 포로도 되고 싶지 않아요. 나는 여왕이 되고 싶어요."

하얀 기사가 말한다. "그렇게 될 거야. 다음 개울만 건너면 돼. 숲 끝까지 안전하게 바래다줄게. 그다음엔 나는 돌아가야 해. 내가 갈 수 있는 데는 거기까지거든."

하얀 기사는 어리바리하고, 우왕좌왕하고, 세상을 야무지게 살아내는 요령이 전혀 없는 인물이다. 그는 앨리스에게 "옷가지와 샌드위치를 담는" 작은 상자를 자랑한다. "비가 들어가지 않게" 상자를 거꾸로 메고 다니는데, 상자가 열려있던 탓에 물건이 다 빠져버린 것은 알지 못한다. 그는 "상어에 물리지 않게" 말의 발목에 채우는 발찌 같은 실용성 없고 뚱딴지같은 발명들도 자랑한다. 하얀 기사는 시연 때 내 행운의 요정이 되어준 톰 우드가 연기했다. 톰은 내게 지극히 친절했고 다정했다. 무대에서 그를 만난다는 것은 연극이 끝나간다는 신호였다. 톰은 내게로 터벅터벅 걸어왔다. 그의 말을 연기하는 배우가 뒤에 바싹 붙어서 따라왔다.

우리가 연기하는 장면은 루이스 캐럴의 원작에 있는 장면과 거의 동일했다. 원작은 다음과 같다.

> 앨리스가 거울 너머를 여행하면서 본 온갖 이상한 일들 중에서 이 장면이 앨리스가 언제까지나 가장 선명하게 기억하는 장면이 되었

다. 세월이 흐른 후에도 앨리스는 마치 어제 일처럼 이 장면을 전부 떠올릴 수 있었다. 기사의 온화한 푸른 눈과 친절한 미소. 그의 머리카락 사이로 빛나던 석양. 타오르는 빛 속에서 눈부시게 번쩍이던 그의 갑옷. 고삐를 목에 늘어뜨린 채 조용히 움직이며 발밑의 풀을 뜯던 말. 그 뒤에 드리운 숲의 검은 그림자. 앨리스는 이 모든 것을 한 장의 그림처럼 간직했다.

아빠의 기침 소리가 다시 객석 가운데 줄 어딘가에서 들렸다. 나는 관객을 숨기고 있는 검은 골짜기를 내다보았다. 나는 노래를 부르는 톰을 돌아보았다.

기사는 발라드의 마지막 구절을 부르며 고삐를 모아 쥐고 그들이 왔던 길로 말 머리를 돌렸다. "여기서 몇 야드만 더 가면 돼." 그가 말했다. "언덕을 내려가서 작은 개울을 건너. 그럼 너는 여왕이 될 거야. 하지만 그러기 전에 나를 배웅해 주겠니?" 앨리스가 기대에 찬 눈길로 기사가 가리킨 곳으로 향하자 그가 덧붙였다. "오래 걸리지 않을 거야. 기다렸다가 내가 저기 길모퉁이에 다다르면 손수건을 흔들어다오! 그럼 기운이 날 것 같아."

"당연히 기다려야죠." 앨리스가 말했다. "그리고 이렇게 멀리까지 바래다주셔서 정말 감사해요 그리고 노래도요. 노래가 너무 좋았어요."

"그랬기를 바란다." 기사가 석연찮게 말했다. "그런데 너는 내 생각만큼 많이 울지 않는구나."

내 흐느낌이 터지기 직전이었다. 이 친절하고, 어수선하고, 취약하고, 무능하고, 자상한 하얀 기사와 작별해야 하는 깊은 슬픔이 솟구쳤다. 리허설 때 각색자 제임스 리니는 하얀 기사가 앨리스 리델에게 작별을 고하는 찰스 도지슨이라고 말했다. 그가 알았고 사랑했던 앨리스는 유년을 피해 성년으로 달아났다. 이때 작품 속의 앨리스는 그를 배웅한다. 그리고 실제의 앨리스는 그에게 결코 해주지 않았을 고마움으로 가득한 작별 인사를 한다. 내 목구멍에서 작은 신음이 새어 나왔다. 나는 급히 그 소리를 억눌렀다. 곁무대에 있던 무대 조감독이 무슨 일인지 보려고 급히 돌아서는 것이 보였다. 나는 심호흡하고 대사를 이어갔다.

"내 배웅이 힘이 됐다면 좋겠네." 앨리스는 몸을 돌려 언덕을 달려 내려가며 말했다. "이제 마지막 개울만 남았어. 그럼 나는 여왕이 되는 거야! 생각만 해도 신나!"

공연이 끝나고 아빠, 언니오빠들과 함께 앤 이모 집으로 갔다. 아빠는 연극을 넋 놓고 봤다고, 내 연기가 눈부셨다고 말했다. 조 언니가 말했다. "내 생각은 달라. 연극을 순진하고 달콤한 동화로 만들어놨더라. 원래는 그게 아니거든. 원작은 그보다 복잡한 이야기야. 그리고 앨리스가 너무 *귀여워* 보였어. 앨리스는 그런 인물이 아니야. 영악하고, 도발적이고, 건방져야지. 늘 생각하는데 앨리스는 그렇게 연기하는 게 맞아." 난 속이 울렁거렸다. 토할 것 같았다. 차창을 열었다. 언니 말이 옳았다. 당연히.

이제 공연을 65회 더 해야 했다. 수개월의 상연 기간 동안 내가 이 거짓 연기를 내 자신에게서 숨길 수 없을까 봐 두려웠다.

나는 이 비판을 의식에서 밀어내려 했다. 하지만 리허설 기간 내내 느꼈던 불협화음이 이제 선명하게 정체를 드러냈다. 더는 생각을 피한다고 해서 털어낼 수 없는 불편함이었다. 씨앗은 심겨졌고, 이제 자랄 작정이었다.

무대에서 겪는 신념과 연기의 충돌에도 불구하고, 첫 20회 공연까지는 내 삶이 꿈처럼 흘러갔다. 애지중지 사랑받는 유년과 창의적 흥분이 결합된 나날이었다. 나는 낮에는 활기와 모성으로 가득한 두 여성의 주관하에 맛난 음식과 고전 읽기의 향연을 누렸다. 밤에는 최고의 배우들과 연기했고, 공연은 매회 기립박수로 끝났다. 황홀한 시절이었다. 그때까지는 그랬다.

스무 번째 공연 즈음에 나는 엇나가기 시작했다. 이모와 사촌언니와 보내는 시간은 여전히 좋았지만, 그 시간은 일시 정지일 뿐 내가 그 시간 밖에서 만드는 삶과 이상한 갈등을 빚었다. 나는 연인인 코리에게서 분리되었다. 코리의 방문은 허용되었지만 나와 같은 침실을 쓰는 것은 허용되지 않았다. 코리는 이모의 보물 컬렉션에 끼지 못했다(이모 입장에선 그럴 만도 했다. 코리는 지극히 현실적이었고, 냉소적이었고, 어떤 사교술도 없었다). 나는 이모가 코리의 방문도, 코리의 존재가 의미하는 바도 싫어한다는 것을 느꼈다. 코리는 내가 언젠가 이모 집을 나간다는 것을 뜻했다. 코리를 위한 손님방을 준비하면서 이모는 다소 비꼬는 투로, 나를 동경하는 손녀를 봐서라도 이 집에서는 어떤 “교접”도 없기를 바란다고 말했다. 나는 이모에게 어린아이처럼 사랑받고 보살핌과 귀염을 받았지만, 아이로 사는 데 따른 제약도 받았다. 그 제약들은 지금 생각하면 합당했다. 하지만 아이로 사는 것은 당시에도, 실제로 어렸을 때도 내게 익숙하지 않았다. 내 일부는 내가 그리웠다. 열다섯보다 훨씬 성숙하게 느껴지던 나, 보살핌의 대가로 견뎌야 하는 규칙과 구속에서 벗어나 자유롭게 사는 나, 내가 수년간 가장의 책임을 다한 대가로 정정당당하게 얻어냈던 정체성이 그리웠다.

그리고 이제 공연 자체가 지루해졌다. 나는 일종의 자동항법 시스템으로 움직였다. 나는 대부분 딴생각을 하면서 이미 수십 번 읊은 대사를 또 읊었다. 두려움이 사라졌지만 즐거움이나 몰입감도 사라졌다. 이제 내가 공연에서 얻는 주된 재미는 출연자들이 서로에게 치는 장난에서 왔다. 연기 중에 곁무대에 벌거벗은 사람이 나타나도 나는 태연자약하게 대사를 쳐야 했다. 연극은 이제 별 노력 없이도 알아서 굴러갔다. 나는 몸은 있지만 마음은 없는 상태로 무대를 소화했다.

지금도 궁금하다. 중간 스무 번의 공연 관객들에게 내 연기가 어떻게 보였고, 어떻게 느껴졌을까? 내가 붕 떠 보였을까? 아니면 애초부터 내 앨리스 연기는 진심에서 우러난 것이 아니라 지도받은 것이었기 때문에, 내가 더 몰입해서 임했던 공연들과 별 차이가 없었을까? 지금 내가 아는 것은 이것이다. 내가 영혼 없이 임했던 중간 스무 번의 '자동항법' 공연은 결국 좋지 않은 결과를 낳았다.

*

나는 공연이 없는 날에는 기차를 타고 토론토로 코리를 보러 갔다. 게이빌리지에 우리가 함께 구한 집이 있었다. 1960년대 고층 아파트의 6층이었다. 아파트는 빛이 들지 않는 상자 같았고, 가구도 없었다. 우리는 바닥에서 잤고, 살림은 작은 촛대 두 개뿐이었다. 우리는 침낭을 나란히 놓고 누웠고, 촛대에 뚫린 무늬들이 천장에 별을 쏘았다. 명배우 빌 니들스가 선물로 준 메뚜기가 새겨진 술잔도 있었다. 빌은 내게 코리가 "사랑스럽다"고 말했다. 빌은 성년이 된 후 여러 번 이사 다니면서도 이 메뚜기 유리잔은 버리지 않았고, 이 유리잔이 자신에게 행운을 가져다주었다고 했다. 그가 말했다. "이제는 필요한 사람에게 물려줄 때가 됐어."

어느 날 토론토에서 밤을 보내고 스트랫퍼드로 돌아왔을 때 무대감독이 공연 전에 내게 면담을 청했다. 분장실로 가는 길에 출연자 몇몇이 나를 애처롭게 보는 것을 눈치챘다. 내가 곧 무언가 불쾌한 말을, 나를 제외한 모두가 이미 알고 있는 말을 듣게 될 거라는 느낌이 왔다.

무대감독 메릴루는 내가 얼마 전부터 단어 끝마다 모음을 붙이고 있다면서, 그것을 인지하고 있는지 물었다. 나는 몰랐다고 했다. 발성 코치 재닌에게 모든 단어 끝에 모음이 있다고 상상하라는 조언을 받았다고 했다. 메릴루는 이제는 내가 그 모음들을 상상하는 데 그치지 않는다고 했다. 나는 실제로 *발음하고* 있었다. 나는 경악했다. 온몸이 달아올라 델 듯이 뜨거워진 기분이었다. 나는 그에게 알려주어서 고맙다고 말한 다음(사실은 그를 죽이고 싶었다), 이제부터는 고치겠다고 했다.

다음 공연에서 내 자동항법 시스템이 꺼졌다. 모두가 말하는 모든 단어가 들렸다. *내가* 말하는 모든 단어가 들렸다. 자음으로 끝나야 할 모든 단어의 꽁무니에 모음이 붙어있었다. 마치 쌤통이라는 듯 흔들어대는 꼬리처럼. 이제는 내 소리가 분명하게 들렸다. 하지만 들린다고 고칠 수 있는 것은 아니었다.

(현재 옹알이를 시작한 한 살 반 된 내 딸아이가 딱 이렇다. 아이는 'hot' 대신 'hot-a'라고 한다. 'mad' 대신 'mad-a!'라고 한다. 아이의 발음에 모두 웃겨 죽는다. 가끔은 나도 배꼽 잡는다. 하지만 종종 심장이 철렁한다. 내가 이런 식으로 발음하는 것을 처음 인지했던 그날 밤이 떠오르기 때문이다.)

나는 다시 재닌에게 갔고, 다음 날 그와 몇 시간 동안이나 발성 연습을 했다. 우리는 전에 함께 훈련했던 것의 많은 부분을 원상 복구해야 했다. 나는 단어 끝을 잡아 늘리는 느낌으로 말하는 대신 전처럼 말끝을 후딱 놓아주어야 했다. 말들이 정적 속으로 쏟아지게 놔둬야 했다. 무책임하게 느껴지는 행동이었다. 단어들을 내버리는 것 같았다. 루이스 캐럴의 말을 유기하는 기분이었다. 고통스럽고 힘든 과정이었지만, 두 번의 공연 후 유령 모음들이 사라졌다.

내가 단어 끝에 모음이 없는 첫 번째 공연을 마친 후, 더글러스 레인이 내 분장실 문가에 나타났다. 그는 나를 잡아먹을 듯

사납게 쳐다보았다. 그가 말했다. "나는 그렇게 *심각한* 문제를 그렇게 *빨리* 고치는 인간은 *한 번도* 본 적이 없어."

그날 밤 극장을 나설 때 나는 사람들의 격려와 축하를 받았다. 사람들이 내 어깨를 꾹꾹 쥐거나 나를 포옹했다. 그때까지 나는 그것이 얼마나 큰 문제인지, 얼마나 널리 *알려진* 문제인지 알지 못했다. *관객*은 어떻게 생각했을까? 그렇게 거슬리는 발성 틱을 가진 사람이 주연인 연극을 2시간이나 보고 있자니 미칠 노릇이었을 것이다.

한 가지는 확실했다. 만약 내가 자동항법으로 돌아가면, 다시 말해 또다시 방심하는 일이 생기면, 나는 망한다. 그것도 아주 스펙터클하게 망할 것이다. 이제는 증거도 생겼다. 끔찍하고 수치스러운 증거였다.

*

결국 무너지다

"조심해!" 하얀 여왕이 양손으로 앨리스의 머리카락을 움켜쥐고 외쳤다. "뭔가 벌어지려 해!"

다음 순간 (앨리스가 나중에 묘사한 바에 따르면) 순식간에 온갖 종류의 일들이 벌어졌다.

—《거울 나라의 앨리스》

내 발성 틱이 해결되자 새로운 문제가 발생했다. 이번 것에는 이빨과 비늘이 있었다. 일종의 거대하고, 악취 나고, 분노한 재버워크♦였다. 그 괴물이 나를 올라타고 짓눌렀다.

나는 이제 무대가 무서웠다.

나는 무서웠다. 너무 무서워서 순식간에 온몸이 땀으로 흥건해지고, 가슴에서 심장이 너무 세게 날뛰어서 당장에라도 피부를 뚫고 터질 것 같았다. 무대에 서는 것도 무서웠지만 내 목소리도 무서웠다. 내 입이 말을 만들 수나 있을지 무서웠다. 지난 스무 번의 공연을 통과한 것은 내가 아니라 나를 태운 자동항법이었다. 나는 자동항법으로 대사를 모두 기억했고, 지금까지 아무 문제가 없었다. 자동 모드가 꺼진 지금, 만약 내 의식이 대사를 기억하지 못한다면? 그리고 만약 내가 무대를 무서워한다는 것을 누군가 알게 된다면(이 생각만 하면 숨도 쉬어지지 않았다)? 만약 이 공포가 사람들에게 알려지고 화제가 된다면? 나는 두려움의 표출은 상황을 악화시킬 뿐이며, 내 공포를 남들에게 들키는 창피함이 혼자 냉가슴 앓는 고통보다 더 끔찍하다고 믿었다. 지금 마흔한 살의 내 몸과 뇌는 그렇게 믿은 심리를 기억하지 못한다. 하지만 열다섯 살의 내게는 그 믿음이 지당하고 명백했다. 이 문제에 대해서 대화 상대는 나 자신뿐이었고, 패닉에 빠진 내 뇌의 좁은 한계 내에서는 이 상황을 달리 생각할 방법이 없었다.

♦ Jabberwock, 《거울 나라의 앨리스》에 나오는 난센스 시 〈재버워키〉(Jabberwocky)에 등장하는 사나운 괴물.

오전은 대개 괜찮았다. 아침에 일어나 이모와 사촌언니와 책을 읽으며 하루를 시작했고, 내 평상심에 나조차 기분 좋게 놀랐다. 그러다 2시 30분쯤, 날이 아침보다 저녁에 가까워지면 일종의 비상사태 스위치가 켜졌다. 그리고 (캐나다 배우 브렌트 카버의 표현처럼) "포학한 7시 30분"이 다가오기 시작했다. 나는 엄두가 나지 않았다. 못 할 게 분명했다. 목에 칼이 들어와도 무대에 나갈 수 없었다. 하지만 해야 했다. 벗어날 방도가 없었다. 나는 단두대로 걸어가는 사형수처럼 무거운 다리를 끌고 극장으로 향했다. 나는 이런 지독히 극적인 이미지를 떠올린 스스로를 저주했다. 하지만 이건 확실했다. 그날 밤 무대에 올라가면 나는 죽고 말 것이었다. 그렇다고 누군가에게 내 심정을 발설했다가 남들이 내 공포를 아는 망신살이 뻗치는 날에는 더 *고통스럽게* 죽게 될 것이었다.

나는 내가 무대공포증을 경험하고 다년간 그것을 관리하는 방법을 체득한 유경험자들에게 둘러싸여 있다는 생각을 꿈에도 못 했다. 돌이켜 생각하면 이때 나는 주민의 상당수가 이 문제에 전문성을 갖춘 마을에 있었다. 붉은 여왕 역의 미셸 피스크만 해도 내게 얼마나 도움이 되었겠는가? 지금 생각하면 마음이 아리게 안타깝다. 미셸은 늘 내게 더할 수 없이 친절했고, 내가 부담을 느끼지 않게 나를 향한 모성 본능을 소소한 배려의 제스처들에 나누어 숨겼다. 그런데도 나는 미셸이나 다른 누구에게 이야기해 볼 생각조차 하지 않았다. 나를 위해 못 할 일이 없었고, 실제로 도울 능력도 있었던 앤 이모와 세라 언니에게도 마찬가지였다.

나는 극장에 점점 더 일찍 갔다. 상연 초반에는 극장에 여유 있게 도착해서 어둡고 카펫이 깔린 지하 연습실로 내려가 스트레칭을 하고 목을 풀었다. 무대공포증이 생긴 2주 차에는 몇 시간 일찍 도착해서 문을 걸어 잠그고 워밍업이 아니라 바닥에 태아 자세로 웅크리고 누워 흐느끼는 일을 1시간 반가량 했다.

나는 곁무대에서 조명이 꺼지기를 기다리며 박하사탕과 톰과 함께 하는 사전 의식에도 더 광적으로 매달렸다. 전에는 톰이 때맞춰 내 옆에 와서 "씹어 먹자"라고 말했지만, 이제는 그새를 참지 못하고 내가 그를 찾아 나섰다. 나는 배우들이 등장 순서를 기다리는 줄의 끝으로 달려가서 그를 붙들었다. 패닉을 아슬아슬하게 숨기느라 내 손톱이 그의 팔을 파고들었다. 이제 나는 박하사탕을 두 개씩 준비했다. 입속에 있는 것 하나, 미리 적당한 크기로 갈아놓은 것 하나. "말아먹지 않을게요"라고 말한 후 원래의 오도독 소리를 정확하게 재현하기 위해서였다. 이 의식은 갈수록 생사의 문제가 되었다. 끔찍이 잘못되는 일이 없으려면, 내가 거울 뒤의 세상에 영원히 잡아먹히지 않으려면 단단히 해두어야 했다.

모든 장면, 모든 무대장치는 이제 내게 공연 종료까지 얼마나 남았는지를 의미할 뿐이었다. 각다귀 장면은 끔찍했다. 아직 아무것도 진행된 것이 없고, 내가 여전히 시작 근처에 있다는 뜻이었다. 하얀 여왕 장면과 트위들덤과 트위들디 장면도 마찬가지였다. 험프티 덤프티 장면쯤 와야 비로소 긴장이 조금씩 풀리기 시작했다. 거대하고 우스꽝스러운 달걀 의상을 입고 작은 다리를 달랑거리며 담장에 앉아있는 더글러스를 만나면, 내가 막판 직선주로에 접어들었다는 뜻이었다. 나는 가끔씩 더글러스의 시선이 내게 머무는 것을 느꼈다. 그 눈에서 뭔가를 알아차린 기색과 함께, 전에는 없던 일종의 염려 또는 온기가 묻어 나왔다. 그에게는 내 공포가 보이는 걸까. 나는 그가 아는 것이 겁났다. 하지만 내가 앨리스이고, 그가 거대한 달걀인 짧은 시간 동안만큼은 그는 내 심정을 알지 모른다는 가능성이 위로가 되었다.

그러던 어느 날 공포가 광기로 변했다. 내 자신도 거울을 통과하고 말았다. 이 일은 공연 중에 일어났다. 첫 장면이었다. 거대한 거울에서 증기가 피어오르고, 내가 거울 반대편의 의자로 내려갈 때였다. 무대공포증보다 더 심란한 것이 내 안에서 자라기 시작했다. 나는 내가 들어간 세상의 난센스에 휘둘리기 시작했다. 앨리스가 멈춰있기 위해 달리는 장면에서 나는 고압적인 붉은 여왕이 내게 강제하는 자의적 법칙에 대해 억울함과 분개심을 느꼈다. 내가 어느 길로 가야할지 물었는데 상대 캐릭터가 방향을 알려주지는 않고 시를 읊었을 때 나는 정말로 화가 치밀어 올랐다. 앨리스로서 격분한 것이 아니었다. 세라 폴리로서 격분했다. 하루하루 공연이 이어질수록 나는 점점 더 분개했다. 대화들이 내 속을 뒤집었다. 예를 들어 하얀 여왕의 "내일 잼도 있고 어제 잼도 있지만, 오늘 잼은 절대 있을 수 없다"는 주장이 내 피를 끓게 했다. 캐릭터들이 내 질문에 대답이랍시고 던지는 말들이 하나같이 마음에 들지 않았다. 배배 꼬고 빙빙 돌리는 대답들에 화가 나 미칠 지경이었다.

앨리스: 제 말은 그런 뜻이 아니라—

붉은 여왕: 그게 바로 내가 지적하는 거야! 말에는 뜻이 있어야 해! 아무 뜻도 없는 아이가 무슨 소용이 있겠니? 심지어 농담에도 뜻이 있는데, 하물며 아이는 농담보다 더 중요하잖아. 그건 부정할 수 없겠지. 네가 기를 쓰고 노력해도 말이야.

앨리스: 저는 기를 쓰고 부정하지 않아요.

붉은 여왕: 아무도 네가 그런다고 하지 않았어. 내 말은 네가 노력해 봤자 못 한다는 말이었어.

하얀 여왕: 이 애는 무언가를 부정하고 싶은 마음인 거야. 다만 무엇을 부정할지 모를 뿐이지!

나는 거울 뒤에 갇힌 기분이었다. 내가 어렸을 때 했던 상상들이, 처음 잠자리 동화로 들을 때부터 이 이야기가 싫었던 시절의 상상들이 현실이 된 것 같았다.

*

"그러니까 내가 꿈을 꾸고 있던 건 아니었어." 앨리스가 혼자 중얼거렸다. "우리 모두가 같은 꿈의 일부인 게 아니라면 말이야. 이게 꿈이라면 내 꿈이었으면 좋겠어. 붉은 왕의 꿈이 아니라! 다른 사람의 꿈에 속하는 건 싫어." 앨리스가 계속 항의 조로 말했다. "그럼

난 얼른 가서 왕을 깨워봐야겠어. 무슨 일이 일어나나 보게!"

—《거울 나라의 앨리스》

연극이 진행되면서 나는 내가 아는 세상에서 점점 더 유리되었다. 어릴 때 이 이야기를 들으며 느꼈던 좌절감이 갑자기 성장 촉진제를 먹고 내 온몸을 장악한 것 같았다.

마침내 끝에서 두 번째 장면에 이르렀다. 하얀 기사에게 작별을 고하며 나는 쏟아지는 눈물을 주체할 수 없었다. *"내 배웅이 힘이 됐으면 좋겠어."* 내 얼굴 위로 눈물이 줄줄 흘렀다. 나는 그가 자루에 뚫린 구멍으로 물건들을 흘리며 혼자서, 아무것도 모르고, 터벅터벅 멀어지는 모습을 바라보았다. 내가 그를 위해 할 수 있는 일이 있다면 좋을 텐데. 나는 앨리스 리델이 유년을 피해 성년으로 달아나며 도지슨을 버린 것이 싫었다. 나는 아빠가 치킨 팟 파이는 냉장고에 넣을 필요가 없다며 일주일이나 레인지 위에 놓아둔 것도, 크리스마스 저녁 식사에 먹을 레드캐비지를 3주 전에 만든 것도, 카드가 닳아서 그림이 보이지 않을 때까지 솔리테어 게임을 하는 것도 싫었다. 아침에 일어나 보면 아빠는 그때까지도 자지 않고 다이닝룸에 앉아서 테이블을 뒤덮은 종이들을 응시하고 있었다. 종이는 깨알 같은 글씨로 더는 쓸 자리가 없을 때까지 백만 단위로 곱하고 또 곱한 계산 식들로 빼곡했다. 나는 그런 아침들을 기억에서 지우려 애썼다(나중에 알게 됐는데, 그때 아빠는 자신이 태어나기까지 얼마나 많은 인간이 교미해야 했을지, 그리고 그 교미 중 몇 번이 강간이었을지 따져보고 있었다.

"나는 얼마나 많은 폭력의 산물일까?" 아빠가 무력한 어린아이 같은 얼굴로 말했다). 돌이켜 보면 궁금하다. 이런 것들은 아내가 죽을 때까지 집안일을 한 번도 해보지 않은 전형적인 괴짜 영국인의 특징이었을까, 정신질환의 징후였을까, 아니면 훗날 진단받은 알츠하이머병의 전조 증상이었을까? 영원히 알 수 없는 일이다. 다만 이 별개 상태들의 유사성을 생각하면 웃음이 날 뿐이다.

내가 스트랫퍼드로 가기 전해에 집을 나와 독립할 때 아빠는 아무 말도 하지 않았다. 학교가 있고 친구들이 사는 근처로 이사 가서 계속 함께 살자는 제안도 하지 않았다. 아빠는 그냥 내가 떠나게 놔뒀다. 사랑이 부족했기 때문은 아니었다. 내 생각에는 수동성과 갈등 회피 성향과 매일을 놓아버리는 습관 때문이었다. 그 태도는 지금도 내게 감탄과 분노를 동시에 일으킨다. 내가 떠난 후 내가 전화하지 않는 이상 우리 사이에 대화는 없었다. 아빠는 전화를 끊을 때 내게 '사랑한다'고 말하는 법이 없었다. 그래서 내가 아빠에게 그 말을 하기 시작했다. 나는 그 말을 끈질기고 집요하게 했다. 언젠가 아빠도 내게 그 말을 하는 법을 배울 때까지. 아빠가 나를 사랑한다는 것은 이미 알고 있었다. 하지만 그 사랑은 흐릿하고 정확히 표현하기 어려웠다. 아빠의 사랑은 사방에 있었지만, 때로는 우리 둘 다 보기 어려웠다.

내가 독립한 지 얼마 되지 않은 어느 주말이었다. 집에 갔다가 아빠가 영국에 사는 재닛 고모에게 보내는 편지를 보았다. 반쯤 쓴 편지였다. 아빠는 거기에 포유동물에게 삶의 목적은 새끼를 낳아 기르는 것이라고 썼다. 이제 내가 떠났으니 아빠의 삶은 아무 의미가 없었다. 아빠는 자신에게 의미 있는 삶이 몇 년 더 남았다고 생각했는데 내가 너무 어릴 때 떠나버렸다. 아빠는 이 말을 덤덤하게 지적으로 썼다. 관심 있는 주제이지 비통한 사연은 아니라는 인상을 주었다. 나중에 나는 고모가 보낸 답장도 발견했다. 고모는 이런 말로 아빠를 위로했다. "분명히 세라가 곧 마음을 바꾸고 돌아올 거야." 하지만 나는 영영 돌아가지 않았다.

이 무렵 내가 가끔 보러 가면 아빠는 비죽이 웃으며 혼자 흥얼거렸다. "파리를 봐버린 사람들을 어떻게 농장에 붙들어 둘 수 있겠어요?"

그 무대에 서서 나는 내가 거울로 들어갔다고 믿었다. 그곳에서 나는 여왕이 되고 싶지 않았다. 그에게 작별을 고하고 싶지 않았다. 나는 어린 시절에서 멀어지고 있었지만, 야릇하게도 동시에 그것에 잡혀있고 묶여있었다. 나는 이 끝나지 않는 순간에, 내가 모든 대사를 기억해야 하고, 수행해야 하고, 단어 끝에 모음을 붙이지 않아야 하는 순간에 갇혀있었다.

나는 하얀 기사에게 작별 인사를 할 때마다 울었다. 그 작별을 상상하면 지금도 눈물이 난다. 자신을 사랑했고 자신이 사랑했던 아이를 뒤에 두고 떠나야 하는 이 어리바리하고 어리석은 사랑꾼을 위로하던 기억은 지금도 내 마음을 저민다.

이즈음 연출진이 내게 쪽지를 보냈다. 하얀 기사와 작별할 때 슬픔 어린 연기는 좋지만, 연극을 비극으로 바꾸는 것은 지양할 필요가 있다는 내용이었다. 나는 슬픔의 톤을 낮추려 애썼다. 하지만 불가능했다. 지금도 불가능하다.

최근에 나는 심리치료사에게 연극 〈거울 나라의 앨리스〉의 이 장면에 대해 말했다. 영화 〈드림차일드〉에서 도지슨이 앨리스에게 거절당하는 장면에 대해서도 말했다. 나는 내가 어린 소녀가 아니라 성인 남자를 안쓰럽게 여기게 된 것에 화가 났고, 이 분노를 털어놓고자 했다. 하지만 내게서 나온 것은 슬픔 그 자체뿐이었다. 슬픔이 너무 격렬해서 내 오열을 설명할 수조차 없었다. 심리치료사가 나직이 말했다. "소아성애는 엄청나게 슬픈 일이에요. 가질 수 없는 존재를 사랑하는 것. 그런 사랑은 나쁘다는 것을 아는 것. 감정을 행동으로 옮기지 않아도, 그런 감정을 가지는 것만으로 자신은 이미 악인이라는 것을 아는 건 끔찍하게 슬픈 일이에요."

연극의 마지막에 성대한 디너파티가 열리고, 파티는 난장판이 된다(성난 푸딩과 말다툼이 벌어지고, 촛불이 천장으로 솟구쳐 오르고, 앨리스의 옆자리는 결국 하얀 여왕이 아니라 양고기 다리가 차지한다). 화가 치민 앨리스는 테이블보를 뒤집어 버리고, 결국 거울 세상을 파괴해 버린다. 이 장면에서 표출한 내 분노는 진짜였다. "**더는 못 참아!**" 앨리스가 외친다. 내가 이 대사를 외칠 때마다 내 얼굴에서 눈물이 튀어 놀랐다. 나는 테이블 끝에 있는 더글러스와 자주 눈이 마주쳤고, 그의 눈에서 내 안의 진짜 파열을 알아본 번득임을 보았다.

나를 미치게 만든 것은 연극 자체만이 아니었다. 관객도 나를 돌아버리게 했다. 소리 없이 어둠 속에 모여있는, 얼굴 없는 낯선 이들의 바다. 그들이 팸플릿을 바스락대고, 껌을 짝짝 씹고,

물을 꼴깍꼴깍 마시며 안전하게 숨어있는 동안 나는 매일 밤 그들 앞에서 내적 붕괴를 거듭했다. 무대장치를 옮길 때나 막간에 조명이 꺼지면 나는 가방에서 립글로스를 꺼내거나 연극 프로그램을 훑어보는 관객들의 무심한 얼굴을 관찰했다. 어떤 괴물들이 티켓까지 사서 자기 아이들을 데리고 내가 망하는 것을 보러 왔을까? 내가 아이인 것은 보이지 않나(나는 나를 성인으로 확신하면서도, 부당하게 생각되는 것에 대항할 때는 어린 나이를 무기로 꺼내들었다)? 내 속에서 분통이 터졌다. 대체 어떤 심술궂은 인간들이 돈을 내고 이렇게 어린 사람이 추락할 게 뻔한 외줄타기를 하는 것을 구경하러 오는 걸까? 나는 그들이 모두 미웠다.

이 무렵의 어느 날이었다. 더글러스 레인이 다시 내 분장실 문가에 나타났다. 내 옆에서 미셸이 움찔하는 것이 느껴졌다. 더글러스는 토마토를 하나 들고 있었다. 그가 토마토를 내게 내밀면서 말했다. "받아. 내가 마당에서 키운 거야."

내가 웃었다. "토마토 하나요?"

"더 있어." 그가 말했다. "요리할 때 써."

나는 다시 웃었고, 그와 대화할 때 늘 그러듯 익살맞게 깐족대는 모드로 진입했다. "요리는 지루해요." 내가 말했다.

"요리가 *뭔지*는 알아?" 더글러스가 모든 발음에 힘을 주어 야유했다. "요리는 평범한 걸로 하는 거야. 이 토마토처럼. 그리고 그걸 더해야지. 그게 *뭘까*? 평범한 걸 *비범하게* 만드는 거."

나는 알아듣지 못한 눈으로 그를 보았다.

"거기에 *무엇을 더해야* 특별해지겠어?"

"열." 내가 말했다.

"맞았어." 그가 말했다.

더글러스는 토마토를 카운터에 내려놓고, 평소보다 조금 더 오래 나를 주시했다. 마치 내 눈 뒤에서 무슨 일이 일어나고 있는지 가늠하려는 듯이. 나는 눈을 돌렸다. 만약 누군가 내 비밀스러운 공포를 간파하게 된다면, 그건 그였다.

공연은 고역이었지만 매번 공연 끝에 이를 때마다 전무후무한 행복감과 짜릿함이 밀려들었다. 공연이 끝나면 나는 극장 뒤 무대장치들을 넣고 빼는 로딩도크 옆에서 이모나 사촌언니가 데리러 오기를 기다렸고, 땀과 안도감에 젖어 차에 올라탔다. 내 호흡은 다음 날 오후 2시 30분경까지 평온을 유지했다. 모든 것이 다시 시작되기 전까지는.

그런데 2시 30분의 패닉이 1시 30분으로 당겨졌고, 다시 12시 30분으로 당겨졌다. 공포의 시작을 알리는 총소리가 날마다 조금씩 더 빨리 울리는 듯했다. 나는 계속 되뇌었다. "25회만 더 하면 돼." "24회만 더 하면 돼." 나는 공포의 감옥에서 풀려날 때까지 남은 날들을 세고 또 셌다. 그러던 어느 날, 우리 연극이 토론토 윈터가든 극장의 겨울 상연 작품으로 선정됐다는 소식이 전해졌다. 수입의 대부분을 여름 한 철에 버는 배우들은 환호했다. 그 소식을 들었을 때 나는 구역질이 났다. 나는 덜덜 떨리는 얼굴로 억지웃음을 지었다. 미셸은 분장실에서 겨울에도 수입이 보장된 점에 안도감을 표했다. 그에게는 케이티와 맥스라는 두 명의 어린 자녀가 있었다. 미셸이 말했다. "드디어 케이티 방에 깔 카펫을 살 수 있게 됐어. 바닥이 너무 차서 애가 계속 카펫을 깔아달라고 했거든. 드디어 카펫을 사게 됐네." 그는 눈물을 글썽였다. 나도 눈물이 났다. 어린아이가 원하는 것치고 카펫은 너무나 소박했다.

이제 너무나 많은 횟수가 새로 추가됐기 때문에 남은 공연 횟수를 세는 것은 더 이상 의미 없었다. 나는 겁에 질려 잠에서 깼고, 겁에 질려 잠들었다. 종일 심장이 쿵쿵 뛰었다. 이제 나는 무대에 오르기 전에 사기꾼처럼 내 자신과 흥정을 했다. 나는 박하사탕을 오도독 씹은 다음 속삭였다. "약속할게, 세라. 이번 공연만, 이번 딱 한 번만 해주면 다시는, 절대로, 이 짓을 시키지 않겠다고 *약속할게*. 약속해. 이번 공연만 끝내면 또 시키지 않을게. 평생 두 번 다시는 무대에 오를 일이 없게 할게." 하지만 그건 거짓말이었다. 언제나 다음 공연이 있었다. 다음 공연은 끝이 없었다. 그러던 도중 나는 내게 공갈을 치고 가짜 흥정을 일삼는 거짓말쟁이의 낯짝을 걷어찼다. 내 망가진 자아에게 뒤통수를 맞을 만큼 맞았다. 나는 다른 출구를 찾아야 할 필요를 느꼈다.

지금 생각하면 광기였던 이때의 정신 상태에서 내게 유일하게 명백했던 이치는 공포는 다른 공포로 눌러야 한다는 것이었다. 이 공포에서 벗어나려면 내가 두 동강 날 필요가 있었다. 다시 말해 내가 수술을 받아야 했다.

*

"더는 못 참아!"

—《거울 나라의 앨리스》

나는 마티 매러든의 집에서 점심을 먹었다. 윈터가든 극장 공연에 대해 논의해야 했다. 식사 후 마티가 설거지하는 것을 보며 무슨 말을 어떻게 언제쯤 꺼내야 할지 고민했다. 그러다 불쑥 내뱉었다. "통증이 너무 심해요. 허리가 계속 아파요. 이번 시즌을 넘겨도 다른 시즌은 버티지 못할 것 같아요. 수술을 해야 할 것 같아요." 마티는 한동안 말이 없었다. 그는 나를 찬찬히 뜯어보았다. 나는 마티가 능숙하게 연출가 자아를 걷어내고, 그 자리에 따뜻하고 자애로운 양육자 자아를 소환하는 것을 목도했다. 그 변신은 전략도 가식도 아니었다. 그것은 아무런 예고 없이 즉석에서 자신의 우선순위를 재조정하는 결정이었다. 나는 어린아이였고, 그는 나를 있는 그대로 보았다. 나는 마티에게 하루하루 견디기 힘들다고, 가능한 한 빨리 병원에 가야겠다고 했다. 마티는 어서 정형외과 진료를 받으라고 했다.

그다음 주에 나는 토론토행 기차에 올랐다. 마침내 나를 자유롭게 해줄 작정이었다. 나는 토론토 아동병원의 더글러스 헤든 박사라는 유명한 의사를 찾아갔다. 박사와의 첫 진료였는데, 그는 부드러운 말투에 친절하고 상냥했다. 나는 검사 후에 박사의 진료실로 갔다. 우리는 함께 내 엑스레이 사진을 보았다. 박사는 내 척추의 만곡이 이제 60도가 넘었으며, 수술을 요하는 수준이라고 했다. 안도감이 밀려왔다. 지난 4년 동안 공포였던 것이 이제는 자유행 티켓이었다. 박사는 수술이 급하진 않다고 했다. 필요하면 다음 해 초에 할 수 있다고 했다. 나는 다급히 말했다. 고통이 이루 말할 수 없다, 그렇게 오래 기다릴 수가 없다, 등이 하루 종일 아프다, 걷는 것도 겨우 한다, 현재 연극에 출연 중인데 당장 다음 공연을 하기 힘들다, *더는 못 하겠다*, 아파서 죽을 것 같다. 헤든 박사는 한참 말이 없었다. 이윽고 박사가 눈을 내리깔고 나직이 입을 열었다. 그는 척추측만증이 때로 근육 경련을 수반하지만 심한 통증을 야기하지는 않는다고 했다. 척추측만이 나처럼 심한 경우에는 폐가 압착되는 등 나중에 다른 장기에 불행한 결과가 생길 수도 있다. 하지만 척추측만 자체는 보통 통증 없이 일어난다. 다시 긴 침묵 끝에 박사가 말했다. "내 척추측만증 환자 중에 야구선수가 있었어요. 그는 정말로, 정말로 야구를 그만해야 했어요. 그는 통증이 심하다고 했어요. 그 말이 사실이었을 수도 있어요. 하지만 분명한 사실은 그가 야구를 정말로, 정말로 그만해야 했다는 거죠. 내 말의 뜻을 알겠어요? 그는 무조건 그래야만 했어요. 그래서 나는 그에게 더는 야구를 할 수 없다는 소견서를 써주었어요. 세라 양도 그런 소견서를 원하나요?"

나는 눈을 내리깔았다. 부끄러웠고 감사했다. 나는 고개를 끄덕였다. "네. 그런 소견서 부탁드려요."

"그럼" 박사가 자신의 일정을 보며 말했다. "올해 수술을 합시다. 일정상 가장 빠른 날짜는 11월이에요. 하지만 세라 양이 연극을 당장 중단할 필요가 있다는 소견서를 써줄게요."

나는 감사하다는 말만 겨우 했다.

소견서의 내용은 기억나지 않는다. 거짓 소견은 아니었다. 멋지게 작성된 소견서였다. 내게 필요한 내용이었지만 어떠한 허위도 없었다. 헤든 박사의 소견서를 손에 쥐고서 기차를 타고 돌아가던 때처럼 살면서 뼈저리게 사무치는 감사를 느낀 적이 있었던가 싶다. 나는 그 소견서를 스트랫퍼드로 가져갔고, 그것으로 자유를 얻었다.

(다음 진료에는 아빠와 함께 갔다. 보호자의 수술 동의가 필요했다. 최근에 내가 헤든 박사에게 다시 연락을 취했을 때, 박사는 내가 잊고 있었던 그날의 미팅에 대해 말했다. 박사는 이메일에 다음과 같이 썼다. "지금도 가끔 생각나는 순간이 있어요. 수술 논의를 하면서 수술의 위험과 이점을 설명할 때였어요. 내가 부친의 생각을 묻자 부친은 이렇게 대답했어요. '세라가 결정할 일이죠. 세라는 늘 스스로 결정을 내려왔어요.' 자녀에게 권한을 부여하고, 자녀가 [적어도 대개는] 올바른 결정을 내릴 것으로 믿어준다는 뜻이었어요." 나는 박사에게 이 말을 듣게 되어 기뻤다. 위험부담이 분명한 자유였지만 아빠가 내게 부여한 자유에 대한 박사의 견해를 들은 것도 좋았다.)

나는 마지막으로 고통스러운 공연을 한 번 더 했고, 마티와 무대감독에게 의사 소견서를 보여주었다. 기절초풍한 내 대기역(待機役) 크리스티나가 하루 반 동안의 험난한 리허설 후에 매머드급 뒷수습을 떠맡았다.

그다음 일주일 동안 나는 심한 통증에 시달리는 연기를 했다. 세라 언니는 오늘날까지도 내게 실제로 통증이 있었다고 주장한다. 그랬을 가능성도 있다. 나도 내 몸을 믿을 수 없던 때였다. 그때 내게는 나를 연극에서 해방시켜야 한다는 중차대한 목적이 있었고, 그 목적 달성이 너무나 절박했기 때문이다. 내가 갑작스런 통증 외에 다른 핑계를 대지 않았기 때문에, 이모는 내가 그저 싫증이 났고, 토론토로 돌아가 코리와 살고 싶어 한다고 생각했다. 그게 노여웠는지 이모는 마지막 며칠 동안 나와 눈도 마주치지 않았다. 이모는 내가 계속 이모 집에 살면서 이모와 사촌언니의 보살핌을 받고, 독서와 웃음으로 가득한 우리의 여름이 계속되는 미래를 기대했다. 행복했던 리허설 기간 중에 두 사람은 여러 번 그 기대를 내비쳤다. 그때만 해도 내가 원하는 것은 계속 연극 무대에 서고, 영원히 애지중지 보살핌을 받으며 두 사람과 사는 것이었다. 하지만 이 가능한 미래가 이제 우리에게서 소멸하고 있었다. 한때나마 나는 앤 이모가 내 고통을 믿지 않을 뿐 아니라 내가 이모의 보물 컬렉션에서 퇴출당했다고 느꼈다. 세라 언니는 매일 내 방에 와서 냉동 완두콩으로 채운 주머니를 내 등에 얹어주고 말없이 옆을 지켰다. 나는 언니가 상황 파악을 했다는 것을 감지했다. 언니는 그럼에도 내 안의 어딘가는 여전히 보살핌을 요한다는 것도 눈치챈 듯했다. 비록 그곳이 내가 가리키는 곳은 아니었지만, 어쨌든 언니는 나를 보살폈다. 이를 깨달으며 내가 얼마나 운이 좋은지, 어떤 사랑을 받고 있는지 느꼈고, 견딜 수 없이 죄책감이 들었다.

내가 공연을 지속할 수 없으며, 11월에 수술을 받는다는 소식이 전해지자 윈터가든 극장 상연은 취소되었다. 나는 스트랫퍼드 연극제에서 최우수 신인상과 500달러의 상금을 받았다.

나는 시상식 때 일부러 타운을 떠나 있었고, 전달받은 상금은 현금으로 바꾼 후 봉투에 넣어서 미셸의 분장실에 가져다 놓았다. 봉투에는 "케이티의 카펫을 위해"라고 적었다. 나는 누구도 똑바로 쳐다볼 수 없었다. 나는 그들의 겨울 수입을 말아먹었다. 스트랫퍼드 공연은 계속 이어졌다. 내 대기역이 남은 공연 10회를 맡았다. 나도 깨닫지 못하는 사이에 나는 총 68회 중 58회를 소화했다.

마티와 무대감독은 내게 마지막 공연을 무대감독 부스에서 함께 관람하며 종연을 축하하자고 했다. 내가 했던 연극을 갑자기 무대 밖에서 보는 기분은 참으로 묘했다. 악몽 속 깊은 곳에서 목격하는 대신 객석에서 보니 너무나 멋지고 너무나 무해한 광경이 펼쳐졌다. 아이들에게 정말로 즐거운 연극이었다.

막이 내린 후 나는 아픈 시늉을 하며 백스테이지로 걸어갔다. 평소에는 공연이 끝나기 무섭게 사라지던 더글러스 레인도 곁 무대에서 나를 기다리고 있었다. 그는 눈물이 흐르는 얼굴로 두 팔을 활짝 벌렸다. 그리고 나를 힘껏, 그리고 오래 끌어안았다.

그는 무장을 벗어던졌다. 하필 내가 그에게 유일하게 진실하지 못했던 순간에. 그의 갑작스러운 무장해제는 그나마 내게 남아있던 것마저 모두 무너뜨렸다. 세월이 흐른 지금 나는 생각한다. 그는 실상을 정확히 간파하고 있지 않았을까. 그날의 포옹은 장차 오랫동안 누구도 듣지 못할 숨은 이야기를 위한 것이 아니었을까.

나는 수술 일주일 전부터 병원에서 각종 검사를 받았다. 수술 전 필수 절차라고 했다. 내 척추는 이제 60도 넘게 틀어져 있었다. 척추측만 때문에 폐 기능이 상당히 저하됐다는 말을 들었다. 이 결과에 나는 즉각적인 안도감을 느꼈다. 내가 발코니석까지 대사를 전달하기 위해 마이크를 차야 했던 것은 직업 정신의 결여도, 양심 불량도, 재능 부족도 아니었다. 내 뒤틀린 몸이 폐와 횡격막을 짓누르는 바람에 소리가 멀리까지 나가지 못했던 것뿐이었다. 내 기형 척추를 찍은 엑스레이 사진이 헤든 박사 어깨 너머 조명판 위에서 허옇게 빛났다. 그날 박사의 진료실에서 비로소 수술에 대한 공포가 밀려들었다. 수술을 무대 탈출을 위한 비상구로 이용해야 한다는 절박한 필요에 눌려있던 공포가 이제야 고개를 쳐들었다. 헤든 박사에게 다음 주 목요일에 무엇을 기대하고 무엇을 대비할지 들으며 나는 공포에 떨었다. 수술은 10시간이 걸릴 것이었고, 나는 2주 넘게 입원해 있어야 했고, 일상에 복귀하려면 몇 달이 걸릴 예정이었다. 박사는 수술에 따르는 위험에 대해서도 말했다. 예를 들어 드물지만 마비가 올 수 있었다.

나는 진료실을 나서다가 다시 돌아섰다. 그리고 이 수술을 받고 마비되거나 사망한 환자가 있는지 물었다. 박사는 흔들림 없는 눈으로 나를 마주했고, 이 수술을 매주 목요일마다 수년간 해왔지만 그의 환자에게 그런 일이 일어난 적은 한 번도 없었다고 말했다. 박사는 잠시 말을 끊었다. "만약 그중 한 가지가 일어나면 그때는 내 인생도 바뀝니다." 나는 이 말에서 진심을 느꼈고, 내가 믿을 만한 손을 만났다고 확신했다. 훗날 헤든 박사를 다시 만났을 때 나는 그날 내게 한 말이 기억나는지 물었고, 그의 말이 내게 엄청나게 힘이 됐다고 말했다. 박사도 그날의 대화를 기억하고 있었다. 그 대화가 있기 불과 몇 달 전, 그의 동료 의사가 수술할 때 환자에게 끔찍한 결과가 있었기 때문이었다. "사실을 말한 거예요. 그런 일이 어떻게 의사를 파괴하는지 내 눈으로 봤으니까요."

수술 며칠 전 나는 꿈을 꾸었다. 수술 중에 의사가 내 기다란 머리를 등에 넣고 꿰매는 바람에 마취에서 깼을 때 고개를 앞으로 숙이지 못하는 꿈이었다. 꿈속에서 내 얼굴은 영원히 하늘을 향했다. 바로 다음 날 나는 미용실에 가서 머리를 픽시컷으로 잘랐다.

병원은 코리가 병실에서 자는 것을 허락하지 않았다. 나는 열다섯 살이었고 미성년자였기 때문에 직계가족만 허용됐다. 내게는 끔찍한 일이었다. 내 정의로는 코리가 내 가족*이었다*. 코리가 나와 사는 사람이었고, 내가 사랑하는 사람이었다. 지금 나를 돌보는 사람은 코리였다. 코리가 오지 못한다는 생각만 해도 무서웠다. 많은 협상 끝에 나는 코리가 회복실에 있도록 허락받았다. 무슨 이유에선지 마취에서 깼을 때 코리가 없는 것이 내게는 최악의 공포였다. 나는 그 한 가지에 집착했다. 나는 거기에 죽어라 매달렸다. 내가 깨어났을 때 아빠가 있는 상황, 아빠가 청각장애와 전반적 눈치 부족으로 내 말을 알아듣지 못하는 상황이 두려웠다.

수술 당일 수술실로 옮겨지는 동안 어느 젊은 마취과 레지던트가 내 곁을 지켰다. 그는 계속 말을 걸어주었고, 배려심 있고 친절했다. 그때 갑자기 퉁명스럽고 나이 많은 마취과 의사가 나타나 내 정맥주사(IV)인지 뭔지가 잘못되었다며 간호사에게 고함을 쳤다. 그 의사가 아무 설명도 없이 내 얼굴에 냅다 마스크를 씌우던 기억이 난다. 내가 패닉 상태로 고함쳤던 것도 기억난다. "다 거짓말이야! 이런 수술은 필요하지 않아! 내가 거짓말한 거야!"

다음으로 기억하는 것은 어둠이다. 어둠의 끝에서 바늘로 뚫은 것처럼 아주 작은 빛이 고동치고, 나는 어둠 속에서 수를 센다. 듣지도 느끼지도 보지도 못하는 상태로 수천까지 수를 센다. 수를 세며 빛 구멍이 맥박 치는 것을 본다. 이런 생각을 한 것도 기억난다. "이게 죽을 때 보는 것이구나. 멀리 하얀 빛이 보이는 터널."

나중에 들은 바에 따르면 수술 도중 내게 심한 기관지 경련이 일어났다. 호흡회로의 가습기 때문에 알레르기 반응이 일어난 듯했다. 수술이 1시간 동안 중단됐다. 수술진이 대기실에 있는 아빠와 이모에게 가서 내게 심한 경련이 일어나서 수술을 중단했다고 알렸다. 나중에 아빠는 그때 어찌나 놀랐던지 토했다고, 의사들이 어찌나 비장한 투로 말하던지 내가 죽는 줄 알았다고 했다.

내가 10시간의 수술 후에 깨어났을 때 코리는 옆에 없었다.

사람들은 그를 찾지 못했다(코리는 자기가 면회를 허락받은 사실을 전달받지 못한 간호사들과 차례로 말씨름을 벌이다가 지친 나머지 병원의 다른 곳에서 잠들어 버렸다). 눈을 뜨자 회복실이 흐릿하게 들어왔다. 회색방에는 삑삑대는 기계들, 내 시야에 들락날락하는 간호사들, 아빠가 있었다. 나는 아빠에게 목이 마르다고 했다. 그리고 코리가 없어서 슬프다고 했다. 아빠는 내 말을 한 마디도 놓치지 않고 알아들었다. 몽롱한 와중에도 나는 아빠가 마음만 먹으면 내 말을 칼같이 알아들을 수 있다는 것에 깜짝 놀랐다.

간호사가 내 손에 쥐여놓은 모르핀 펌프를 가리켰다. 그리고 통증이 심할 때 버튼을 누르면 IV에 모르핀이 더 투여된다고 설명했다. 펌프는 원통 모양인데 가운데가 움푹했다. 나는 본능적으로 그 움푹한 부분을 가슴 아래 갈비뼈가 돌출한 부위에 놓았다. 펌프를 그 부위에 놓으면 똑바로 세워둘 수 있겠다고 생각했다. 하지만 펌프는 바로 넘어갔고, 조금 직선으로 구르다가 멈추었다. 돌출 부위가 사라졌다. 갈비뼈가 이동했다. 그 부위가 이제는 평평했다. 나는 이제 다른 몸에 있었다. 나도 모르게 웃음이 났다. 그리고 나는 잠에 빠졌다.

일반 병실로 옮긴 후 헤든 박사가 내 상태를 보러 왔다. 나는 박사에게 수술 내내 의식이 있는 느낌이었다고 했다. 어떠한 감각도 없이 듣지도 보지도 못하는 몸에 갇혀있었지만, 나는 내내 수를 세고 있었다. 박사가 웃었다. 그는 내가 여느 환자들보다 일찍 깨어났다고 말했다. 나는 아직 수술실에 있을 때 말하기 시작했다. 수술진이 수술을 마치고 씻으면서 내가 아이 때 출연한

TV 드라마 〈에이번리 가는 길〉 얘기를 하고 있었는데, 갑자기 내가 또렷한 목소리로 "그거 보지 마세요. 거지 같아요"라고 말했다. 박사는 그 소리에 모두가 일제히 움찔했다고 했다(나도 박사의 놀란 얼굴이 내 위로 나타나던 기억이 났다. 박사는 내가 이동용 침대에 누워 수술실을 떠나 회복실로 가는 동안 나를 안심시키며 다시 자라고 했다. 새로 태어난 내 등뼈와 갈가리 해체됐다가 다시 합체된 내 몸에 바닥의 요철이 낱낱이 다 느껴졌다).

앤 이모가 내 병상 옆 작은 소파에서 자면서 2주 동안 나를 돌봤다. 나는 밤새도록 30분마다 이모에게 병상 각도를 바꿔달라고 했다. 척추가 눌리는 부분을 바꾸기 위해서였다. 이모는 닷새 동안 이 시중을 든 후에 몇 시간이라도 방해 없이 눈을 붙이려고 아들 집으로 갔다. 그동안 언니오빠들이 교대로 나를 지켰지만 나는 이모에게 전화해서 다시 와달라고 애걸했다. 모르핀 약효가 떨어졌고, 내게 금단 증세가 왔다. 구역질을 할 때마다 등의 실밥이 뜯겨나가는 것 같았다. 며칠 만에 처음 제대로 잠을 자던 이모는 다시 일어났고, 내 곁으로 돌아왔다.

12년 후 이모는 암으로 임종을 앞두고 병원에 있었다. 나는 이모에게 내가 척추수술을 받았을 때의 얘기를 꺼냈다. 잠시도 쉬게 해주지 않는 나를 밤낮없이 시중들며 병원에서 불편하게 지내느라 이모가 얼마나 지치고 힘들었을까. 이모는 눈물이 글썽한 눈으로 웃으며 말했다. "이모는 너를 절대 떠나지 않을 거라고 했잖아." 나는 이모만큼 이 말을 곧이곧대로 실천했을 사람을 알지 못했다(이모의 딸들이 이모의 마지막 몇 달 동안 똑같이 했다. 이모는 혼자 있을 때가 거의 없었다. 그들의 간병은 완벽주의 수준이었고, 통찰과 창의성과 차분함과 지성으로 가득했다. 그들은 돌봄의 기술에서 명인의 경지를 보여주었다. 모두 이모라는 거장에게 배운 것이었다).

나는 퇴원해서 코리와 사는 아파트로 돌아왔다. 코리가 집에 크리스마스 장식을 해놓았다. 침대는 빨강과 초록의 체크무늬 시트로 덮여있었고, 침실 한 구석에서 작은 크리스마스트리가 깜빡였다. 세라 언니가 며칠 머물면서 요리와 청소를 했고 나를 돌봤다.

처음 몇 주는 간호사가 일주일에 두세 번 와서 샤워하는 것을 도와주었다. 크리스마스가 다가오자 아빠가 와서 우리를 오로라의 집으로 데려갔다. 나는 차 뒷자리에 누웠다. 내 몸에 도로가 고스란히 느껴졌다. 차가 덜컹거릴 때마다 척추에 박아 넣은 너트와 볼트가 왕창 튀어나올 것만 같았다.

짧게 자른 머리와 수술 후 수척해진 얼굴 탓에 나는 세상을 뜨기 직전의 엄마와 섬뜩하게 닮아있었다. 훗날 마크 오빠는 내가 암과 사투할 때의 엄마와 너무 비슷해서 쳐다보기도 힘들었다고 말했다. 더구나 나는 엄마가 투병하던 집의 그 소파에 누워있었다.

마크 오빠가 내 크리스마스 양말에 만능 집게를 넣었다. 소파에 누운 채로 물건을 집는 용도였다. 실제로 나는 휴일 내내 소파에 붙어있었다. 양말 맨 밑에서 휴지에 싼 미니어처 피규어 세 개가 나왔다. 앨리스, 하얀 기사, 험프티 덤프티였다. 나는 고개도 돌리지 않고 아빠에게 고맙다고 한 다음, 피규어들을 벽난로 선반에 놓았다. 피규어들은 그 자리에서 수년간 먼지를 모으며 움직이지 않았다. 아빠는 내게 짧은 검정 원피스도 선물했다. 내가 원피스를 치켜들자 아빠가 어색하게 말했다. "몸이 나으면 입으라고. 정말 섹시해 보일 거야." 다들 시선을 돌렸다.

우여곡절 끝에 크리스마스가 끝나고 코리와 나는 우리의 낯설고 조용한 삶으로 돌아갔다. 우리는 부모 없는 10대였고, 대수술에서 회복 중이었다. 나는 새로운 몸에 익숙해지려 애썼다. 척추가 휘어있던 때보다 키가 몇 인치나 늘어난 것이 무엇보다 큰 변화였다. 우리의 동거 생활에서 주식은 이때까지 늘 포장 음식과 통조림 식품이었다. 그러던 어느 날이었다. 코리가 내게 당시 그의 최애 영화였던 〈좋은 친구들〉(Goodfellas)을 틀어주었다. 내가 영화를 보는 동안 코리는 《뉴 베이식스 쿡북》의 레시피로 토마토소스를 만들었다. 내가 그 해에 샀지만 한 번도 쓰지 않은 요리책이었다. 영화에 토마토소스를 만드는 장면이 나올 때 부엌에서는 코리가 같은 음식을 만들고 있었다. 스멜오비전♦이 따로 없었다. 이것이 하나의 의식이 되었다. 코리는 좋아하는 영화를 틀어놓고, 그 영화에 나오는 음식을 연습했다. 내가 운신을 못하는 몇 달 동안 코리는 요리 기술을 익혔다(훗날 그는 요리학교에 갔고, 전문 요리사로 일했고, 결국 레스토랑 비평가가 되었고, 더 나중에는 음식 전문 리포터가 되었다). 한동안은 움직일 때마다 고

♦ Smell-O-Vison, 시청각미디어의 시청자에게 냄새를 경험하게 해주는 기술.

통이 따랐다. 나는 찰스 디킨스 책을 다 읽었고, 언젠가 나도 책을 쓰겠다는 생각을 했고, 나중에 거동이 편해졌을 때 거리로 나가 철물점에서 못을 사는 상상을 했다. 그 못으로 무엇을 할지는 알지 못했다. 다만 강하고 민첩하고 자유로워진 내가 철물점에서 못을 고르는 상상만 해도 가슴이 부풀었다.

*

> 앨리스는 계속 커지고 또 커져서 바닥에 무릎을 대고 앉아야 했다. 앉아있을 공간도 이내 없어졌고, 앨리스는 한쪽 팔꿈치를 문에 대고 드러누웠다. 다른 팔은 머리를 감쌌다. 그런데도 몸이 계속 커졌다. 앨리스는 결국 최후의 방법으로 한 팔을 창문 밖으로 뻗고, 한 발은 굴뚝으로 집어넣었다. 앨리스는 혼자 중얼거렸다. "무슨 일이 생기든 이제 더는 아무것도 못해. 나는 어떻게 되는 거지?"
> —《이상한 나라의 앨리스》

나는 몸이 나으면 다시 학교에 다닐 계획이었다. 옥스퍼드에 들어가는 것이 목표였다. 이 계획은 1995년 온타리오주 지방선거에서 보수당이 승리하면서 어긋나기 시작했다. 드디어 걸을 수 있고 삶을 재개할 수 있게 되었을 때 내가 걸어 들어간 삶은 수술 전에 향하고 있던 삶과 완전히 달랐다. 수개월의 요양 후 내가 처음 혼자서 간 곳 중 하나는 국제사회주의자 모임이었다. 가로등에 붙은 포스터를 보고 찾아갔다. 몇 달을 컴컴한 아파트에 칩거했더니 바깥세상의 모든 것이 색달라 보였다. 이제는 가로등의 포스터 같은 것들도 눈에 들어왔다. 이를 계기로 나는 다양한 마르크스주의 단체들의 여러 모임을 거쳤고, 결국 '빈곤에 저항하는 온타리오 연합'(OCAP)과 연이 닿았다. 그곳의 운동가 공동체가 나를 받아주었고, 포용했고, 교육했다. 이때부터 내 삶의 수많은 대화들이 정의(正義), 노동, 취약계층 착취에 대한 저항을 중심으로 돌아갔다. 내가 알게 되고 직접 보게 된 고통에 비하면 내가 어려서 겪은 경험은 사소하고 하찮았다. 1년쯤 후 (OCAP의 카리스마와 재기 넘치는 창립자) 존 클라크의 집에서 열린 디너파티에 갔다. 거기서 누군가 내게 아역배우의 삶에 대해 물었다. 나는 마지못해 영화 〈바론의 대모험〉(The Adventures of Baron Munchausen)과 TV 드라마 〈에이번리 가는 길〉에 출연할 당시 겪은 고충에 대해 말했다. 내게는 지워지지 않는 상처를 남긴 경험이었지만, 남들에게는 호강에 겨운 철없는 소리로 들릴 것이 두려웠다. 하지만 비웃음을 각오했던 곳에서 나는 공감과 이해를 얻었고, 내 문제적 경험에 대한 정치적 맥락과 관대한 해석을 얻었다.

나는 운동가의 삶에 뛰어들었다. 보수당이 주도한 보건복지 예산 삭감과 저소득층 차별에 대한 규탄 시위를 조직하는 일에 참여했다. 그때껏 내가 직면한 가장 취약한 사람들의 이미 비참한 삶이 더한 나락으로 떨어지는 것을 직접 보면서 내 인생 계획이 크게 선회했다. 이렇게 *해야 할* 일이 많을 때 *생각하러* 대학에 간다는 것은 좋게 말해서 경박하고, 나쁘게 말해서 역겨운 이기

주의로 여겨졌다. 내 삶은 토론, 시위, 집회의 연속이 되었고, 사회정의에 투신한 사람들의 동지애에 감화되었다. 수개월 동안 거동조차 어려웠던 내게 자랑스러운 공동체와 현실세계의 자리와 목적이 생겼다. 철물점에 가서 기껏 정체불명의 프로젝트를 위한 가상의 못을 살 정도의 기운과 기동성을 상상하던 때에 비하면 이것은 꿈도 꾸지 못했던 자율이었다. 신념과 목적의식으로 가득 찼던 이 운동가 시절에 나는 코리를 잃었고, 학교를 잃었다. 대신 직접행동주의의 생생하고 실용적인 교육을 얻었다.

그 치열한 운동가 시절, 가끔씩 집회나 기자회견에서 발언해 달라는 요청이 들어왔다. 차마 거절하기 힘들었다. 나는 발언문을 쓰고, 면밀히 검토하고, 대중 앞에 서기 몇 주 전부터 잠을 설쳤다. 영화제나 TV 시상식 등 다른 이유로 무대에 오르는 일은 요청을 받으면 아예 거절하거나, 요청에 응해놓고 마지막 순간에 불참했다. 어떤 역할로든 내가 두 번 다시 무대에 오르는 일은 없을 거라 다짐했다. 나는 오랫동안 밤에 악몽을 꾸었다. 악몽 속에서 나는 다시 그 무대에 섰고, 대사를 까먹었고, 내가 어디에 있는지, 거울의 어느 편에 있는지 분간하지 못했다.

나는 누구에게도 스트랫퍼드에서 있었던 일의 진실을 말하지 않았다. 무대공포증으로 나보다 더 극심한 붕괴를 경험한 사람을 만나기 전까지는 그랬다. 스트랫퍼드의 경험 이후 나는 무대공포증에 대한 것이라면 가리지 않고 찾아 읽었다. 대니얼 데이루이스의 일화가 유명했다. 그는 〈햄릿〉 공연 중에 무대를 떠났고, 남은 공연에 참여하지 않았다. 바브라 스트라이샌드도 관중 앞에서 노래를 부르다가 가사를 잊은 후 오랜 세월 무대에 서지 않았다. 피아니스트 글렌 굴드는 청중을 몹시 싫어해서 라이브 공연보다 음반 녹음에 치중했다. 이 밖에도 무대공포증에 시달린 유명인이 많았고, 이 이야기들은 내게 위로와 흥미를 동시에 주었다. 영국 연극계를 주름잡던 배우 이언 홈이 무대공포증으로 연극계를 떠난 일도 빼놓을 수 없다. 이 대배우는 1976년 연극 〈얼음장수의 왕림〉(The Iceman Cometh)의 무대에 올랐고, 관객을 바라보다가 갑자기 "저는 여기서 여러분에게 말하고 있어야 하고…… 여러분은 거기서 제가 말하기를 기다리고 있지요……"라고 말했다. 그는 그대로 무대를 내려왔고, 오랫동안 연극 무대에 서지 않았다.

나는 열일곱 살 때 영화 〈달콤한 내세〉(The Sweet Hereafter)에 캐스팅됐다. 이 영화에서 나는 아버지와 근친상간 관계에 있는 소녀를 연기했다. 스쿨버스 추락 사고로 학생들이 죽고, 내 캐릭터는 살아남지만 다리를 크게 다친다. 사고 유가족을 설득해 배상 소송을 준비하는 변호사 미첼 스티븐스 역은 원래 도널드 서덜랜드가 맡기로 되어있었는데, 막판에 이언 홈으로 바뀌었다. 나로서는 믿기 힘든 행운이었다. 어느 날 우리가 리허설을 마치고 저녁을 먹으러 나갔을 때였다. 나는 조심스럽게 무대공포증을 화제에 올렸다. 이때 이언이 내게 자신의 말로 자신의 이야기를 해주었다. 물론 당시 이언의 삶에서 벌어지고 있던 것이 무대공포증만은 아니었다. 그는 자신의 세계가 온통 무너지는 것처럼 느꼈다. 그가 무대에서 겪은 마비 증세는 표면적으로는 관객에 대한 공포 때문이었지만, 그를 짓누르던 개인사의 압박이 정점에 달한 탓이기도 했다. 이 이야기를 하는 그의 눈에 다시금 고통이 어렸다. 많은 세월이 흘렀어도 무대공포증의 트라우마는 여전히 그에게 입에 올리기 힘든 것이었다.

나도 이언에게 내가 겪은 무대공포증을 고백했다. 나는 내게는 영원한 찰스 도지슨인 남자의 얼굴을, 〈드림차일드〉에서 앨리스 리델을 사랑하고 리델에게 상처 입고 부서지던 남자의 얼굴을 바라보며 내 이야기를 했다. 나는 그에게 내가 앨리스를 연기하기 위해 내면을 부수고, 다음에는 탈출하기 위해서 내 몸을 부순 이야기를 했다. 이야기를 마치고 나는 이언에게 말했다. "선생님에게 말하고 싶었어요. 제가 아는 사람 중에 저보다 더 미쳤을 것 같은 사람은 선생님이 유일하거든요."

그는 잠시 조용하다가 빙긋 웃었다. "아니, 네가 이겼어. 네가 더 미쳤어."

그로부터 1년 후 이언은 리어 왕 역으로 연극 무대에 복귀했다. 최근 그의 부음을 들은 지 얼마 안 됐을 때였다. 이언과 친분이 있던 지인 한 분이 내게 사진 한 장을 보냈다. 연극 복귀 당시 이언이 그분에게 보낸 엽서를 찍은 사진이었다. 이언은 엽서에 이렇게 썼다. "폴리에게 안부 전해줘. 이번에 내가 〈리어 왕〉에서 홀딱 벗는다고 말해." 나는 웃음을 터뜨렸다. 그는 단지 공포를 극복하기 위해 무대로 돌아간 것이 아니었다. 그는 그것에 엿을 먹이고 있었다.

내가 이언에게 내 무대공포증을 털어놓았던 밤, 우리는 그가

〈드림차일드〉에서 보여준 연기에 대해서도 이야기했다. 나는 그가 어린 앨리스에게 "사랑해"라고 말하려다 "사"에서 말을 삼키는 장면이 내가 본 중 최고의 연기라고 말했다(사실 그 장면은 아빠가 영화 역사상 가장 좋아하는 장면이었는데, 나도 그 견해를 흡수하고 따라 했다).

이언이 말했다. "아니. 난 '사'에서 멈추지 않았어. 혀끝이 입천장에 닿았거든. '랑'을 발음하다가 막힌 거야."

그날의 저녁 자리는 내게 동요와 변화를 안겼다. 무대공포증이라는 비밀의 무게가 그때까지 나를 압박하고 짓눌렀고, 자기혐오로 채웠다. 이제는 그 이야기가 마치 내 삶의 일부처럼 느껴졌다(이 글을 쓰다 보니 새삼 놀랍다. 그날 나는 내가 앨리스를 연기하다가 망가졌던 이야기를, 찰스 도지슨을 연기했고 내게는 도지슨 그 자체였던 배우에게 처음으로 털어놓은 것이다).

이 대화 후에 나는 이모와 사촌언니에게 전화해야겠다고 생각했다. 하지만 하지 않았다. 내가 두 사람에게 한 거짓말이 여전히 우리 사이에 위협적인 장애물로 버티고 있었다. 나는 몇 년이나 그들과 연락하지 않았다. 진퇴양난이었다. 진실을 말하지 않고 그들을 대면할 자신이 없었고, 진실이 내게 주는 끔찍한 기분을 견딜 자신도 없었다.

나는 무대공포증을 겪은 지 15년이 흐른 후에야 사촌언니 세라에게 말했다. 언니는 마음이 무너진다고 했다. 화가 나서가 아니라 내가 그런 마음의 고통을 겪고 있었다는 것을 몰랐기 때문에. 내가 언니를 비롯한 어느 누구의 도움도 마다했기 때문에.

나는 언니의 반응에 크게 놀랐다. 몇 년이나 겁내며 피해왔던 대화가 나를 치유했다. 내가 언니에게 당시에 없던 고통을 지어내서 미안하다고 하자 언니는 주저 없이 말했다. "아니, 너는 끔찍이 고통스러웠어."

2017년 나는 맥마스터대학교에서 명예 박사 학위를 받았다. 이 학교는 남편 데이비드의 모교이기도 했다. 고등학교도 마치지 않은 내가 대학 연단에 초청받은 것은 엄청나게 뜻깊은 일이었다. 하지만 무대공포증이 평생 나를 따라다녔고, 그 강도가 누그러진 적도 없었다. 나는 '앨리스' 공연을 끝내지 못한 나 자신을 자주 저주했다. 그리고 자주 자문했다. 만약 그때 남은 10회 공연을 마저 끝냈더라도 내가 여태까지 이런 불안에 잡혀있을까? 그랬어도 내가 밤마다 엉망진창이 된 사춘기의 악몽에 갇혀있을까?

나는 고민했다. 나는 평생 해보지 못한 것을 해낸 학생들에게 내가 어떤 말을 할 수 있을까? 어떤 보탬이 될 수 있을까? 내가 줄 수 있는 것이 무엇일까? 그러다 문득 내가 할 수 있는 유일한 기여는 그들에게 내 공포를 밝히고, 그들의 눈앞에서 내가 그걸 극복하고 있는 모습을 보여주는 것일지도 모른다는 생각이 들었다. 나는 연설 준비에 몇 달을 보냈다. 운동선수들과 공연자들을 돕는 수행심리학자 케이트 헤이스 박사에게 상담도 받았다. 나는 학생들에게 내 무대공포증에 대해, 그 연단에 서있는 것이 내게 얼마나 힘든 일인지 고백하기로 결심했다. 나는 수천 명의 낯선 사람들 앞에서 내가 패닉을 일으키고, 내 발음에 대한 통제력을 잃고, 정신이 이상해지고, 그 고통에서 벗어날 셈으로 서둘러 대수술을 받고, 두 번 다시는 무대에 서지 않겠다고 맹세한 내막을 자세히 털어놓았다.

수천 명 앞에서 이 연설을 한 직후 내 악몽이 멈췄다. 나는 이 세월 동안 스트랫퍼드 무대에 있는 악몽을, 하얀 앞치마가 달린 원피스를 입고 박하사탕을 입에 물고 대사를 까먹는 꿈을 꾸었다. 지금은 때로 이런 생각마저 한다. 언젠가는 같은 무대에서 이 이야기를 할 날도 오지 않을까. 나는 무대에 서있는 내 모습을 본다. 형태도 의미도 망가진 세상을 등 뒤에 두고, 한때 내가 얼마나 부서지고 겁먹은 앨리스였는지 고백하는 내 모습을 본다. 이제는 관객의 눈을 똑바로 마주하는 나를 상상한다. 이제는 안다. 그들은 내 진짜 모습을 보기 위해 거기 있었다. 내게 젖가슴이 있든 없든.

*

"이런, 계속 그러면 안 돼!" 가엾은 여왕이 절망 속에 양손을 쥐어짜며 개탄했다. "네가 얼마나 대단한 여자애인지 생각해 보렴. 오늘 네가 얼마나 먼 길을 왔는지 생각해 봐. 지금 몇 시인지 생각해 봐. 뭐라도 생각해. 울고만 있지 말고!"

이 말에 앨리스는 계속 눈물이 흐르는 와중에도 웃음을 참을 수가 없었다. "여왕님은 생각으로 울음을 참을 수 있나요?" 앨리스가 물었다.

"당연하지." 여왕이 매우 결연하게 말했다. "누구도 한 번에 두 가지

일을 할 수는 없거든."

—《거울 나라의 앨리스》

나는 21년 동안 (이 이야기에 대해 울기보다) 이 이야기를 '고려'했고, 이 에세이를 써왔다. 후자(고려)는 실제로 내게서 전자(울음)를 막아주었다.

최근에 나는 루이스 캐럴(찰스 도지슨)의 앨리스 리델에 대한 짝사랑을 다룬 영화이자 아빠가 너무나 사랑했던 영화 〈드림차일드〉를 다시 보았다. 아빠가 세상을 뜬 지 2년이 된 시점에 이 영화를 다시 보며 나는 적잖이 놀랐다. 성인 여성이 되어서 혼자 보는 영화는 어린 시절 아빠 옆에서 보던 것과 완전 딴판이었다. 도지슨은 더 이상 꼬마 앨리스에게 무자비하게 버림받는 무고한 희생자로 보이지 않았다. 오래도록 내 기억을 떠나지 않았던 장면이 있다. 도지슨이 '앨리스의 땅속 모험'(Alice's Adventures under Ground)◆을 처음 구상한 운명의 그날, 뱃놀이 중에 앨리스가 도지슨의 얼굴에 물을 튀긴다. 그 순간 도지슨 역의 이언 홈은 움찔한다. 그의 얼굴은 차가운 물에 놀라고, 그의 심장은 앨리스의 지독한 거부와 조롱에 충격을 받는다. 나는 그 순간의 기억을 머릿속에 담아 다녔다. 그 순간 아빠가 날카롭게 들이마시던 숨소리도 사운드트랙처럼 따라왔다. 눈을 돌려 아빠를 봤을

◆ 《이상한 나라의 앨리스》의 원형이 된 책. 1862년 도지슨이 동료 교수와 함께 리델 자매를 데리고 강가로 놀러 갔을 때 자매에게 들려준 이야기를 바탕으로 직접 손으로 쓰고 그림을 그려서 만든 수제 책으로, 1864년 자매 중 둘째인 앨리스에게 선물했다.

때 아빠의 눈에 눈물이 고이던 것도 기억난다. 어떻게 어린아이 하나가 다 큰 남자의 마음을 저렇게 찢어놓을 수 있지?

내가 기억하지 못한 것은 앨리스가 물을 튀기기 전의 상황이었다. 도지슨은 넋이 나간 눈으로 앨리스를 하염없이 쳐다본다. 그는 앨리스의 아름다움을 보고, 앨리스의 순수함을 보고, 앨리스의 마법을 본다. 하지만 그는 자신이 앨리스를 얼마나 불편하게 하는지는 보지 못한다. 이제 나는 그 장면을 어린 앨리스의 입장에서 본다. 앨리스의 입장에서 보면, 보고 있기가 힘들다. 앨리스가 아무리 거북하고 싫은 내색을 해도, 그의 눈길은 집요하고 끈질기게 앨리스를 향한다. 그는 아이의 경험에서 완전히 단절되어 있다. 어떤 표정을 지어도 그의 억압적인 응시에서 벗어날 수가 없자 아이는 급기야 그의 얼굴에 물을 끼얹는다. 앨리스는 그 방법으로 자신을 옭아매고 있던 시선의 감옥에서 스스로를 해방시킨다. 앨리스는 불편하기만 한 것이 아니라 겁에 질려있다. 더구나 그는 앨리스에 대한 자신의 애착, 더 정확히 말하자면 집착 때문에 자신이 앨리스에게 어떤 괴물이 되어있는지 인지하지 못한다. 또는 어쩌면 더 불온하게도, 그는 그것을 인지했으면서도 앨리스의 평안보다 자신의 사랑을 우선시하며 신경 쓰지 않기로 작정한다.

앨리스가 도지슨에게 물을 뿌리는 것을 보고 앨리스의 어머니는 딸의 행동을 질책한다. 앨리스는 항변한다. "나를 계속 쳐다보잖아요."

도지슨이 리델에게 '앨리스' 이야기를 들려주기 시작한 것은 그와 어린 뮤즈 사이에 이런 민망한 상호작용이 있은 후다. 영화를 보는 우리가 느껴야 할 것은 이제 만사가 순리를 찾았다는 안도감일 것이다.

영화가 끝날 무렵 슬픔에 잠긴 찰스 도지슨이 앨리스 리델에게 말한다. "우리가 함께했던 작은 순간들을 네가 언제까지나 기억해 주길 바란다. 시간은 너무나, 너무나 많은 것들을 지워버리거든."

앨리스가 대답한다. "오, 어떻게 잊겠어요. 잊으려고 해도 못해요."

*

"집에 있을 때가 훨씬 좋았어." 가엾은 앨리스가 생각했다. "그때는 몸이 계속 커졌다 작아졌다 하지 않았고, 생쥐나 토끼의 심부름을 다니지도 않았어. 토끼 굴로 뛰어들지 않았다면 좋았을걸. 그런데 — 그런데 말이야, 사실 이런 종류의 인생이 더 신기하긴 해! 내게 어떤 일이 일어날지 궁금해! 전에 동화책을 읽을 때는 그런 일은 절대 일어나지 않는다고 생각했는데, 지금 내게 그런 일이 일어나고 있잖아! 내가 주인공인 책이 있어야 해. 있어야 하고말고! 어른이 되면 내가 써야지. 그런데 내가 벌써 다 자라버렸네." 앨리스가 서글픈 목소리로 덧붙였다. "적어도 이곳에서는 더 이상 자랄 자리가 없어."

—《이상한 나라의 앨리스》

침묵한 요자

어디에서 시작할까?

몇 해 전이었다. 트위터♦에 내 이름을 검색했더니 다음과 같은 트윗이 떴다.

"세라 폴리가 지안 고메시에게 폭행당한 일을 공개하지 않은 이유가 궁금하다. #HerToo. 폴리가 바로 침묵한 여자였다. 그에게 물어보라."

이 트윗을 올린 계정에는 팔로어가 없었다. '좋아요'를 누른 사람도, 리트윗한 사람도 없었다. 그걸 보고 있는 사람이 나밖에 없는 듯한 기분이 들었다.

우리가 자기 이야기를 쓰는 이유는 무엇일까? 속죄를 위해

♦ 2022년에 출간된 원서와 같이 현재 'X'로 이름이 바뀐 '트위터'를 기존 이름으로 표기했다.

서? 자백의 방법으로? 잘못을 바로잡기 위해서? 주장할 것이 있어서? 사과하려고? 자신이나 남들에게 상황을 명확히 하려고? 이 글을 쓰기 전에 이런 의문이 들었다.

나는 수년간 이 에세이를 쓰고 지우기를 반복했다. 이야기를 너무 오래 묻어두면 어디서 어떻게 시작해야 할지 난감해진다. 특히 말하지 말아야 한다는 생각에 그동안 괴로웠다면, 그동안 한밤마다 여러 의문들이 머릿속을 시끄럽게 두들겨댔다면 더욱 그렇다. 왜 이 이야기는 말해질 가치가 없었나? 내가 함구함으로써 피해를 봤을 사람은 누구인가? 함구하기로 한 결정으로 인해 나는 사실상 어떤 사람이 되었는가?

이 이야기에도 시작은 있다. 하지만 그 시작이 언제인지는 잘 모르겠다. 29년 전 열네 살이던 내 이마의 머리를 어느 20대 남자가 다정히 넘겨주던 때였을까? 아니면 겁에 질려 방황하던 10대 시절 내게 이해되지 않는 일이 일어났고, 내 뇌의 일부가 그 일을 먼 훗날까지 내게서 숨겼던 그때가 시작이었을까? 아니면 서른세 살의 내가 남들에게는 멀쩡한 어른의 목소리를 잘만 내면서도, 나를 해쳤던 남자에게는 그에게 원하는 것이 전혀 없었음에도 환심을 사려 전전긍긍하던 때가 시작이었을까?

일단 서른다섯 살 때부터 시작해 보자. CBC의 인기 라디오 진행자 지안 고메시에 대해 그때까지 세상이 몰랐던 사실들이 드러나기 시작한 때였다. 또한 내 기억이 돌아오기 시작한 때였다.

폭로의 시작

미국에서 하비 와인스틴의 성범죄 혐의가 불거지고 미투 운동이 세계적 현상이 되기 3년 전이던 2014년 10월, 《토론토 스타》에 지안 고메시에 대한 기사가 실렸다. 세 명의 여성이 고메시에게 주먹으로 맞고, 물리고, 목이 졸리는 등의 폭행을 당한 사실을 제보했고, 제시 브라운과 케빈 도너번 기자가 이를 보도했다. 이어서 네 번째 피해 여성도 나타났다. 라디오 쇼에서 고메시와 함께 일한 여성이었다. 그는 고메시에게 괴롭힘과 폭행을 당한 사실을 익명으로 밝혔다(이 여성은 후에 자신의 신분을 밝혔다. 바로 고메시의 프로듀서였던 캐스린 보렐이었다). 그때껏 감성적인 페미니스트의 망토를 보란 듯이 두르고 있던 명망 높은 라디오 진행자는 하루아침에 CBC에서 해고당했다. 《토론토 스타》의 보도 후, 더 많은 여성들이 비슷한 경험을 공개했다. 그중에는 캐나다 공군 대위 출신 배우인 루시 디쿠티어도 있었다. 디쿠티어는 제보한 여성들 중 처음으로 자신의 신분을 밝혔다. CBC 〈더 커런트〉와의 인터뷰에서 디쿠티어는 더 많은 여성들이 제보하고, 가능하면 이름을 공개해 줄 것을 부탁했다.

제보자가 속출하면서 사건이 눈덩이처럼 커졌고, 드디어 10월 말 《토론토 스타》는 여덟 명의 여성이 고메시를 성폭행과 성적 괴롭힘으로 고소했다고 보도했다.

사람들 일부는 모든 것이 사실이라면 지금 피해를 주장하는 여성들이 어째서 당시에는 경찰에 신고하지 않았는지 의문을 제기했다. 이런 의문에 대한 반발로 #당했지만신고하지못했어요(#BeenRapedNeverReported)와 #나는루시를믿어요(#IBelieveLucy) 같은 해시태그들이 생겨났고, 이를 이용해서 전 세계 수백만 명이 자신의 성폭행 피해를 사건 당시 경찰에 신고하지 않은 다양한 이유들을 공유했다.

변호사 레바 세스도 자신이 겪은 고메시와의 일을 《허핑턴포스트》에 기고했다. 세스는 당시의 만남이 "폭력적"이었다고 말하며 다음과 같이 설명했다. "나는 그날 강간을 당하지는 않았다. 그를 다시 만날 생각도 없었고, 경찰과 얽히고 싶은 마음도 없었다. 나는 그저 내 삶을 전과 다름없이 이어가고 싶었을 뿐이다. 설사 내가 행동에 나섰다 해도 변호사로서 보건대 결과는 뻔했다. 어차피 시나리오는 '여자 말과 남자 말이 다른'(he said/she said) 상황으로 흘러갔을 것이다. 당시 나는 상대 남자와 함께 술을 마셨고, 마리화나를 피웠고, 자발적으로 남자의 집에 갔고, 남자와 성관계한 적이 있었다. 나는 이 경우 여자가 어떻게 도마 위 생선이 되는지 알고 있었다. 이런 일을 재단하는 문화적 틀은 매우 강력하다."

2014년 11월 26일, 고메시는 네 건의 성폭행 혐의와 한 건의 성폭행 저항 제압 혐의로 기소되었다. 두 달 후에는 또 다른 세 명의 여성이 제기한 세 건의 성폭행 혐의가 추가되었다(형사 기소로 이어진 사건 중 《토론토 스타》에 최초로 제보한 여성들과 관련된 것은 한 건뿐이었다).

2014년 가을 고메시에 대한 폭로 기사가 나온 직후, 나는 토론토 시장 후보였던 올리비아 차우의 집에서 열린 선거 뒤풀이에 간다. 생후 8주 된 둘째 아이를 아기 띠로 안고 간다. 나는 그곳에서 버니 파버를 만나 고메시 스캔들에 대한 이야기를 나눈다(버니 파버는 캐나다유대인회의의 CEO로 나와 오래전부터 친분이 있었다).

나는 파머에게 고메시 사건을 세상에 처음 알린 제시 브라운 기자에 대해 말한다. 나는 제시와 오래전부터 아는 사이였고, 제시가 처음 고메시에 대한 성폭행 제보를 받았을 때 그에게 변호사를 여러 명 소개해 주었다. 제시에게는 사건을 알릴 방법과 명예훼손 소송을 피할 방법에 대한 법률 자문이 필요했다. 제시와 면담한 변호사들 모두 그에게 기사화에 따른 위험을 경고하면서 그런 위험을 감수하지 말라고 조언했다. 변호사들을 만난 후 제시는 내게 전화해서 이렇게 말했다. "세라, 나는 기사를 쓸지 말지 말해줄 사람을 찾는 게 아니에요. 나는 *어떻게* 기사화할지 알려줄 사람을 찾고 있어요."

버니에게 이 이야기를 전하면서 나는 제시에 대한 존경심을 표한다. 그리고 이런 생각을 한다. 사람이 하는 유일하게 용감한 행동이란 어쩌면 건전한 충고에 반기를 드는 것이 아닐까? 우리가 이렇게 잠시 이야기를 나누는 사이 다른 사람들도 대화에 합류하고, 그들도 고메시가 받는 혐의에 대한 충격과 분노를 표한다.

한동안 대화를 나누던 중 버니가 고개를 갸우뚱하며 말한다. "참 이상한 일이네요. 스캔들이 터지기 며칠 전에 고메시가 내게 연락을 했어요. 전에 내가 말한 로마 가족 있죠? 그 가족에 대한 답변을 이제야 보냈더라고요."

이 대화의 시점에서 다섯 달 전이었다. 버니가 내게 이메일을 보냈다. 한 로마 가족이 지안 고메시의 라디오 쇼 〈큐〉에 출연할 수 있도록 도와달라는 내용이었다. 인권운동가인 이 가족은 헝가리로 강제 추방될 위기에 놓여있었으며, 추방될 경우 목숨이 위태롭다고 했다. 버니는 내가 고메시와 아는 사이라는 것을 알고 있었다. 나는 버니의 요청을 전해주기로 했다. 하지만 고메시의 답은 고무적이지 않았다.

"고마워. 버니에게 내 이메일 주소를 알려줘도 좋아(하지만 출연 예약이 꽉 차서 이 이야기를 빠른 시일 내에 방송에 태울 가능성은 없어). 잘 지내길(잘 지내지?)."

고메시를 조금이라도 아는 사람으로서 보건대 이런 주제가 고메시의 방송에서 다뤄질 리 없었다. 아니나 다를까 버니는 몇 달이나 아무 연락을 받지 못했다. 그런데 고메시의 여성 폭행 과거가 만천하에 알려지기 며칠 전에 난데없이 고메시가 몇 달 전의 이메일에 답장을 보낸 것이다. 당시는 방송국에서 그를 해고하는 문제를 두고 며칠씩 논의가 이어지던 때였다. 따라서 그도 자기 인생이 날아가기 일보 직전이라는 것을 뻔히 알았을 시점이었다. 그런데 그런 시점에 방송거리로 일말의 관심도 없던 사연을 담은 예전 메일에 갑자기 답장을 보냈다? 이상한 일이었다.

버니가 머릿속 퍼즐을 맞추듯 먼 곳을 응시한다. 그 순간 나는 매우 중요하지만 당장의 연관성은 없는 어떤 단서가 내 인생 한가운데로 떨어지는 분명한 느낌을 받는다. 이것으로 모든 것이 변하겠지만 어떻게 변화할지는 아직 알 수 없다. 이 단서가 무엇을 의미하는지는 알지 못한다. 다만 거기에 의미가 있다는 것만 안다. 그런데 그 의미를 알고 싶지 않다는 느낌도 강하게 든다.

버니가 말을 이어가는 동안 나는 심장이 내려앉는 기분이 든다. 나는 알기 싫은 무언가를 알기 직전의 문턱에 있다. 나는 내면으로 깊이 침잠한다. 어둠에 점점 휩싸이는 느낌이다. 심장이 쿵쾅거린다. 내 가슴에 붙어서 쌔근쌔근 잠든 작은 아기가 그 소리에 놀라지 않기를 바랄 뿐이다. 내가 입을 연다. "그는 제가 자기에게 보낸 이메일을 전부 확인하고 있었던 거예요."

파티 장소에서 나와 싸늘한 가을 거리를 걸어 집으로 향할 때도 이 말이 계속 머릿속을 울린다. "그는 제가 자기에게 보낸 이메일을 전부 확인하고 있었던 거예요."

한밤중에 갓난아이에게 젖을 먹이고, 악몽을 꾼 두 살배기 아이를 달래는 동안 내 속의 의문들이 고개를 들기 시작한다.

그는 왜 내 이메일을 다시 열어보고 있었을까? 내 이메일이 필요할 거라 생각했나? 무슨 이유로? 나도 폭로에 나설 수 있다고 생각해서? 내가 왜? 내가 나설 이유가 뭔데?

나는 남편에게 이 의문들을 말한다. 우리는 말없이 함께 이유를 따져본다. 우리 둘 다 혼란스럽고, 왠지 불안하다.

다음 날 나는 조 언니에게 전화를 건다. 우리는 고메시에 관한 제보 내용에 대해, 특히 그가 여성들 중 일부의 목을 졸랐다는 혐의에 대해 말한다. 나는 그가 내 목은 조르지 않아서 다행이라고 말한다.

그러자 조 언니는 고메시 스캔들이 터진 이래 내가 그 말을 여러 번 했다고 대답한다. 언니는 자신은 오히려 그 점이 마음에 걸린다고, 마크 오빠도 같은 생각이라고 말한다. “고메시가 사실은 네 목을 졸랐던 거지? 그렇지?”

나는 언니의 질문에 머리를 맞은 듯 멍해진다.

나는 마크 오빠에게 전화해서 혹시 내게 고메시가 내 목을 졸랐다는 말을 들은 기억이 있는지 묻는다.

오빠는 조심스럽게 그렇다고 한다. 오빠는 오래전에 내게 그런 말을 들었던 기억이 난다고 한다.

변호사인 오빠는 말을 신중하게 고르는 사람이다. 오빠는 상황의 심각성을 축소하는 성향이 있으면 있지, 쉽게 과장하거나 흥분하는 하는 편이 아니다. 나는 오빠의 말이 믿기지 않는다.

오빠는 내가 폭로에 나설 생각인지 궁금하던 차라고 말한다. 오빠는 내게 신중하게 생각해서 결정하라고, 결정하기 전에 먼저 내가 기억하는 것을 모두 빠짐없이 기록하라고 당부한다.

몸이 떨리기 시작한다. 그리고 다음 순간, 기억이 떠오르기 시작한다.

파티용 웃기는 이야기

20대를 거쳐 30대 초반까지 내가 파티에서 즐겨하던 이야기가 있다. 내 인생 최악의 데이트 이야기다. 그 이야기를 할 때 당시의 내 나이는 뺐다. 섹스 자체도 뺐다. 내가 서둘러 그곳을 나왔다는 것도 뺐다. 내가 일대일 연애만을 고집하고 절대 일회성 섹스를 하지 않게 된 계기가 바로 그 데이트였다는 것을 비롯해 그 일이 내게 실질적으로 미친 영향에 대해서도 생략했다. 이런 디테일을 생략하면 그 이야기를 웃기게 전달하기가 쉬웠다. 생략한 내용 대신 어이없을 만큼 멍청하고 어설펐던 전희를 상세하게 말해서 사람들을 더 역겹게 했다.

지안 고메시와의 데이트에 대해 내가 수년간 했던 이야기는 다음과 같다.

나는 아주 어렸을 때부터 고메시와 간헐적으로 알고 지냈다. 나는 열두 살인가 열세 살 때 어느 비문해 퇴치 모금 행사에서 20대 중반이었던 그를 처음 만났다. 그리고 열네 살 때 캐나다 평화연맹의 모금 행사에서 그를 다시 만났다. 나는 행사의 MC였고, 고메시는 그의 밴드 목시 프뤼부스와 공연하러 왔다. 당시 나는 목시 프뤼부스를 좋아했다. 다른 밴드가 무대에서 연주하는 동안 우리는 뒤 계단에 함께 앉아 있었다. 그는 내게 MC를 잘 본다고 했다. 그는 내 얼굴에서 머리카락을 들어서 다정하게 귀 뒤로 넘겨주었다. 그리고 내 얼굴, 내 입술, 내 이마를 응시했다. 나는 그가 내게 키스할 것이라고 생각했다. 그렇게 생각하게 만드는 눈길이었다. 그는 키스하지 않았다. 하지만 나는 마음을 빼앗겼다.

그 이후 2년 동안 가끔씩 행사에서 그를 만났다. 그가 내게 목시 프뤼부스의 노래 중 하나인 〈킹 오브 스페인〉의 뮤직비디오에 출연해 달라고 했을 때 나는 기절할 만큼 기뻤다. 나는 블로어 스트리트 시네마를 배경으로 그와 함께 신나게 춤을 추었다(세상이여 용서해 주기 바란다. 나는 고작 열세 살이었다).

몇 년 후 고메시는 내게 데이트 신청을 했다. 데이트 후 우리는 그의 아파트로 갔다. 나는 긴장했다. 남자친구가 두 번 있었지만 둘 다 10대였다. 성인 남자의 아파트에 가는 것은 겁나고 낯선 일이었다. 그는 내게 작곡 중인 음악을 좀 들려주고 피상적인 키스를 좀 하다가 물었다. "내가 꽤 기괴한 것에 빠져있거든, 세라. 어때, 계속해 볼 용의 있어?" 훗날 파티에서 이야기할 때 나는 이 대목에서 사뭇 어른스럽게 일언지하에 거절한다. "아니." 어쨌거나 그는 내 뒤에 섰고, 두 손으로 옷을 다 입은 채로 있는 내 몸을 시속 백만 마일의 속도로 더듬으며 말했다. "너는 지옥에 있어. 너는 지옥에 있어. 악마의 손이 네 몸을 뒤덮었어. 너는 지옥에 있어. 이건 악마야!"

파티에서 이야기할 때 나는 당시의 내 반응을 재연하며 몸을 움찔거린다. 나는 실험실에서 기이한 벌레 표본을 살필 때처럼 미간을 분석적으로 찌푸린다. 이 연기는 언제나 좌중에게 큰 웃음을 선사한다. 모든 게 다 끝나자 고메시는 나체 상태로 기타를 꺼내들고 자기가 만든 곡들을 연주했다(오늘날 내 지인의 말에 따르면 이 행동 자체로 범죄가 될 수 있다). 나는 직후에 그의 아파트를 떠났다. 너무나 정떨어지는 경험이었다. 너무 역겨워서 다시는 하룻밤 섹스를 하지 않았다. 그 후로 사랑 없는 섹스 자체를 아예 하지 않았다. 두 번 다시는 그런 민망한 경험을 무릅쓰고 싶지 않았다.

그날 밤 이후 몇 달이 지나 모금 행사에서 고메시를 우연히 만났을 때 나는 그에게 전화에 답하지 못해 미안하다고, 전화번호를 까먹었다고 했다. 그는 내게 "개소리!"라고 외쳤다. 누가 봐도 성난 기색이었다.

나는 이 이야기를 많이 했다. 이 이야기로 많은 사람을 웃겼다. 나는 그저 몇몇 세부 사항만 생략했을 뿐이다.

문제의 데이트 당시 내 나이는 열여섯이었고, 그는 스물여덟이었다는 말은 하지 않았다.

그의 기괴한 '악마의 손' 의식에 대한 내 진짜 반응과 그의 질문 "계속해 볼 용의 있어?"에 대한 내 실제 대답도 생략했다. 나는 그때 강경한 목소리로 "아니"라고 대답하지 않았다. 나는 "잘 모르겠어요"라고 했다. 나약하게 보이거나 어리숙해 보이고 싶지 않아서. 그리고 그의 말이 정확히 무슨 뜻인지 몰라서. 나는 파티용 이야기에서와 달리 그를 분석적으로 판단하지 않았다. 나는 그저 기가 죽었고 겁을 먹었다.

나는 섹스 중에 있었던 일도 생략했다. 그 일은 전혀 웃기지 않았다.

내가 몸을 떨며 택시로 귀가했고, 열쇠가 없어서 아파트에 들어가지 못했고, 경비실 전화로 오빠에게 전화한 것도 생략했다. 내 떨리는 목소리를 들은 마크 오빠는 그대로 차에 올라 한밤중의 거리를 제트기처럼 가로질렀다. 오빠는 하늘에서 뚝 떨어진 것처럼 순식간에 나타났다. 당시 조 언니가 마크 오빠와 함께 살고 있었다. 이날 내가 언니와 침대에 누워 숨을 골라야 했던 것과 언니와 오빠에게 고메시가 내게 어떻게 했는지 말한 것도 생략했다. 고메시는 나를 아프게 했다. 그는 양손으로 내 목을 붙잡고 놓지 않았다. 나는 그의 손을 떼어내려 했고, 그가 잠깐 내 목에서 손을 치웠을 때, 목을 그렇게 만지는 것은 싫으니 다시는 그러지 말라고 간신히 말했다. 그는 다시 내 목을 잡았다. 나는 내 파티용 이야기에서 목이 아팠다는 말도 뺐다. 얼마나 아팠는지는 모르겠지만 많이 아팠다는 것, 멈추라는 표현을 분명히 했다는 것도 뺐다. 그러자 그가 어떻게 신경질을 냈고 심통을 부렸는지, 그 후의 섹스가 얼마나 고통스러웠는지도 생략했다. 그는 내 다리를 내 머리 위로 눌렀고, 근육이 찢어질 듯 아파서 내가 비명을 지르는데도 멈추지 않았다. 내가 아프니까 그만하라는 의사 표시를 했지만 그는 이를 무시했고, 비열한 증오의 눈으로 나를 노려봤다는 것도 생략했다. 특히 내가 그에게 연민을 느꼈다는 것을 생략했다. 다 끝난 후 그는 풀 죽은 기색이었다. 내가 아픈 내색을 한 것이 그를 괴물로 취급한 일이 된 듯했다. 그는 내가 밤새 있지 않고 집에 가겠다고 하자 엄청나게 기분 나빠했다.

내가 그 모두를 생략한 이유는 솔직히 말해서 생각이 나지 않았기 때문이다. 내게 그것은 이야기의 일부가 아니었다. 내 웃긴 이야기가 일어난 곳은 캄캄한 동굴이었다. 하지만 나는 그날 밤 언니와 오빠에게 어둠에 먹힌 부분 중 일부를 말했고, 언니오빠는 나뭇잎처럼 떠는 나를 붙잡았다. 정작 나는 기억에서 지워버렸지만, 그들에게는 한 남자의 원치 않는 손이 내 목을 쥐었던 이야기가 남아있었다.

결정을 내리다

그 기억이 떠오른 후 나는 도시를 배회하며 몇 주를 보냈다. 나는 아기를 아기 띠로 안고 걸었고, 전차에 올랐고, 내가 나서야 할지 말아야 할지에 대해 의논 상대가 되어줄 모든 사람과 만나거나 전화했다. 언론이나 경찰에 제보하는 여성들이 줄을 이었다. 그중에 루시 디쿠티어도 있었다. 루시는 용감하게 자신의 신분을 공개했고, 때가 되자 경찰서에 출두한 자신의 모습을 공개했고, 경찰이 자신을 잘 대우했다는 정보도 전파했다. 사람들이 자신의 경험을 공유하도록 독려하기 위해서였다. 토론토 경찰청장이 "경찰에 제보하는 여성들에게 예우를 다할 것이며 전문적인 절차를 따라 세심하게 대우할 것"을 약속한다는 성명을 내기도 했다.

하지만 경찰이 명시하지 않은 것이 있었다. 경찰이 그런 확약은 할 수 있지만, 경찰은 사법 시스템이 아니었다. 제보에 나선 많은 여성들은 미처 이 구분을 하지 못했고, 그들에게 이 구분을 기대하는 것도 무리였다.

내가 자문을 구한 사람들 모두 내게 각기 다른 방식으로 같은 말을 했다. 나는 법조계에 있는 가족과 친구들을 만났다. 변호사도 만나고 검사도 만났다. 그들은 말을 신중히 골랐다. 그들은 만약 진지하게 제보에 나설 생각이라면 기억하는 모든 것을 세세히 빠짐없이 적어놓으라고 했다. 며칠을 두고 공들여 쓰고,

놓친 것이 없는지 확인하라고 했다. 그들은 나를 믿는다고 했다. 하지만 법정은 나를 믿지 않을 가능성이 높다고 했다. 내가 고메시에게 보낸 이메일이 있었다. 이상하리만큼 잘 보이려 애쓰는 이메일들, 그에게 내가 조직하는 자선 행사의 사회를 맡아달라고 요청하거나, 로마 가족을 그가 진행하는 라디오 쇼 〈큐〉에 출연시켜 달라고 부탁하는 이메일들이 있었다. 자신을 폭행한 사람에게 누가 이런 이메일을 보내겠는가? 고메시가 내게 보낸 이메일 중에는, 프로듀서는 흥미를 보이지 않지만 자기가 힘을 써서 내가 이사로 있는 자선단체의 설립자를 라디오 쇼에 부르겠다는 내용도 있다.

그는 이렇게 썼다. "너 나한테 신세 진 거야. 하기야 우리 사이에 흔한 일이지만."

나는 이렇게 답한다. "아. 당신이 최고야. 당신에게 우리 섹시한 언니를 줘야겠는걸." (언젠가 그가 내게 조 언니가 미치게 매력적이라고 말한 적이 있었다.)

한심한 농담이다. 한심하기만 한 것이 아니라 자기를 폭행했던 사람에게 하는 농담치고 너무나 이상하다. 지난 수년간 나는 그를 만날 때마다 실없는 '동성 동료'처럼 굴었다. 그가 집적대거나 먹잇감으로 삼을 여자가 되는 것을 피하기 위해서였을 것이다. 하지만 어쨌거나 그것이 내가 저런 농담을 한 이유는 되지 않는다. 이유를 설명할 방법이 없다. 미친 짓이었다.

당시 내가 후렴처럼 듣던 말이 있다. "나라면 친한 사람이나 사랑하는 사람에게 성폭행 사건에 대해 증언하라는 권유는 하기 어려울 것 같아요."

내 사건을 둘러싼 세세한 정황들, 그 사건 이후 수년간 내가 그에게 보낸 이메일들, 그와 했던 우호적인 인터뷰들은 내 고발의 신빙성에 불리하게 작용하고도 남았다. 모든 만류에도 불구하고 어쨌든 내가 고발에 나서야 한다고 주장하기가 어려웠다.

내 사연을 알릴지 여부를 두고 사람들과 상의하기 전까지 나는 내 연애 이력이나 성생활 전반에 대해 어떠한 수치심도 느낀 적이 없었다. 그런데 이제 내가 존경하는 사람들, 내가 아는 변호사들, 심지어 심리치료사들까지 같은 말을 했다. 그들은 많은 이들이 내가 전혀 부끄럽게 생각하지 않았던 것들에서 묵시적인 수치심을 읽어낼 거라고 했다.

"네가 10대 때 혼자 살면서 섹스를 했다는 것이 알려질 거고, 사람들은 그걸 좋게 보지 않을 거야."

"당신을 검색하면 이게 제일 먼저 뜰 거예요."

"사람들이 벌거벗은 당신을 상상하겠죠."

나는 남들의 곱지 않을 시선을 의식해야 한다는 말들에 당황했다. 그때까지 그런 생각을 해본 적이 없었다. 그가 내게 해를 입힌 것을 내가 부끄러워해야 하나? 어린 나이에 집을 나와 산 것이 잘못인가? 내게 나쁜 일이 일어난 것을, 내게 육체가 있는 것을 부끄러워해야 하는가? 수치심과 난처함은 이 문제에 대한 내 일차적 반응이 아니었다. 그런데 이제 수치심이 도입되자 때로 그것이 자리를 잡고 나가지 않았다.

사람들이 말하기를, 내 경우 가장 큰 문제는 "뒤늦게 떠오른 기억"이었다. 고메시가 내 의사에 반해 내 목을 쥐었다는 것을 언니오빠가 상기시켜 주기 전까지 나는 그것을 기억하지 못했다. 더구나 나는 그와 데이트한 경험을 여기저기 많이 말했고, 그때마다 중요한 부분을 생략했다. 판사들은 이런 종류의 진술에 호의적이지 않다. 대중도 이런 종류의 말은 잘 믿지 않는다. 나는 가까운 친구이자 검사로 오래 일했던 법조인에게 어떻게 해야 할지 물었다. 친구는 아이들과 씨름하고 바쁜 업무를 소화하는 중에도 내 상담에 많은 시간을 할애했다.

"만약 내가 이 사건의 검사라면," 친구가 말했다. "너를 증인으로 세우기가 무척 난감할 것 같아."

나는 친구에게 기억이 증거로 받아들여지는지에 대해, 특히 트라우마성 기억의 오류 가능성에 대해 물었다. 친구는 질문을 깊이 숙고했다. 하지만 여전히 '되찾은 기억' 문제가 발목을 잡을 것으로 보았다. 나는 사법 시스템에 익숙하지 않을 세 명의 여성이 모든 것을 떠안은 상황을 지켜보기가 괴로웠고, 내가 나선다면 도움이 되지 않을까 생각했다. 하지만 친구는 내 사연이 그들의 진술에 신빙성을 더하지 못할 거라고 조언했다.

내가 잘 아는 다른 변호사도 당시에 비슷한 말을 했다. "당신이 법정에서 조롱당하는 것은 그들을 더 믿을 만하게 만드는 데 도움이 되지 않을 겁니다." 나는 어느 모임에서 웃음거리가 되고 기억상실자로 보일 것이 겁난다고 했다. 그랬더니 또 다른 변호사가 단도직입적으로 말했다. "맞아요. 그게 당신이 주게 될 인상일 겁니다. 옳은 결정을 내린 겁니다."

그동안 내가 고메시와의 데이트 경험을 '폭력' 부분은 생략한 채 웃긴 파티용 이야기 버전으로 만들어서 친구들에게 떠벌렸던 것도 적지 않은 문제였다. 그 친구들 중에는 현재 고메시를 대리하는 로펌의 변호사들도 있었다. 법정에서 반대신문을 받는다면 대체 어떻게 해명할 것인가?

검사 출신의 친구는 내가 그의 사무실을 떠나기 전 잠시 침묵하다가 이렇게 덧붙였다. "이 문제에 대해 변호사들에게 듣는 조언이 네가 여성으로서, 엄마로서, 정치운동가로서 너 자신에게 주는 조언과 반드시 일치하지는 않을 거야."

누군가가 내게 이런 구분을 해준 것은 이때가 처음이었다. 의미심장한 구분이었다.

한편 내가 아는 유일한 형사 전문 변호사 크리스 머피는 주저없이 내게 나설 것을 권했다. 그가 말했다. "전부 다 말해요. 당신의 성적 이력을 다 밝혀요. 당신이 그에게 바쳤던 관심, 당신의 모순을 모두 털어놔요. 그런 다음 그날 당신에게 있었던 일은 폭행이 분명하다고 말해요." 크리스는 그것이 마땅히 할 일이라고 했다.

나는 폭로가 내 삶에 미칠 영향이 무섭다고 했다. "나는 두 아이의 엄마예요."

크리스가 말했다. "맞아요. 당신은 두 아이의 엄마예요. 그것도 나서야 할 이유가 되겠네요."

나는 지인을 통해 연락이 닿은 한 여성과 통화했다. 그 여성의 사연도 내가 고메시와의 "나쁜 경험"에 대해 수년간 여기저기서 단편적으로 들었던 것과 다르지 않았다. 그는 직접 고발에 나설 생각은 없었다. 하지만 우리는 몇 주 동안 연락하며 고발에 나선 여성들을 도울 방법을 궁리했다. 심지어 우리도 폭로에 합류할 생각도 했다. 다만 따로 고소하기보다 이미 고소를 한 여성들의 진술에 힘을 실어줄 방법을 고려했다. 하지만 알아볼수록 그 방법은 사법 시스템의 작동법과 맞지 않는다는 것만 분명해졌다. 맞기는커녕 우리가 이 문제를 두고 대화를 나눈 것 자체가 공모로 간주될 수 있었다(이후 실제로 고소인 두 명이 주고받은 응원의 문자와 이메일이 법정에서 공모로 간주되었다).

그 여성과 나는 소통을 중단하고 침묵을 지켰다.

한 친구가 내게 법정 판결과는 무관하게 정치적인 이유로 나설 수도 있지 않겠냐고 했다. 꼭 법정 공방에 초점을 둘 필요는 없다. 내가 제공할 수 있는 지원은 어쩌면 내 경험에 대한 글을 쓰는 것이다. 나는 아는 변호사들에게 이 아이디어를 타진해 보았다. 그들은 만약 내가 공개적으로 혐의를 제기하면 경찰이 내게 진술을 요구할 수 있다고 지적했다. 특히 내 경험이 내가 미성년일 때 발생했기 때문에 경찰이 내 진술을 바탕으로 내 의사와 상관없이 직접 형사 고발을 진행할 수 있다고 했다. 그들은 내게 매우 신중해야 한다고, 누구에게도 내게 있었던 일을 함부로 말하지 말라고 했다. 일단 경찰이 형사 고발에 들어가면 내가 사법 시스템의 바퀴를 멈춰 세울 방법은 없었다.

내 앞에 어떤 상황이 펼쳐질지 그림이 그려졌고, 그것이 내 머리를 떠나지 않았다. 내가 아는 변호사들은 이구동성으로 자신과 가까운 여성이 성폭행 사건을 폭로하는 것을 절대 권하지 않겠다고 했다. 괜한 말이 아니었다. 그들은 만약 사건이 재판에 회부되면 몇 년이 걸릴지 모른다고 했다. 내가 지금껏 겪었던 그 어떤 스트레스보다 더한 스트레스를 겪게 될 거라고 했다. 많은 사람들이 재판이 끝나기도 전에 자살 직전에 이른다고 했다. 이후 수년간 내 인생에서 벌어질 일에 대한 막대한 압박으로부터 내 두 아이(유아 한 명과 갓난아이 한 명)를 지키기란 몹시 힘들어질 거라는 말을 들었다. 말할 필요도 없이, 그런 위험을 무릅쓰는 것은 나 자신뿐 아니라 내 아이들에게 무책임한 일로 보였다.

나는 나서지 않기로 결정했다. 그리고 여러 해가 흘렀다. 이제는 내가 침묵한 이유들을 분명히 밝힐 수 있을 것 같다. 첫째, 그때 나는 나와 내 가족에게 일어날 일에 대한 경고성 정보를 너무 많이 접했다(나는 형사사법 시스템이 내게 강제할 험난하고 적대적인 가시밭길을 감당할 의지가 없었다). 둘째, 오래전 내게 정확히 어떤 일이 일어났는지에 대한 기억은 최근에야 정리된 것이었다. 그리고 셋째, 나는 내가 충분히 강하지 않다는 것을 알고 있었다. 아마도 이것이 가장 중요한 (그리고 가장 인정하기 괴롭고 창피한) 이유일 것이다.

나는 종종 생각한다. 지안 고메시에 대한 혐의를 제기하지 않은 여성들은 얼마나 많을까? 하비 와인스틴에 대한 혐의를 제기하지 않은 여성들은 또 얼마나 많을까? 우리는 결코 알 수 없다.

(이쯤에서 짚고 넘어갈 것이 있다. 이 글에서 지안 고메시 재판에 대해 말할 때, 나는 *폭행*(assault) 앞에 *추정적*(alleged)이라는 단어를 붙

였다. 또한 가급적 *폭력*(violence)과 *강압*(coercion) 같은 단어는 사용을 자제했다. 개인적으로는 이 이야기에 부합하는 단어들이라고 믿지만 어쨌든 배제했다. 고메시가 법정에서 무죄판결을 받았고, 오늘날까지 모든 혐의를 부인하고 있기 때문이다. 그리고 고소인들과 고메시 사이에 있었던 일을 내가 직접 본 것은 아니기 때문이다. 이런 단서를 달고 유화된 언어를 사용해야 하는 것이 나로서도 무척 괴롭다. 내 경험을 근거로 나는 그 여성들의 진술 내용을 믿기 때문이다. 나는 그 여성들에게 무슨 일이 있었는지에 대해서도, 그들이 사건 후에 어떻게 행동했는지에 대해서도 그들의 말을 믿는다. 할 수 없이 쓰기는 해도 개인적으로 나는 *추정적*이라는 말을 믿지 않는다. 하지만 재판 결과라는 법적 진실 또한 내가 이 글에 반드시 포함해야 하는 부분이다.)

제시 브라운 기자에게 처음 제보한 세 명의 여성은 경찰에 가지 않았다. 그들의 주목적은 단지 고메시의 실체를 드러내는 것이었을 가능성이 높다. 고메시가 더는 명성의 횃대에 앉아 다른 여성들을 자신들이 처했던 상황으로 유인하지 못하도록 막는 것이 그들의 목표였을지 모른다. 그들의 갈망은 그를 감옥에 집어넣는 것이 아니라 그가 더는 여자들을 먹잇감으로 보지 못하게 만드는 것이 아니었을까? 하지만 이런 생각도 든다. 혹시 그들도 나처럼 형사사법 시스템이 그들을 어떻게 취급할지 경고를 받았기 때문에 경찰에 가지 않은 것은 아닐까? 그들도 나처럼 심히 어수선한 기억 때문에, 그리고 추정적 폭행 이후 자신이 고메시에게 보인 우호적인 행동 때문에 법정에서 증언의 신빙성을 의심받을 것이 무서웠던 것은 아닐까?

몇 달 후 나는 한 친구와 만났다. 고메시 스캔들 당시 CBC 라디오에서 일했던 친구였다. 나는 친구에게 그날 밤 나와 고메시 사이에 있었던 일을 기억나는 대로 말했다. 경찰에 신고하거나 내 경험을 공개하지 않기로 결정한 이야기도 했다. 친구는 조용히 듣기만 했다. 그러다 점심 식사가 끝날 무렵 내게 말했다. "어느 시점이 되면 너의 양심 나침반이 작동하게 될 거고, 그때가 되면 어떻게 할지 고민할 여지도 없을 거야."

당시에는 이 말이 비난으로 들렸다. 지금은 친구가 당시 내가 짊어진 불편한 진실을 제대로 표현했다는 생각이 든다. 내 일부는 친구가 이 말을 해준 것이 고마웠다. 하지만 친구의 말은 내 역할이 아직 끝나지 않았다는 두려운 인식을 안겼고, 나는 그 두려움에 멀미가 났다.

거짓말과 변호사의 뇌

고메시를 고소한 여성들에게 재판은 악몽이었다. 예상대로 여성들의 신뢰성에 초점이 맞춰졌다. 법의학적 증거가 없는 사건에서 달리 어디에 초점이 모이겠는가? 범죄 혐의로 기소된 사람의 법적 권리에 따라 고메시는 한 번도 증언대에 서지 않았다. 재판에 미디어가 벌 떼처럼 몰렸고, 이 사건을 빼면 모두에게 화제가 없어 보였다. 적어도 토론토에서는 그랬다. 법조계 밖의 사람들은 대부분 명성을 누리던 남자가 폭력적인 과거에 대한 대가를 치르는 인과응보의 결말을 당연하게 예상했다. 여성들이 자기 경험을 공유하는 거대한 운동이 막을 수 없는 기세로 일어났고, 그 기세의 불가피한 결과로 광범위하고 체계적인 변화가 생길 것으로 예상되었다. 그러나 여성들은 법정 증언대에서 조롱의 대상이 되었다.

여성들의 기억에 난 구멍들이 검사의 범죄 사실 입증에 엄청난 걸림돌이 되었다. 여성 중 일부가 추정적 폭행이 발생한 후에도 고메시와 계속 만남을 가졌고, 추파를 던지는 이메일과 편지를 보냈다는 사실이 그들이 고메시에게 폭행당했을 리 없다는 증거로 제기되었다(고메시는 이 여성들과 나눈 편지와 통신 내용을 내내 보관하고 있었다). 법정에서 루시 디쿠티어는 그가 주장하는 사건—고메시가 그를 폭행하고 목을 조른 사건—이 발생한 이후 그가 고메시에게 보낸 편지의 마지막 줄을 큰 소리로 읽으라는 요구를 받았다. "나는 당신의 손을 사랑해." 그가 강제로 이 대목을 읽는 장면은 잔혹극을 보는 듯했다. 이 잔혹극을 주도한 고메시의 변호사 마리 헤나인에게 다른 변호사들의 칭찬이 쏟아졌다. 그들은 헤나인이 "급소를 찔렀다"며 감탄했다. 반대신문에서 굳이 그렇게 극적인 연출을 얹을 필요까지는 없었다. 굳이 루시에게 만석의 법정에서 직접 그 대목을 읽게 하는 수모를 주지 않아도 해당 편지의 내용은 전혀 달라지지 않는다. 그건 오로지 고소인에게 굴욕감을 주기 위한 조치였다. 루시는 법정에서 그 편지를 제시받기 전까지 맹세코 그 편지에 대한 기억이 없었다고 말했다. 성폭행 피해자나 트라우마를 겪은 사람들의 행동 양상을 잘 아는 사람이 아니라면, 폭행 피해자가 가해자에게 이런 편지를 쓸 수 있다고 믿기 힘들 것이다. 하지만 실제로 피해자는 끔찍한 상황을 정상화하기 위해서, 또는 학대 후에 거부당한 데 대한 가해자의 기분을 무마하기 위해서 이런 행동을 보인다.

해를 입힌 가해자에게 더 나은 상황을 만들어주려는 여성들의 이런 유화적 행동이 표면적으로는 어이없을 수 있다. 하지만 사람에게는 자기 안전을 위해 상황을 원만히 수습하려는 충동이 있다. 그뿐 아니라 우리 중 다수는 어떤 피해를 입었더라도 '좋게 넘어가라'는 메시지를 평생 부단히 받는다. 깊이 뿌리내린 이 메시지는 종종 외부의 눈에 터무니없어 보이는 행동을 야기하기도 한다(가해자와의 관계를 '좋게 만들려는' 행동에서 비롯되는 자기 배신감도 때로 잠재적인 차원에서 피해자에게 심한 내상을 야기한다).

성폭행 트라우마의 영향에 대해 폭넓게 저술하고 발표해 온 임상심리학자 로리 해스켈 박사는 다음과 같이 썼다. "일부 성폭행 피해자는 트라우마를 무효화하거나, 자신을 무력하게 만든 일에 대한 통제력을 만회하려는 노력의 일환으로 가해자와 계속 데이트하기도 한다. 사실상 많은 피해자들이 가해자와 다시 접촉한다. 가해자와의 관계에서 주도권을 회복하려는 의도일 때가 많다. 다른 이들은 가해자가 자기 행동을 인정하고 사과할 것으로 믿었다고 설명하기도 한다."

세월이 흐른 지금 내가 〈큐〉에서 고메시와 했던 인터뷰들을 떠올리면 내가 생각해도 내 태도가 놀랍다. 나는 명랑하기 짝이 없다. 연신 키득댄다. 그가 계속 나를 난처하게 하는데도 나는 좋게 넘어가려 노력한다. 한 인터뷰에서 그는 따분한 기색을 숨기지 않는다. 무표정하게 메모만 내려다볼 뿐 좀처럼 시선을 들지도 않는다. 그는 틈틈이 내 말을 교묘히 조롱하고, 그때마다 나는 당황해서 얼굴이 벌게진다.

내가 연출한 영화 〈우리도 사랑일까〉(Take This Waltz)에 대한 인터뷰에서 그는 일부일처제가 당연한지 묻는다. 나는 그렇게 생각한다고 어물쩍 넘어간다. 그는 이 문제를 재차 거론하며 내게 왜 그렇게 생각하는지 따져 묻는다. 그건 우리에게 부과된 문화적 관습에 불과하지 않나요? 결국 나는 알지도 못하면서 떠들었다고, 앞서 지나치게 자신 있게 대답한 것 같다고 스스로를 조롱한다.

〈우리도 사랑일까〉는 남편과 헤어지는 여자의 이야기다. 따라서 고메시의 질문이 뜬금없는 것은 아니다. 하지만 그는 영화 홍보 기간 동안 다른 인터뷰 진행자들은 치중하지 않았던 주제들, 최대한 불편한 주제들을 일부러 파고들고, 그것을 즐기는 듯 보인다. 영화에서 주인공이 상대방과의 섹스가 어떤 느낌일지에 대해 생생하게 말하는 장면을 두고 그는 내게 이렇게 묻는다.

"배우자가 아닌 사람과 섹스 얘기를 하는 것은 불륜인가요?"

나는 미소 짓는다. 그리고 최선을 다해 대답한다. 속으로는 이 질문들이 언짢고, 그와 이런 대화를 하는 것이 몹시 거북하다. 하지만 나는 사람 좋게 굴고, 거의 애교를 부리고, 기꺼이 내 자신을 폄하한다.

어느 시점에서는 내가 나를 "세상 물정에 캄캄한 사람"으로 지칭한다. 이는 단지 자기 비하가 아니다. 자학 수준이다. 이 인터뷰를 할 때 나는 열여섯 살의 어린 배우가 아니라 서른셋의 성인이다. 언론을 비롯해 누구와도 이렇게 방정맞은 투로 상호작용하지 않은 지 꽤 오래되었다. 그런데도 고메시와 상호작용할 때의 나는 자신의 영화를 만들고 자신의 목소리를 내는 사람이 아니다. 무슨 일인지 그의 존재가 내게서 내 어른 자아를 앗아간다. 다른 사람의 눈에 나는 공손하다 못해 아양 떠는, 거기 있는 것이 마냥 행복한 사람으로 보일 것이다. 결코 자신을 폭행했던 남자와 인터뷰하는 여자로는 보이지 *않는다*.

나는 불편한 질문이 나오면 회피하거나 대충 얼버무린다. 그가 말한다. "이 영화의 남녀 관계에 대해서는 끝나기 전에 다시 묻기로 하죠……. 아직도 자신을 로맨틱한 사람으로 생각해요? 과거에는 그랬던 걸로 아는데? 당신이 만드는 영화들 때문이겠지만, 당신을 인터뷰할 때마다 정말이지…… 매번 연애 상담을 하는 느낌이란 말이죠."

내가 외친다. "**그러게 말이에요!**" 나는 요란하고 어색하게 웃는다.

"이번이 세 번째 같아요. '그럼…… 사랑에 대해 말해볼까요.'" 그가 자기 흉내를 내며 말한다.

나는 이 농담을 좋게 받으려 애쓴다. 나는 열심히 장단 맞춘다. 이 대화가 아무리 미치도록 어색해도 거기 무너지지 않으려 애쓴다.

그가 인터뷰를 마치며 말한다. "사실 이번 영화에 훨씬 비판적일 수도 있었는데, 임신 중이시라 살살 했어요……. 더 솔직하게 말하면 큰일 날 것 같아서."

나는 폭소한다. 방금 그가 역대급 농담을 한 것처럼. 하지만 그를 겪어본 나는 그 말이 진담이라는 것을 안다. 그는 내 영화를 싫어하고, 내가 그 사실을 분명히 알길 원한다. 지난 수년간 모금 행사나 파티나 인터뷰에서 내가 그와 나눈 상호작용은 거의 항상 이런 식이다. 그는 반만 가린 비열한 이빨로 나를 씹으며 끝낸다.

같은 해에 내 세 번째 연출작 〈우리가 들려줄 이야기〉(Stories We Tell)가 개봉한다. 이때도 나는 그와 인터뷰한다. 이 작품은 우리 가족의 기억과 비밀, 내 출생의 사연에 대한 다큐멘터리영화다. 이 인터뷰에서 나는 심지어 더욱 붙임성을 발휘한다. 더 순진하고 더 해맑게 낄낄댄다. 더 바보처럼 군다. 나는 평소의 나와 다르게 처신한다.

그는 내게 개인사를 다룬 작품을 놓고 인터뷰하는 것이 불편하지 않은지 묻는다. 그가 말한다. "우리는 친구예요. *아주 오래* 전부터 알던 사이죠. 그래서 이런 인터뷰를 할 때는 제 입장이 좀…… 세라에 대해 너무 사적인 이야기는 자제하려고요. 세라를 불편하게 만들고 싶진 않아요."

그 순간 내 손이 무의식적으로 내 목으로 올라간다. 나를 불편하게 만들 수도 있다는 그의 언질이 어떤 기억을 불러낸 것처럼 내 얼굴에 그림자가 지나간다(사실 내 목은 누구도 건들 수 없는 불가침 영역이다. 내 아이들은 내가 "**목 건들지 마!**"라고 비명 지르는 흉내를 낸다. 누군가가 우연히 내 목을 스치기만 해도 나는 반사작용처럼 본능적 공포와 분노를 느낀다. 나는 그 시작이 수십 년 전 그날 밤이라고 믿는다).

인터뷰의 한 시점에서 나는 사람들이 이야기를 만드는 이유에 대해 이렇게 말한다. "스토리텔링은 우리가 불가해한 인생의 갈피를 잡고, 자기 둘레에 서사를 쌓고, 혼돈 속에서 붙잡을 것을 찾는 방법이라고 생각한다." 세월이 흐른 지금 이 대답을 하는 나를 떠올리며 나는 내 잠재의식의 작용을 상상한다. 내 잠재의식이 그날 밤 그와 있었던 일을 이야기로 만들고, 그것을 납득하려 애쓰고, 현재를 정상화한다. 그와 동시에 내게서 진짜 이야기를 숨긴다.

인터뷰가 끝날 무렵 그가 말한다. "당신에게 반하지 않을 도리가…… 그리고 당신이 이 영화에서 보여준 솔직함에 반하지 않을 도리가 없네요."

인터뷰가 마무리되자 나는 생각한다. '우와. 이번에는 그가 못된 말을 하지 않았어.' 하지만 마이크가 꺼지자마자 그가 험악한 표정으로 나를 보며 말한다. "에이 *젠장*, 난 또 네가 *내 책* 홍보 좀 해주나 했지!"

몇 달 전 그가 자신의 회고록 《1982》를 내게 한 부 보냈다. 나는 읽지 않았지만 읽었다고 거짓말했다. 나는 그가 자기 방송에서 내가 책을 홍보해 주길 바랐다는 것을 알지 못했다. 나는 그를 실망시킨 데 대해 설명하기 힘든 죄책감을 느낀다. 그리고 황당하게도 두려움을 느낀다. 나는 사과한다. 책에 대해 말할 생각이었는데 까먹었다고 말한다. 그는 심사가 뒤틀려서 내게 잘 가라는 인사도 제대로 하지 않는다. 스튜디오를 나서면서 내가 그의 프로듀서에게 말한다. "지안의 책을 언급하지 못한 게 마음에 걸려요." 프로듀서는 어이없다는 듯 눈을 굴리며 마음 쓰지 말라고 한다. 그가 말한다. "지안 머릿속엔 틈만 나면 책 홍보할 생각뿐이에요."

내가 고메시와 인터뷰할 때마다 인터뷰를 들은 사람들은 내게 그와 사귄 적이 있는지 묻는다. 그가 내게 던지는 질문들이 그런 인상을 준다. 나는 나대로 과하게 동조하는 태도로 그런 인상을 풍긴다. 내 대응은 추파처럼 들린다. 우리가 가까운 사이인 것처럼 들린다. 또는 어쩌면 폭행당했지만 아무 일 없는 척하려는 사람처럼 들린다.

만약 그때 나도 제보자로 나서서 고메시가 나를 폭행했다고 말했다면, 이 인터뷰들은 내 진술에 반하는 증거로 쓰였을 것이고, 나는 멍청한 거짓말쟁이로 몰렸을 것이다. 법정에서 무자비한 반대신문을 받은 여성들에게 쏟아진 일관성과 신뢰성 결여에 대한 비난이 내게도 똑같이 쏟아졌을 것이다. 내가 이 이야기를 할 수 있는 것은 세월이 많이 흘렀기 때문이다. 만약 그때였다면 전부 털어놓을 생각을 하지 못하고 일부는 숨겼을 것이다. 난처한 내용이나 일관성 없는 행동에 대해서는 경찰이나 검사나 미디어에 말할 엄두를 내지 못했을 것이다. 당시 고소인들이 증언에서 누락한 부분들이 판사와 언론의 눈에 원고 측 주장의 신뢰성을 추락시켰다.

내가 고메시에게 폭행당한 것을 아는 변호사 친구들조차 그 여성들의 법정 발언을 조롱했고, 루시의 경찰 진술을 흉내 냈고, 심지어 증언대에서 거짓말했으니 정작 감옥에 갈 사람은 *저*들이라고 말했다. 나는 충격받았다. 그들은 나도 고메시에게 폭행당한 것을 알면서도 내 앞에서 거리낌 없이, 대놓고 그렇게 말했다. 내가 그 여성들을 옹호하면, 다시 말해 폭행당한 여성은 난처한 상황을 덮기 위해 자초지종을 말하지 않을 가능성이 높고, 폭행 당시나 이후에 일어난 일을 제대로 기억하지 못할 가능성은 더 높다고 말하면, 표현만 다양할 뿐 같은 반박이 돌아왔다. "거짓말은 좋은 출발점이 아니에요. '누구나 거짓말한다'는 전제를 앞세워 이 고소 건들을 바라볼 수는 없어요. 그건 유효한 전제가 아니에요."

그러나 사람은 *원래* 거짓말을 한다. 온갖 것에 대해 거짓말한다. 그리고 나는 트라우마 경험에 대한 기억과 진술에서 흔히 나타나는 일관성 결여를 *거짓말*로 지칭하는 것은 옳지 않다고 생각한다. 내가 만난 한 검사는 자신은 진상 파악을 위해서 고소인의 진술에서 오류를 추려내는 데 주력한다고 했다. 이는 고소인이 진실을 말하고 있다고 믿는 경우에도 마찬가지라고 했다. 그 검사는 고소인이 폭행 정황을 말할 때 불가피하게 수십 가지 오류가 발생하기 마련이라고 했다. 그렇다면 트라우마를 겪은 사람은 실상을 이해하는 데 애를 먹거나, 수치심과 당혹감 때문에 폭행 정황의 일부를 은폐한다는 불편한 사실을 우리는 어떻게 받아들여야 할까? 성폭행 트라우마의 복잡한 실상을 우리 형사사법 시스템의 융통성 없는 진실 개념에 욱여넣는 것이 마땅한 일일까? 성폭행이라는 범죄의 성격과 그것이 사람에게 미치는 영향도 진실이다. 이 진실을 수용할 자리를 만들 방법은 없을까? 만약 거짓말이 트라우마를 겪는 사람에게 일어나는 불가피한 부작용이라면? 만약 우리가 거짓말이라고 해석하는 것의 상당수가 실제로는 외상 기억을 차단하려는 기제라면? 우리의 형사사법 시스템에 이 복잡하지만 보편적인 인간 행동을 수용할 자리를 만들 수 있을까? 내가 확실하게 아는 것은 우리 모두가 때로 진실을 소화하는 데 어려움을 겪는다는 것이다. 특히 수치심을 느끼거나 정신적 충격을 받았을 때 그렇다. 사람은 진실을 말할 때조차 거짓말한다. 이 전제가 출발점이 될 수 없다고 단정하는 것은 인간 본성에 대한 중요한 진실을 무시하는 처사다.

인간의 뇌가 못 하는 것을 변호사의 뇌는 할 수 있다니, 더구나 나와 가까운 사람들에게서 보다니 놀랄 일이었다. 이들은 내 이야기를 믿으면서도 절대 진리의 패권을 신봉했다. 이들은 그 여성들을 조롱하는 동시에, 완벽한 증인이 되지 못한 그들에게 불같이 분노했다.

이들은 그 여성들의 행동을 비난하고 나서 같은 입으로 종종 이렇게 말했다. "하지만 그 자식을 민사재판 증언대에 세워서 반대신문을 하고 싶긴 해." 이들의 모순적 태도는 오웰이 《1984》에서 경고한 이중사고(double-think)가 실제로 가능하다는 것을 보여주는 사례인 듯했다. 그들은 고메시의 폭행을 사실로 믿었다. 그러나 그 여성들이 제공한 세부적인 정황—폭행 이

전과 이후에 일어난 일들—은 난공불락의 사실이 아니었다. 바로 그 점 때문에 이들의 눈에 그 여성들은 악당으로 보였다.

나는 이 변호사들이 자기 몸에서 감정이입을 너무나 효율적으로 배제하는 능력에 경악을 금치 못한다. 내가 온타리오주 킹스턴 교도소에서 경험한 충격과 맞먹을 정도다. 나는 2016년에 그곳에서 미니시리즈를 찍었다. 그보다 몇 해 전에 폐쇄된 킹스턴 교도소는 악명 높은 중범죄자들을 수감하던 최고 보안 등급 감옥이었다. 좁은 우리 같은 감방이 줄지어 늘어선 곳을 걸으며 나는 사람이 사람을 가두는 섬뜩한 방식에 몸서리쳤다. 인간이 있기에 너무 좁은 공간, 끝없는 소음과 빛 속에 사람들을 가두는 것은 만행이었다. 바라건대 머지않은 미래에 야만으로 치부될 방식이었다. 내가 아는 변호사들은 사실 이런 짐승 같은 미래에 직면한 사람들을 변호하는 사람들이다. 솔직히 말하자면 나는 유무죄에 상관없이 어느 누구도 이런 방식으로 취급받아서는 안 된다고 생각한다. 내가 아는 변호사들은 중범죄로 유죄판결을 받은 사람들이 어떻게 자유를 박탈당하는지 누구보다 잘 안다. 그렇기 때문에 그들은 의뢰인의 변호에 맹렬히 뛰어들고, 유죄 입증 전 무죄 추정의 원칙을 종교처럼 믿는다. 어느 검사 출신 변호사에게 들은 이야기가 있다. 검사 시절 그가 어떤 남자를 감옥에 넣었는데, 나중에 남자의 유죄판결에 결정적 역할을 한 증언이 거짓말이었다는 증거에 직면했다. 그는 남자가 항소심에서 무죄판결을 받은 후 법원 밖에서 담배를 피우던 모습을 지금도 생생히 기억한다고 했다. 남자는 담배를 한 모금 빨고 해를 올려다보며 여러 달 만에 처음으로 자유인으로서 신선한 공기를 들이마셨다. 그 모습이 검사 생활 내내 그를 괴롭혔다. 자신이 짧게나마 남자의 삶에서 자유를 빼앗는 데 일조했다는 생각을 하면 성난 눈물이 솟았다. 세월이 많이 흘렀는데도 그는 이 이야기를 하며 눈물을 보였다. 그는 남은 평생 변호사로서 이런 부당함과 싸울 것을 다짐했다.

누군가의 자유를 박탈하는 일이라는 점에서 범죄 입증의 부담은 막중할 수밖에 없다. 당연히 나도 추호의 합리적 의심 없이 유죄가 입증되지 않은 경우 누구도 투옥 같은 끔찍한 결과를 맞아서는 안 된다는 데 동의한다. 내 질문은 이것이다. 성폭행 고소에 나선 여성들이 의혹 규명 과정에서 꼭 그렇게 파괴되어야 할까? 이것을 정말로 묻고 싶다.

일레인 크레이그의 책 《재판을 재판하다: 성폭행과 법조계의 실패》(*Putting Trials on Trial: Sexual Assault and the Failure of the Legal Profession*)에서 한 피해 여성은 가해자가 1년에 걸친 재판 끝에 유죄판결을 받자 이렇게 말한다. "내 강간 트라우마의 대부분은 성폭행 자체가 아니라 법체계의 잔혹성에 기인한다. 이 트라우마는 겪어보지 않은 사람은 이해하기 어렵다."

후에 크레이그는 다음과 같이 썼다. "우리 법체계의 당사자주의♦와 완전하고 공정한 반대신문권 같은 헌법적 보호책이 성폭행 재판의 고소인이 되는 것을 심리적으로 고통스럽고 불쾌

♦ adversarial system, 형사 소송에 있어 소송의 주도권을 양측 당사자에게 주고, 당사자 상호 간의 공격과 방어를 중심으로 재판을 진행하는 방식.

한 일로 만드는 것이 사실이다. 형사사법 시스템이 성범죄 생존자들을 치유하기 위해 고안된 것은 아니다. 그렇지만 '2차 강간'이 일어나도록 작동해서도 안 된다."

내가 만난 변호사 대부분은 성폭행 사건의 재판 방식에서 바뀌어야 할 것은 아무것도 없다고 주장한다. 그들은 피고소인의 변호인 대부분이 법정에서 매우 점잖게 행동한다고 주장한다. 그들의 주장에 따르면 캐나다의 강간피해자보호법은 이미 매우 진보적이며, 변호인들은 이에 부합하게 처신한다(크레이크의 책은 이 주장을 반박한다). 그러면서 그들은 가까운 여성에게 성폭행 고소를 *절대* 권하지 않겠다고 한다. 어떻게 이들은 이런 상이한 두 가지 신념을 동시에, 그것도 확고하게 유지할 수 있는 걸까? 이 점이 내게는 한없이 놀라울 뿐이다.

지안 고메시의 고소인들은 증언대에 섰던 경험을 비참한 고통으로 묘사했다. 고메시는 4건의 성폭행 혐의와 1건의 목을 졸라 '저항을 제압한' 혐의에 대해 무죄판결을 받았다. 윌리엄 B. 호킨스 판사의 판결문을 읽으며 나는 두 번 놀랐다. 우선은 그것이 마치 내 이야기를 하는 듯해서 깜짝 놀랐다. 두 번째로는 무죄판결 이유에 놀랐다. 그것은 기대가 현실과 일치하거나 불일치하는 방식에 따라 기대를 평가하는 것이 아니라, 기대에 따라 현실을 판단하는 인간의 성향을 실증하는 듯했다. 판결문은 이러했다.

"본 사건의 고소인 각인은 사후(事後)에도 고메시 씨와 교류하는 행동을 했으며, 이는 고소인들이 그가 행했다고 주장하는 공격적 행동과 조응하지 않는다. 많은 경우에서 고소인들의 행동과 발언은 그들 각자가 당시에, 그리고 수년 후에 내보인 *반감*의 수준에도 부합하지 않았다. 고소인 각인의 독자적인 증언의 신뢰성에 전적으로 의지하는 본 재판의 경우, 이런 요인들이 본 재판장이 고소인들의 증언을 전적으로 수용하는 것을 다분히 곤란하게 만든다."

판사는 이렇게 덧붙였다. "증인이 증언함에 있어 기만적이고 조작적인 면이 드러날 경우, 해당 증인은 법정이 그를 신뢰 가능한 진실의 출처로 간주하기를 더 이상 기대할 수 없으며, 이것이 냉혹한 현실이다. 이에 본 재판장은 본 법정이 이 고소인들의 신뢰성과 정직성에 충분한 믿음을 갖는 것이 불가능하다는 결론을 내릴 수밖에 없다. 간단히 말해 증언의 심각한 결함의 양 때문에 본 법정이 합리적 의심을 넘어서기 어렵다."

고메시를 고소한 여성들을 지지하는 사람들은 이 판결에 슬픔과 분노를 표했다. 물론 법정의 무죄판결이 결백의 선포는 아니다. 하지만 일반 대중은 종종 그것을 같은 것으로 해석한다. 재판 후 많은 사람들이 '무죄'를 빠르게 '결백'으로 받아들였고, 일부는 고소 내용과 어울리지 않는 언행을 보이고 일관성이 떨어지는 증언을 했던 여성들을 죄인으로 몰았다. '#나는루시를믿어요' 시절 침묵과 예의를 지켰던 사람들도 이제는 대놓고 이 여성들을 믿지 않는다고 말했다. 애매모호함이 우리의 삶에 심히 많은 자리를 차지하고 많은 영향을 미치지만, 사람들은 애매모호함을 좋아하지 않는다. 사람들은 답을 좋아한다. 재판 결과는 많은 이들에게 답으로 기능했다. 어느 날 나는 전차에서 생면부지의 여성과 격한 언쟁을 벌였다. 그는 자신의 친구에게 고메시 재판의 고소인 여성들은 "거짓말쟁이들"이라고 큰소리로 욕을 해댔다. 참다못해 나는 법정의 여성들이 거짓말쟁이면 나도 마찬가지라고 내뱉었다. 나는 그에게 고소에 나선 여성들의 이야기와 그러지 못한 내 경험을 바탕으로 내가 진실이라고 믿는 것을 말했다. 나는 나처럼 앞에 나서지 못한 사람들이 많을 것으로 믿는다고 말했다. 고래고래 욕하던 여성은 입을 다물었고, 전차에 정적이 흘렀다. 나는 민망함을 이기지 못하고 다음 정류장에서 내렸다.

몇 달 후 고메시는 법원의 근신 명령♦에 서명했다. 그리고 그의 전 프로듀서 캐스린 보렐에게 성폭행 고소를 철회하는 조건으로 "부적절한" 행동에 대해 공식적으로 사과했다. 그는 불법적 행위가 있었다는 것을 결코 인정하지 않았다. 기소된 이후 그가 성폭행 혐의들에 대해 공개적으로 발언한 것은 이때가 처음이었고 유일했다.

2020년 지안 고메시는 이란 디아스포라에 대한 팟캐스트로 활동을 재개했다. 고메시를 고소한 여성들을 "절대 믿지 않는다"는 발언으로 유명해진 어느 금융인의 지원을 받은 팟캐스트였다. 하지만 현재까지 고메시는 주류 문화계로 복귀하지 못했

♦ peace bond, 캐나다에서 시행되는 피해 예방을 위한 법원 명령. 가해자에 대한 유죄판결 여부와 상관없이 피해자 또는 잠재적 피해자 보호를 위해 법관 재량으로 행한다.

다. 팟캐스트를 통한 두 번의 재기 시도와 《뉴욕 리뷰 오브 북스》에 기고한 에세이는 대중의 분노에 묻혔다.

고메시의 무죄 선고가 사회에 일으킨 파장은 엇갈린다. 2019년만 해도 저널리스트 로빈 두리틀 같은 사람들이 고메시를 "미투 운동의 원조 피해자"로 지칭했다. 하지만 나는 비록 고소인들이 악몽을 겪었지만, 고메시 사건은 미투 운동의 원조 승리라고 생각한다. 고메시가 하비 와인스틴처럼 법정에서 유죄판결을 받지는 않았지만, 적어도 평판과 커리어 면에서는 그가 여성들에게 저지른 행동의 대가를 치러야 했다.

두어 해 전 나는 토론토대학교 법학부에서 열린 미투 운동 토론회에 패널로 참석했다. 토론회 후, 고메시 사건의 익명 고소인 중 한 명이었다가 후에 신분을 밝힌 린다 레드그레이브와 만났다. 린다에게 나와 고메시 사이에 있었던 일은 말하지 않았다. 하지만 우리는 오래 대화했다. 린다는 커밍포워드라는 단체를 설립했다. 성폭행 생존자들을 지원하고, 형사 고소인에게 사법 시스템에 대비하기 위한 교육을 제공하는 단체였다. 정작 린다 자신은 받지 못한 혜택이었다. 그는 자신이 겪은 재판 과정이 얼마나 가혹했는지, 그것을 계기로 자신의 기억에 대해, 그리고 트라우마가 기억에 미치는 영향에 대해 무엇을 알게 됐는지 자세히 이야기했다.

대화 도중에 린다는 이런 말을 했다. "언젠가는 구원받고 싶어요."

루시와 나

고메시 재판 후 몇 년이 지난 2017년, 나는 여성 대상 폭력을 다룬 다큐멘터리 〈베터 맨〉(A Better Man) 시사회에서 우연히 루시 디쿠티어를 만났다. 그는 나도 아는 몇몇 사람과 대화 중이었다. 루시는 나를 지그시 보다가 말했다. "지안 고메시 재판에 대해 말하는 중이에요. 혹시 아시는 내용인지 모르겠네요."

숨이 목에 탁 걸렸다. 내가 말했다. "알죠. 아주 면밀히 지켜봤던 사건이에요. 여러 이유로요."

루시가 말했다. "그 이유 중 하나는 저도 알 것 같아요."

그 순간 나는 그가 안다는 것을 눈치챘다. 그는 내가 겪은 일을 들어서 알고 있었고, 내가 그를 돕기 위해 나서지 않았다는 것도 알고 있었다. 나는 떨리는 목소리로 그에게 내게 일어난 일을 기억나는 대로 말했다. 내가 나서지 않았던 이유를 설명하려 애썼다. 내가 말했다. "저에겐 어린아이가 둘 있었어요. 재판이 몇 년이나 이어질 거라고 들었어요. 재판이 저를 파괴할 거라고 했고, 제가 자살 직전까지 갈 거라고 했어요."

루시는 눈물을 글썽이며 말했다. "나는 그런 조언을 전혀 받지 못했어요. 아무도 내게 그런 말을 해주지 않았어요. 맞아요. 겪어보니 딱 그렇더라고요. 나는 거기에 전혀 대비하지 못했어요. 나서지 않은 여성들이 그걸 겪지 않아서 기뻐요. 그런 여성들이 많다는 것을 알아요. 이런 말씀을 드리고 싶어요. 나는 그분들에게 유감없어요. 나는 이해해요. 괜찮아요."

루시는 내가 평생 받았던 포옹 중 가장 강하고 가장 큰 포옹을 해주었다. 그가 말했다. "세라가 그런 일을 겪었다니 너무 마음 아파요. 너무 어렸을 때잖아요." 그가 나를 안아줄 때 나는 그의 공감에 숨이 막혔다. 그를 믿지 않았던 사람들, 그를 조롱했던 사람들이 이 장면을 본다면 이 순수한 진정성과 이타심의 표출에 어떤 반응을 보일지 궁금했다.

나는 루시와 나를 모두 아는 친구에게 루시가 내게 어떤 말을 했고, 나를 어떻게 안아주었는지 말했다. 친구는 눈물이 터졌다. "루시는 감정적인 거인이야."

그 이야기를 하다

만약 내가 당시에 내 이야기를 공개했다면 내 진술은 다음과 같았을 것이다. 나는 그 일을 지웠다. 나는 그 일을 숨겼다. 나는 그의 환심을 사려 했다. 나는 '피해자다운 피해자'가 처신해야 하는 방식대로 처신하지 않았다. 많은 것이 기억나지 않는다. 내가 이 글에서 말한 많은 세부 사항이 당시 내 진술의 여러 지점에서 빠져있다. 하지만 그가 두 손으로 내 목을 잡았던 것은 기억한다. 그가 나를 고통스럽게 한 것은 기억한다. 내가 그에게 하지 말라고 했고, 저항하려 했지만 역부족이었던 것도 기억한다. 많은 것이 기억나지 않지만, 평소의 내 성격에도 허점이 많지만, 나는 그것만은 확실하게 안다.

그날 밤 내게 일어난 일이 유죄판결로 이어졌을지는 알 수 없다. 내 짐작은 부정적이다. 내 기억은 일부 세부 사항에 대해서는 신뢰하기 어렵다. 세월이 흐르면서 내 이야기가 나도 모르게 군데군데 바뀌었을 가능성이 있다. 하지만 그가 나를 아프게 했고, 내가 그 행동을 원치 않았다는 것은 분명하다. 나는 분명히 그에게 하지 말라고 했다. 그는 한동안 내 말을 듣지 않았다. 그 한동안이 얼마나 지속됐는지는 기억나지 않는다. 그러나 내가 그의 손을 내 목에서 떼어내려 했지만 소용없었고, 그러는 동안 심히 고통스러웠다는 것은 분명하다. 당시 나는 10대였고, 그는 나보다 훨씬 나이가 많았다. 나는 이 일을 당시에도, 이후에도 폭행이라 부르지 않았다. 나뿐 아니라 누구도 그렇게 부르지 않았다. 그 일 이후에도 나는 그에게 항상 상냥하게 굴었다. 심지어 그의 환심을 사려 애썼다. 그 일 이후 수년간 내가 그와 했던 인터뷰들을 보면 창피하기 그지없다. 용기가 있었다면 나는 그의 폭력을 제보한 여성들을 믿는다고 했을 것이다. 그들의 이야기가 내 이야기와 너무나 비슷하기 때문이다. 여성들이 말하는 그의 행동과 심통과 자아도취가 내가 본 것과 몹시 흡사하기 때문이다. 나는 그 여성들을 믿는다. 그들이 사후에 보인 일관성 없는 행동 방식, 그들의 이야기에 있는 모순들, 그들의 기억에 난 구멍들. 이 모든 것이 내 자신의 행동과 기억과 닮아있기 때문이다. 남들에게는 이 비일관성이 그들이 성폭행 피해자가 아니라는 증거였을지 몰라도, 내게는 이 비일관성이야말로 그들이 성폭행 피해자라는 더없이 명백한 증거였다.

수년이 지난 지금 이 글을 쓰면서 나는 오래전에 변호사 크리스 머피가 했던 조언을 다시 떠올린다. "전부 다 말해요. 창피한 부분들도 다 말해요. 진실을 말해요." 나는 진실에 접근하는 것이 쉽지 않다고 생각한다. 전부 말할 만큼 기억할 수도 없다. 하지만 나는 노력 중이다.

2017년 하비 와인스틴에 대한 성폭행 혐의들이 불거졌을 때 《뉴욕 타임스》로부터 기명 논평을 써달라는 요청을 받았다. 나는 이렇게 썼다. “이런 일에 하나의 옳은 방법이란 없다. 각자 자신이 원하는 때에 자신의 방식으로 말하는 것. 이것이 자기 무력화의 경험을 공유하는 데 있어서 내가 고수하는 개념이다.”

나는 이런 말도 썼다.

“노골적이든 미묘하든 여성을 비하하는 모든 방식이 과거지사로 간주되는 날이 오기를 바란다. 그날이 실현되려면 먼저 우리가 가장 무서워하는 것을 마주해야 한다. 우리 자신을 마주해야 한다. 두려움, 무력감, 아무것도 바꿀 수 없다는 자괴감. 이것들에 눌려 우리가 감수해 온 것은 무엇일까? 삶의 면면에서 우리는 또 무엇을 외면하고 있을까? 마음속으로는 결코 용납할 수 없다는 것을 알면서도 우리가 용납한 것은 또 무엇이 있을까? 그리고 이제 우리는 이에 대해 무엇을 할 것인가?”

나는 《뉴욕 타임스》에 보낼 원고를 먼저 한 친구에게 보여주었고, 친구는 유용한 논평에 더해 이런 말을 덧붙였다. “네가 이 원고를 꼭 제출할 필요는 없어. 알지?” 친구는 원고의 마지막 질문이 내 자신에게 던지는 질문이며, 해답을 찾지 못한 질문이라는 것을 알고 있었다.

나는 이런 말도 썼다. “이 떠들썩한 자매애의 순간이 지나간 후, 법정에 선 한 여성이 미치광이로 치부되는 것으로 이야기가 끝나지 않기를 희망한다. 이런 이야기들은 그렇게 끝나는 경우가 너무나 많다."

캐나다는 지안 고메시 사건, 그리고 '#당했지만신고하지못했어요'와 '#나는루시를믿어요' 해시태그 운동을 통해 미투 운동을 미리 겪은 셈이었다. 이 운동이 법정에 밀어닥치자 연쇄 추돌이 일어났고, 엔진이 폭발했고, 기어가 망가졌고, 사방에서 총알이 날아들었다.

미투 운동으로 세계 곳곳에서 남성 권력자들이 수없이 실각하던 때, 막상 캐나다에서는 남성 권력자가 고발당하는 일이 극히 드물었다. 나는 그 이유가 고메시 사건의 경과에 있지 않을까 생각한다. 우리는 이미 겪어봤고, 상황은 우리가 예상했던 대로 흘러가지 않았다. 고메시 사건 이후 캐나다에서 가장 큰 이목을 끌었던 미투 사건은 민사소송으로 갔다. 민사소송에서는 고소인들에게 보다 주도권이 있다. 고소인들이 질문을 구성할 수 있고, 그들에게 의미 있는 법적 구제를 요구할 수 있고, 소송을 언제 시작하고 제기하고 중단할지 결정할 수 있다. 고메시 사건이 어떻게 흘러갔는지 목격한 여성들이 동종 사건에서 형사 고소를 선택하지 않은 것은 놀랍지 않았다.

나는 오랫동안 숨을 죽이고 메스꺼움을 참으며 기다렸다. 하비 와인스틴이 무죄 선고를 받고, 고소인들이 '거짓말쟁이'로 조롱당하는 결과를 기다렸다. 세상이 우리가 바라는 만큼 바뀌지 않았다는 또 한 번의 증거를 기다렸다. 아니나 다를까 이번에도 법정은 고소인들의 기억과 이메일을 들쑤셔서 벌집으로 만들었다. 피고소인의 변호인단은 고소인들을 인신공격하고, 그들이 인간이기에 했던 행동을 비난하는 데 여념이 없었다. 와인스틴 사건 역시 친숙한 방향으로 흘러갈 것이 분명해 보였다.

와인스틴에게 유죄 선고가 떨어졌을 때, 나는 소송을 제기한 여성들이 끔찍한 결말을 맞지 않았다는 안도감에 휩싸였다. 하지만 고메시 사건을 비롯해 다른 많은 성폭행 사건들의 여성들도 생각났다. 그들이 입은 아물지 않는 상처를 생각하면 가슴이 미어졌다. 그들도 지옥 불을 뚫고 걸었다. 하지만 그들에게는 법정에서 트라우마가 기억에 미치는 영향을 말해줄 전문가 증인도, 그들의 논거를 들어줄 미투 시대의 배심원단도, 전 세계의 환호 속에 피날레를 장식할 '분수령' 판결도 없었다. 사람들은 그들이 사건 이후에도 피고와 연락한 것을 두고 그들을 무참히 오해했고, 추정적 폭행이 발생한 후 그들이 보인 전형적인 행동을 조롱했다. 피고소인보다 고소인들을 심판한 법정에서 그들이 견뎌야 했던 비난을 생각하면 마음이 아팠다. 그들은 끝없이 신뢰성을 공격받았다. 나는 성폭행을 당한 사람들이 그 사실을 공유하면 폭행 사실이 아무리 엄중해도 결국은 피해자의 신뢰성이 도마에 오를 거라는 생각을 떨칠 수 없었다.

법학 교수 멜라니 랜들은 다음과 같이 지적한다. "트라우마 반응의 본질에 대한 이해가 지극히 제한적이다. 이는 법체계 전반에 인간 심리와 인간 행동의 복잡성에 대한 이해와 정보가 얼마나 결여되어 있는지를 여실히 보여준다. 이 인식 부족은 성폭행 사건에 대한 법정의 태도에서 특히 두드러진다. 법정 역시 성폭행에 대한 여러 근거 없는 신화에서 자유롭지 않다는 뜻이다. 그 신화에는 성폭행 피해자의 진정성과 신뢰성(이른바 '피해자다움')이라는 개념도 포함된다."

지안 고메시 재판의 판결문에서 호킨스 판사는 고소인 중 한 명이 정보를 누락한 데 대해 다음과 같이 썼다. "고소인은 '재판이 처음이라서' 이런 소송 절차에서 어떻게 '길을 찾아야 할지' 몰랐다고 말했다. 이런 소송 절차에서 '길을 찾는' 방법은 아주 간단하다. 그것은 사실을 말하는 것이다. 있는 그대로의 사실을, 오로지 사실만을 말하는 것이다."

하지만 성폭행을 경험한 절대다수는 사실을 기억하고, 사실을 알고, 사실을 말하는 것이 결코 간단하지 않다는 것을 안다.

나머지 세상도 이것을 알기 시작했을까. 이런 생각 자체가 얼마나 특별한 일인가.

고위험 임신

"피를 얼마나 흘렸죠?" 우리 집 다음다음 집에 사는 연속극 스타 뺨치게 섹시한 의사가 묻는다.

"원하시면 제 속옷을 확인하셔도 돼요." 나는 모든 것을 포기한 목소리로 말한다. "저기 있어요." 내 손이 구석의 의자에 쌓여있는 구겨진 옷더미를 향해 힘없이 흔들린다. '나는 끝났어요. 차라리 당신을 역겹게 할래요'라는 제스처다. (새 이웃이 의사라는 것은 우연찮게 알았다. 몇 주 전 그가 우리 집 근처의 반(半)단독주택으로 이사 왔을 때 온 동네 여자들이 우리 집 현관을 향해 소리 높여 속삭였다. "새로 이사 온 섹시한 의사 봤어요?" 하지만 그가 내가 아기 낳으러 갈 병원의 산부인과 전임의라는 것은 몰랐다. 그리고 지금 나는 하혈 중이다. 나는 그저 연속극 병원에서 일하면서 연속극 간호사들과 위험한 사랑을 나누는 그의 모습을 상상했을 뿐이다.) 그가 피에 젖은 내 팬티를 조심스럽게 집어 들고 나를 돌아본다. 다행히 내 타입은 아니다. 수분크림을 너무 많이 바르는 남자는 별로다.

나는 구급차에 실려 급히 토론토 도심의 마운트시나이 병원으로 갔다. 내가 직접 구급차를 불렀고, 어색한 기다림 후에 사이렌 소리가 났다. 응급 차량이 나를 데리러 도착하는 소리를 듣는 기분은 뜻밖에도 면구스럽다('이게 다 나 때문?'). 소방차가 먼저 도착했다. 소방관들도 나만큼 민망한 기색이었다. 하혈하는 임산부는 소방차가 구급차보다 절대 먼저 도착하고 싶지 않은 응급 사태였다. 나는 그들과 어색한 한담을 나누며 굳이 현관까지 올라오지 않아도 된다고 말했다. 구급차 소리가 가까워지자 소방관 한 명이 도로변에서 초조하게 길을 굽어보았다. 구급대원들이 도착했을 때 나는 내 발로 걸어서 구급차에 타겠다고 우겼다. 나는 그들에게 구조대 노동 협상에 대해 물었다. 파업 가능성이 있다고 들었다. 그들은 내 상태에 대해 이것저것 물었고, 나는 간략하게 대답했다. 나는 계속 화제를 지금 내 몸에서 일어나는 끔찍한 일에서 노동 쟁의로 돌리는 해괴한 재주를 발휘했다. 나는 들것에 눕는 것을 완강히 거부했다. 그들은 나를 휠체어에 태워 병원으로 밀고 들어갔다. 산부인과 층에 도착하자 그들이 안내 데스크에 있는 사람에게 말했다. "33주예요. 전치태반이고, 하혈 중이에요." 내 시야의 모든 사람이 순식간에 내 휠체어 뒤로 행진 대형을 이루더니 분만실로 질주했다. 모두가 복도를 내달렸다. 나는 휠체어 팔걸이에 죽어라 매달렸다. 분만실에는 의사, 레지던트, 간호사를 합쳐 대략 여덟 명이 긴장한 얼굴로 무언가를 잡을 태세를 취하고 있었다. 바로 그때 어디선가 연속극 의사가 재등장했다. 조명이 따라다니는 듯 그의 얼굴에서 수분크림이 물광처럼 빛났다.

나는 그에게 교대 근무를 마치면 우리 집 앞의 눈을 치워줄 수 있겠냐고 묻는다. 그가 부드럽게 웃는다. 너그러운 의사의 웃음. 내 타입은 아니다.

내 태반은 자리를 잘못 잡았다. 태반이 지나치게 자궁 아래쪽에 부착해서 자궁의 입구인 자궁경부를 덮고 있다. 이 경우 자연분만이 매우 어렵고, 임신 기간에 출혈이 발생할 가능성이 높다. 전치태반은 역사적으로 임산부 사망의 주원인이었다. 제왕절개술을 여러 번 한 경우 발생 위험이 높다(이 경우 태반이 '어디에 부착해야 하지? 오호, 저기 흉터조직 좀 봐! 원래 부착해야 하는 곳보다 저기가 더 아늑해 보여!'라고 생각한다). 임산부의 나이가 많아도 발생 위험이 높아진다. 나처럼 처음 임신한 30대 초반 여성에게는 흔치 않다.

나는 이 시점에서 상황이 악화된 것이 별로 놀랍지 않다. 지난 수개월간 내 상태는 스크루볼 코미디가 따로 없었다. 임신성 당뇨병(이에 대해서도 나는 전혀 위험 요소를 가지고 있지 않았다) 진단을 시작으로, 자궁이 팽창하는 과정에서 과거에 중증 자궁내막증이 남긴 흉터조직이 찢어지는 일까지 있었다. 내가 겪은 파란만장은 여기서 끝이 아니다. 몇 달 후에는 연속극 스타 빰치게 섹시한 이웃이 내게 이렇게 말한다. "부인의 척추에 박혀있는 쇠막대들 때문에 척추마취에 애를 먹었는데 그건 시작에 불과했어요. 기본적으로 부인은 걸어 다니는 왕립의과대학 시험이었어요!" (고마워요, 연속극 스타 뺨치게 섹시한 선생님! 이제 보도를 따라 집에 가세요. 아니면 내가 자멸적 현실에 항복하고 당신에게 내 피 묻은 팬티를 맡기던 때가 생각날 것 같아요.)

임신성 당뇨는 나의 최애 임신 합병증이었다(이 시점에서 나는 순위를 매기기 시작했다). 적어도 당뇨는 내게 마초의 기분을 선사했다. 나는 하루에도 몇 번씩 내 손가락을 찔러야 했고, 그 섬뜩한 첫 느낌이 마음에 들었다. 내가 대체로 좋아했던 친절한 내분비 전문의는 이런 말로 나를 당황하게 했다. "환자분은 임신 기간 동안 날 미워할 거예요. 먹지 못하는 것이 너무 많으니까요. 하지만 일단 아기가 나오면 그때는 나를 *미치게* 사랑할걸요? 결과적으로 그동안 다이어트를 한 셈이라서 아무도 아기 낳은 엄마로 보지 않을 테니까요!" 나는 생각했다. 이들은 왜 모두가 깡말라 보이길 원한다고 생각할까? 내가 왜 애 낳은 티를 싫어하겠는가? 아기를 갖는 것은 내 평생의 목표였다. 출산하자마자 모든 증거를 지워버리고 싶을 이유가 없었다. 이 의사는 "마침 잘 됐다!"면서 나를 옆 건물에서 열리는 영양학 워크숍에 보내 임신성 당뇨를 다스리는 법을 배우게 했다. 내 혈당 수치가 워낙 높았기 때문에 앞으로 인슐린을 복용해야 할 가능성이 높았다. 하지만 의사는 당분간 희망을 갖자고 했다. 그는 내가 나를 엄격히 통제하고 영양사의 지침을 정확히 따르면 식단 관리만으로 당뇨를 관리할 수 있을 것으로 보았다.

이에 나는 워크숍장 문을 박차고 들어갔다. 스무 명 남짓의 임신한 여자들이 험상궂은 얼굴로 둘러앉아 있었다. 임신 중에 입에 당기는 것은 아무것도 먹을 수 없고, 컵케이크는 그림의 떡일 뿐이며, 하루 세 번씩 직접 채혈해야 한다는 사실을 방금 통보받은 사람들이었다. 나는 젊고 생기발랄한 영양사가 걱정됐다. 그는 굶주리고, 화나고, 잔뜩 임신한 여자들이 만든 원 한가운데에 앉아있었다. 배가 불렀지만 배가 고픈 한 떼의 늑대들에게 둘러싸인 어린 양 같았다. 공격적인 말투가 담기지 않은 질문이 단 한 개도 없었다. 한 여자가 계속 트위스터에 대해 물었다. **"그럼 트위스터는요?! 아침에 트위스터 하나도 못 먹어요? 왜요! 트위스터 하나도?!"** 워크숍에 참석한 여자들은 대부분 아시아인, 와스프, 흑인이었다. 이들은 트위스터가 뭔지 전혀 알지 못했다. 나는 트위스터가 뭔지 알았지만, 눈치껏 소동에서 멀찍이 빠져있었다. 한 동남아시아 여성이 모두가 궁금하던 것을 용감하게 물었다. "죄송한데, 트위스터가 뭐예요?" 여자가 악을 썼다. **"트위스터가 뭔지 몰라요? 헤이미시 베리커리! 알잖아요! 왜 이래요! 뭐야, 여기?!"** 딱 봐도 경력이 짧아 보이는 영양사는 이국적 먹거리가 논의되는 상황에 정중한 호기심을 표하며 트위스터가 뭔지 설명해 줄 사람을 찾았다. "베이글 같은 거예요." 결국은 내가, 어떤 소동에서도 오래 빠져있지 못하는 내가, 나직이 말했다. "아하! 베이글 말씀이군요!" 안심한 영양사가 환호했다. 그러자 아까의 여자가 외쳤다. **"트위스터! 베이글보다 훨씬 커요!"** "오, 알겠어요." 영양사가 말했다. "아침에 베이글 절반까지는 괜찮으니까 트위스터는 4분의 1 정도가 좋겠네요. 하지만 더는 안 돼요! 탄수화물은 더 영양가 있는 식품에서 섭취하는 것이 좋겠어요." 이건 영양사의 자살 행위나 다름없었다. 트위스터 레이디는 분노에 불탔다. "그 종이 줘봐요!" 그는 영양사의 손에 들린 종이를 낚아챘다. 먹을 수 있는 것과 없는 것, 각각의 적정 섭취량을 적은 안내서였다. 영양사는 빨개진 얼굴로 이 물리적 공격을 애써 무시한 후, 우리 모두 손가락을 찔러 채혈하는 방법을 연습해 보자고 했다. 여기저기서 신음 소리가 터졌다. 한 여자는 비명을 질렀다.

나는 웃음을 참을 수 없었다. 이때만 해도 내가 현실 파악을 못한 까닭이었다. 그곳의 여자들이 어떤 지옥을 겪고 있는지 나는 아직 몰랐다. 임신했을 때 먹고 싶은 것을 먹지 못하면 화가 난다. 저녁 식사 때가 되자 데이비드가 차라리 트위스터 레이디와 결혼했으면 좋았을 상황이 펼쳐졌다. 그가 함께 사는 여자에 비하면 트위스터 레이디는 이성적 사고의 화신이었다.

*

데이비드는 어째서 음식을 왕창 못 하는지 모르겠다. 나는 이 말을 많이 쓴다. *왕창*. 우리 엄마는 항상 거대한 솥이나 냄비에 음식을 한가득 했다. 군대를 먹일 만큼 한꺼번에 많이 만들었다. 이게 내가 요리하는 방식이다. 나는 언제라도 예정에 없던 손님을, 아마도 아홉 명 정도는 먹일 수 있어야 직성이 풀린다. 그러고도 음식이 남아야 한다. 집에서 요리한 음식이 항상 집에 남아돌아야 한다. 데이비드는 내가 그에게 하루에도 몇 번씩 짖어대는 이 왕창이란 말에 신물을 낸다. 그는 요리 솜씨가 좋다. 그리고 나는 집에서 절대 안정해야 하는 상태라서 그가 요리를 도맡아 한다. 그는 내 분노에 아무 책임이 없다. 하지만 나는 늘 배가 고프다. 늘 배가 고프니 늘 분노에 차 있고, 그가 내게 먹일 수 있는 어떤 것도 나를 만족시키지 못한다. 나는 왕창의 결여를 탓한다. 하지만 정말로 탓해야 할 사람은 우리 엄마다. 엄마가 죽은 탓이다. 나는 엄마에 굶주려 있고, 이 굶주림이 나를 화나게 하고, 내 안에서 흉터조직이 뜯어지며 나를 비명 지르게 하고, 나는 언제 피를 쏟을지 모른다. 나는 당뇨병 친화적이지 않은 무언가를 **왕창** 만들어서 더는 내 안 어디에도 굶주림이 남지 않을 때까지 먹고 싶다. 그래서 엄마가 죽지 않은 것처럼 느껴질 때까지, 엄마를 가져본 것이 고작 11년뿐인 내가 어떻게 엄마가 될 수 있을지 나 혼자 궁리하도록 버려지지 않은 것처럼 느껴질 때까지, 날이면 날마다 먹고 또 먹고 싶을 뿐이다.

*

처음 극심한 통증을 느꼈을 때 우리는 바로 병원에 갔다. 나는 임신 5개월이었고, 무언가가 끔찍하게 잘못되고 있거나 진통이 왔다고 확신했다. 이 시점에 나는 태반 위치에 문제가 있다는 것을 알고 있었다. 하지만 태반이 점점 올라가서 분만할 때는 괜찮아질 수도 있다고 들었다. 그날 밤 당직이었던 고위험군 의사가 나를 초음파검사실로 데려갔다. 의사는 방금 수술을 끝냈는지 수술복과 수술모를 착용하고 있었다. 나는 의사가 레지던트와 간호사와 나누는 대화를 들었고, 궁금증을 참지 못해 꼬치꼬치 캐물었다. 그 결과 그들이 방금 위급한 제왕절개수술을 마쳤으며, 수술 중에 쌍둥이 중 하나는 살았고 하나는 죽었다는 것을 알게 됐다. 의사는 내 초음파 화상을 보고, 내 통증이 자궁내막증 흉터조직의 파열 때문일 것으로 판단했다. 그는 이렇게 덧붙였다. "태반은 움직이지 않을 모양이네요. 100퍼센트 제왕절개입니다. 조산 가능성도 있어요. 댁에서 안정을 취하셔야 합니다. *조금이라*도 출혈이 보이면 바로 내원하세요. 당장 분만에 들어가야 할 수 있으니까요."

데이비드가 물었다. "출혈이 있으면 즉시 차에 태워서 오면 될까요?"

"아뇨, 아뇨." 의사가 말했다. "구급차 부르세요. 차가 피바다가 될 텐데 운전하기 힘들 거예요."

우리는 집에 돌아와 뜬눈으로 밤을 새웠다. 겁이 나서 잠이 오지 않았다. 나는 병원이 아닌 어디에도 있고 싶지 않았다.

며칠 후 담당 산부인과 의사에게 진료를 받을 때 나는 그날 밤 고위험군 의사에게 들은 말을 전했다. 남편이 운전하기 어려울 정도로 심한 출혈이 있을 거래요. 이 말을 들은 번스타인 박사는 한동안 말없이 생각에 잠겼다. 박사는 손을 씻었다. 그리고 조용히 말했다. "그 양반이 직전에 무엇을 하다 왔는지 궁금하군요." 나는 그가 직전에 위급한 제왕절개수술을 했고, 수술 중에 쌍둥이 중 하나가 죽었다고 말했다. "저런" 박사가 말했다.

"때가 너무 나빴네요."

번스타인 박사는 1975년부터 마운트시나이 병원에서 아기를 받았다. 그는 토론토에서 전설적인 존재다. 나도 그의 분만실에서 태어났다는 여자들을 여러 명 만났다. 그들의 엄마들과 아이들도 박사가 받았다. 박사는 웃기고, 따뜻하고, 현명하고, 별나고, 언제 봐도 더없이 느긋해 보인다. 그리고 웬만하면 임신과 분만보다는 영화와 책에 대해 말하는 것을 좋아한다. 또한 박사는 골반 내진과 자궁경부암 검사를 할 때 환자의 불편함을 최소화할 줄 안다. 나는 산부인과 검진이 무섭다. 특히 자궁내막증이 산부인과 검진을 지옥의 경험으로 만들었다. 나는 평생 고통에 민감했다. 내 반응은 의사들을 놀라게 하고, 때로는 짜증나게 한다. 내가 검사를 받으며 움찔거릴 때, 금속 기구를 피해 자동 반사처럼 몸을 뒤틀 때 박사는 많은 의사들이 하는 실수를 하지 않는다. 박사는 다른 의사들처럼 짜증 난 말투로 "긴장 푸세요"라고 하지 않는다. 그런 명령은 긴장 완화에 전혀 도움이 되지 않는다. 박사는 내 반응에 전혀 개의치 않는다. 내가 지나치게 예민해서 죄송하다고 하자 박사가 내게 한 팔을 내민다. 나는 그 팔을 잡고 일어나 앉는다. 박사가 말한다. "나였으면 백배는 더 예민했을 거예요. 이건 불쾌한 경험 맞아요. 괴로운 일에 당연한 반응을 하면서 절대 사과하지 마세요. 의사들에게 인간처럼 행동하도록 가르치는 것만 더 어려워져요."

번스타인 박사의 마법은 여기에 그치지 않는다. 박사는 내 눈을 마주하고 내가 털어놓는 고통과 불안을 자기 붕괴 없이 처리할 수 있다. 이것이 지금의 내게 절실히 필요한 능력이다. 집에서 내가 고통에 울부짖을 때 데이비드는 아기 요람을 짓거나 수플레 만드는 데 몰두한다. 그는 달리기 팀에 들어갔고, 강의를 두 개 시작했다. 활동 중인 위원회도 여럿인 것 같다. 내가 그에게 원하는 것은 그저 함께 앉아있는 것이지만, 그는 늘 하던 대로 긍정적이고 생산적이고자 한다. 그는 가만히 있지를 못한다. 정적은 내 고통을 마주하게 한다. 그는 내 고통을 자기 심장에 떨어지는 대형 해머처럼 느끼기 때문에 한사코 정적을 피한다. 정적을 최대한 많은 활동으로 채우려 든다. 나는 그의 회피가 나에 대한 참을 수 없는 사랑과 내 고통에 대한 과잉 동일시 때문이라는 것을 잘 안다. 그런데도 어째서 그의 부단한 활동이 나를 이렇게 무섭고 외롭고 분하게 만드는 걸까? 줄기차게 움직이려는 그의 욕구가 겁에 질린 사랑에서 비롯된 것임을 아는데도 어째서 내 절망감이 줄어들지 않는 걸까?

*

엄마는 항상 이리저리 뛰어다녔다. 레인지에서 전화기로, 직장으로, 세탁소로, 내 형제자매 중 한 명과 싸우러, 파티로, 진공청소기로. 엄마는 항상 너무나 바빴다. 그러다가 엄마가 죽었다.

*

나는 번스타인 박사를 사랑한다. 그의 환자였던 여자들 모두 마찬가지다. 그는 내가 가져보지 못한 아버지이고, 나와 내 아기를 지키는 수호천사다. 그는 노심초사하게 하는 임신 바깥에도 세상이 있다는 것을 상기시키며 끝없이 평온한 빛을 뿌린다. 진료 받으러 가서 내가 박사에게 기차가 탈선할 것만 같은 불안감을 호소하면 그는 이렇게 말한다. "뛰어내려야 한다면 뛰어내려야죠. 하지만 지금은 아니에요." 그가 뛰어내리는 것이 상상되지 않는다. 실제로 뛰어내릴 때까지는.

나는 하혈하며 구급차를 불렀고, 모르핀을 잔뜩 맞은 상태로 새벽 5시에 분만실에서 깨어난다. 번스타인의 박사의 얼굴이 내 위에 있다. 박사가 눈을 부릅뜨고 말한다. "어디 갈 생각 말아요." 박사가 말한다. "미안하지만 집에는 다 갔어요."

그를 보자 너무 마음이 놓여서 눈물이 터진다. 심지어 한순간이나마 터무니없는 희망을 품는다. 아기가 지금 당장, 7주 빨리 나와 준다면 박사가 내 출산에 함께할 수 있어. 내 제왕절개술이 예약된 날에 박사는 병원 밖에서 다른 일정이 있다. 나는 편치 않은 마음으로 박사를 대신할 외과의와 예약을 잡았다. 나는 이런 약속을 받았다. "이 전치태반이면 수혈 팩이 여럿 필요하겠어요. 내기해도 좋아요." 그리고 이런 권유를 받았다. "곧바로 전신마취로 가는 게 좋겠어요. 예전에 받으신 척추유합술 때문에 척추마취(하반신 마취)가 어려울 수 있거든요." 외과의는 이 모든 말을 나와 눈도 마주치지 않고 했다(나중에 번스타인 박사에게 처음부터 전신마취를 하는 것이 좋을지 묻자 박사는 이렇게 답했다. “아니죠. 아기가 나올 때 의식이 있어야죠. 그 순간을 놓치면 되나요. 가능하면 깨어있어요”). 결국에는 번스타인 박사가 내 아기를 받아주러 올지도 모른다. 밤새 다양한 의사들이 오갔다. 그들은 내 자궁 수축을 멈추기 위해 모르핀을 계속 놓아야 할지, 자궁 수축이 멈추지 않는데 그게 효과가 있을지를 두고 의견이 갈렸다. 마지막으로 들어온 남자가 모르핀을 더 투여하려고 했지만, 내가 막았다. 나는 그에게 효과에 대한 논쟁이 있었다고 말했다. 남자는 그의 레지던트에게 여자들이 이런 식일 때는 어떻게 “상대해야 하는지” 다 들리는 귓속말로 설명했다. 그의 수술복 사이로 가슴 털과 체인 목걸이가 보였다. 나중에 알았는데 그는 부업으로 출산 후 질 성형수술을 하는 의사였다(그는 정말 끝내줬다. 그가 가는 것이 아쉬웠다).

번스타인 박사가 모르핀 투여를 중단시킨다. 자궁 수축이 이어진다. 너무 아파서 말도 나오지 않는다. 하지만 아직은 그저 예선일 뿐이다. 이 중 무엇도 분만으로 이어질 것 같지 않다. 나는 병동의 고위험군 층으로 옮겨진다. 누군가 나를 집에 보낼지 모른다는 두려움이 닥친다. 하지만 아무도 그러지 않는다. 번스타인 박사의 표정이 눈에 띄게 심각하다. 농담도 하지 않고, 영화 이야기는 일언반구 없다. 박사가 뛰어내리는 모습이다. 마음에 든다.

*

나는 열여섯 살 때부터 아기를 간절히 원했다. 갓 태어난 조카 다이앤을 품에 안았을 때였다. 아기의 숱 많은 검은 머리가 내 팔에 쏟아지고, 아기의 눈이 내 눈을 똑바로 올려다보았다. 그런 초롱초롱함은 그때껏 어느 인간에게서도 본 적이 없었다. 아기는 모든 것을 보았다. 아기는 나를 꿰뚫어 보았다. 아기의 눈은 병실의 천장을 뚫고, 병원 옥상을 통과해 별들에 닿았다. 아기의 인생에서 첫 며칠 동안에는 아기가 울 때마다 나도 함께 울었다. 내 심장이 꽁꽁 묶였다. 얽힌 실타래가 나를 아기에게 사리사리 묶었다.

일주일도 되지 않아 내게 인생의 목표가 생겼다. 아기를 갖는 것이었다. 나는 아기를 갖는 것 외에는 커리어에도, 의미 있는 일에도, 다른 어떤 것에도 관심 없었다. 나에게 그사이 세월 동안 일어나는 다른 모든 일은 그저 우연 아니면 행운 아니면 곁눈질이었다. 나도 출산에 대한 이런 맹목적인 목표가 심히 반(反)여성적이며, 심지어 건강에도 해로울 수 있다는 것을 깊이 인식하고 있었다. 하지만 이런 인식도 내 치열한 열망을 가라앉히지 못했다.

다이앤이 태어난 직후부터 나도 출산하는 꿈을 꾸기 시작했다. 하지만 꿈속에서 아기는 태내에서 반쯤 생기다 말았고, 너무 일찍 비정상으로 태어났다. 때로는 반쪽 고양이나 반쪽 강아지였고, 때로는 너무 작아서 아직 내 몸 밖으로 나와서는 안 될 것이 나온 것 같았다. 그런 아기를 내가 수년 전 지하실에 두고 잊어버렸고, 아기가 여전히 거기에 굶주린 채 방치되어 있는 꿈이 많았다.

나는 이 반복적인 꿈이 열한 살 때 엄마가 돌아가신 후 내가 강아지 무키를 방치한 일에서 비롯됐다고 생각한다. 하지만 내 존재 자체에 어떤 본질적 결함이 있다는 의식에서 비롯된 것이기도 했다. 다른 인간을 건강하게 출산하는 것을 불가능하게 만드는 결함. 나는 내게 뭐가 됐든 좋은 것을 만들어낼 역량이 있다고 믿지 않았다. 그럼에도 나는 아기를 원했다.

내가 데이비드와 만나기 시작한 것은 첫 남편과 막 헤어졌을 때였다. 두 번째 데이트에서 데이비드에게 말했다. “나는 누구와의 연애에도 관심 없어요. 하지만 당장 아이를 갖고 싶어요.”

그는 생각에 잠겨 먼 곳을 보다가 선뜻 대답했다. “좋아요.”

나는 웃었다. 그는 진심이었다.

저녁 식사 후, 그는 나와 길 한가운데 마주 섰고, 내 손을 잡고 빙판길을 내려갔다. 나는 집까지 가는 내내 두 발로 빠르게 미끄러졌고, 그는 흔들림 없이 뒤로 미끄럼을 탔다. 3주도 되지 않아서 우리는 미친 듯 사랑에 빠져 아기 만들기에 전념했다.

1년 후 나는 임신했다. 임신 테스트에서 양성이 나온 첫날 밤, 나는 꿈을 꾸었다. 다이앤처럼 아름다운 검정 머리가 짙고 길게 자란 작은 아기였다. 꿈속에서 아기가 눈을 동그랗게 뜨고 나를 똑바로 보았다. 그러더니 까무룩 잠이 들었다. 나는 그 아이를 이미 사랑했다.

이틀 후 아기는 가버렸다.

나는 북부의 코티지로 갔고, 호수 저편의 한 섬을 바라보았다. 깎아 세운 듯한 절벽 앞을 갈매기가 이리저리 부유하듯 날았다. 나무들이 바위 모서리에서 위태롭게 자랐다. 뿌리를 노출한 채 지반에 달라붙어 있었다. 나는 매년 그 섬에서 살고 죽는 것들을 생각했다. 그 섬 하나에서만 사라지는 것들이 얼마나 될까. 생명의 소실은 딱히 비극으로 대우받지 않았다. 그저 자연스러운 흐름일 뿐이었다.

나는 이후 4년 동안 다시 임신하지 못했다.

그 4년 동안 나는 내게 가장 간절한 것이 정작 내 삶에는 없을 가능성을 생각하며 많은 밤을 뜬눈으로 새웠다. 나는 그때까지 내게 주어진 꼴사납게 과도했던 행운을 원망했다. 너무나 많은 것이 거저 주어졌다. 그런데 정작 내가 미치게 원하는 그것은 어째서 주어지지 않는 걸까?

*

엄마는 다섯 명의 아이를 낳았다. 엄마는 아이를 가지려 '애쓴' 적이 없었다. 사실 엄마는 나를 임신한 것을 알았을 때 임신중지를 고려했다. 나는 사고였다. 불륜 중에 임신한 아이였다. 엄마는 지나치게 생식력이 강했다.

*

나는 서른한 살 때 시골로 묵언 명상 수련회에 갔다. 지도에 따라 정좌 명상과 걷기 명상을 하는 사흘 동안 우리는 한 마디도 하지 않았다. 수련회 마지막 시간에 명상 선생님이 우리에게 각자 파트너를 선택해서 묵언 수행으로 발견한 것을 한 가지씩 말하라고 했다. 의식적으로 생각하기도 전에 내 입에서 말이 흘러나왔다. 나는 내 파트너를 향해 말했다. "내 몸에 문제가 있어요. 그게 뭔지 알아내야겠어요."

*

엄마는 자기 몸에 문제가 생겼다는 것을 알고 있었다. 엄마는 의사에게 걱정스러운 증상들을 빠짐없이 이야기했다. 몇 번이나 병원에 갔지만 의사는 한 번도 엄마의 말을 귀담아 듣지 않았다. 의사는 엄마가 건강염려증이라고 생각했다. 엄마는 4년 뒤 53세의 나이로 사망했다. 엄마는 대장암이었다. 조기에 발견하면 충분히 치료할 수 있는 병이었다.

*

나는 명상 수련회에서 집으로 돌아오는 차 안에서 난임 전문의와 진료 예약을 잡았다. 그리고 두 달 후 마운트시나이 난임 클리닉에 있는 킴벌리 리우 박사의 진료실에 앉아 박사에게 내 사연을 말했다. 나는 10대 초반부터 줄곧 심한 생리통에 시달렸다. 나는 내가 유난히 약하고 지나치게 민감한 사람이라고 생각했다. 때로는 며칠 동안 침대에 태아 자세로 웅크리고 있어야 했고, 그때마다 그저 내가 허약한 탓이라고 생각했다. 통증이 너무 심해서 토하기 일쑤였다. 그 고통은 더는 생리 기간에 국한되지 않았고, 수년 동안 내 삶의 정기적인 일부가 되었다. 내 소화기관에도 영향을 미쳤다. 20대 초반에 나는 내가 고통을 많이 표출하는 역들만 주로 맡고 있다는 것을 깨달았다. 언제 어느 날 내가 고통과의 싸움에 빠질지 알 수 없었다. 고통은 내가 언제라도 표현할 수 있는 것이었다. 초음파검사를 받은 적이 있었다. 하지만 그때 난소에서 발견된 낭종은 흔한 양성종양인 '초콜릿 낭종'이었고, 그 이상의 불길한 징후는 없었다. 나는 리우 박사에게 내가 겪는 증상들을 자세히 설명했다. 내가 말을 마치자마자 박사는 중증 자궁내막증이 거의 확실시된다고 말했다. 그리고 최대한 빨리 복강경 검사를 하자고 했다.

시술 전에 마취과 의사인 메리 엘런 쿡 박사가 내게 왔다. 박사는 넉살 좋고, 자기비하 유머에 능했다. 박사는 말하면서 내 어깨를 토닥였다. 나는 곧바로 마음이 가라앉았다. 그는 자신이 읽는 소설 이야기를 하면서 내게 최근에 읽은 것 중에 추천할 만한 것이 있는지 물었다. 나는 수술 준비로 분주한 수술실에 누워 있는 것이 아니라 친구와 점심을 먹고 있는 기분이 들었다. 그가 나를 재울 약물을 투여하며 말했다. "대개는 마취과 의사들이 환자에게 10부터 거꾸로 세라고 말하죠. 나는 사람들에게 상상할 수 있는 최고의 장소를 떠올리라고 말해요. 왜냐하면, 내 감에 따르면, 끝내주는 기분으로 잠이 들면 같은 기분으로 깨어나거든요." 실제로 마취에서 깰 때 내가 의식을 놓으며 상상했던 고요한 지중해 해변에 누워있는 느낌을 받았다.

리우 박사는 내가 자궁내막증 4기였다고 말했다. 난소와 나팔관에 큰 낭종들이 있었고, 다른 장기들에도 퍼져 있었다. 자궁내막 조직이 증식하면서 자궁과 장이 심하게 유착되어 있었다. "심각한 상태였어요. 손상을 잡기는 했지만 다 잡지는 못했어요."

내가 말했다. "나는 내가 약골인 줄로만 알았어요."

3개월 후 나는 임신했다. 구토가 올라왔고 젖가슴이 아팠고 늘 피곤했다. 이는 건강한 임신의 좋은 징후였고, 나는 이 징후들을 만끽했다. 임신 4개월쯤 이런 증상들이 사라지자 나는 행복한 임산부 중에서도 가장 행복한 임산부가 되었다. 몸이 불어나고 엉덩이가 벌어지고 배가 부풀어 올랐다. 내게 언제나 빠져 있던 것이 마침내 채워진 느낌이었다. 그동안 몸속에 아기가 없었기에 생의 대부분을 잃어버린 일부를 찾아 헤매며 휑하게 뚫린 채로 살아온 느낌이었다. 나는 마침내 온전해졌다.

나는 모유 수유와 유아기 발달에 관한 워크숍과 세미나를 보이는 족족 다 들었다. 구할 수 있는 육아책도 다 읽었다. 나는 시어스 박사가 주창한 극단적 '애착 양육' 이론에 깊이 빠졌고, 아기를 5분 이상 내려놓거나 아이가 네 살이 될 때까지 모유를 먹이지 않는 엄마를 태만한 엄마로 간주했다. 내가 여덟 자녀를 둔 복음주의 기독교인♦의 충고에 빠져있다는 것을 깨닫기까지는 몇 년이나 걸렸다. 엄마 없이 자란 엄마만큼 과하게 열정적인 육아법에 쉽게 혹하는 사람도 없다.

나는 임신 15주쯤에 임신성 당뇨병 진단을 받았다. 20주 차 초음파검사에서는 전치태반 진단이 나왔다. 그리고 몇 주 후 자궁내막증으로 인한 흉터조직이 파열하면서 통증이 시작되었다. 나는 다시 예전의 악몽들로 던져졌다. 무언가 반쯤 형성된 것을 낳는 꿈. 내 몸과 나는 무언가를 완전하게 만들 자격도 역량도 없기 때문에.

*

고위험군 병동에 들어온 첫날 밤, 간호사가 내 병실에 들어온다. 말이 많고 목소리가 고음인 불가리아 출신 여성이다. 그가 널따란 고무 매트를 내 밑에 깐다. 내가 의아한 눈으로 보자 그는 어깨를 으쓱하며 말한다. "전치태반에는 늘 하는 거예요. 전치태반은 꼭 한밤중에 일이 터지거든요! 비상벨이 울려서 병실에 들어가 보면 환자는 멍하니 앉아있고, 침대는 피에 *흠뻑* 젖어있는 거죠! 바닥에는 피가 뚝뚝 떨어지고요! 안녕히 주무세

♦ 미국 복음주의 기독교는 낙태 문제에 대해서 가톨릭계와 더불어 태아의 생명권을 강조하는 프로라이프(pro-life) 입장을 고수하며, 바이든 대통령의 여성의 선택권을 옹호하는 프로초이스(pro-choice) 정책에도 앞장서서 반대했다.

요!" 간호사는 문가에게 내게 명랑한 미소를 날린다. 나는 몸을 돌려 데이비드를 본다. 그는 바닥에 캠핑 매트를 깐다. 내 눈이 공포로 커진다. 그가 내게 '힘내'라며 웃는다. 하지만 방금 우리가 들은 동유럽 고딕 호러 버전의 잠자리 동화를 되돌릴 만한 어떤 말도 나오지 않는다.

이날 한 레지던트는 내게 만약 하혈이 시작되면 간호사 호출 버튼을 누르지 말고 벽에서 플러그를 뜯어내라고 말했다. 이유를 묻자 레지던트는 그래야 비상벨이 울려서 데스크의 전원이 내 병실로 달려올 것이고, 그래야 최대한 빨리 나를 수술실로 싣고 가서 아기를 받아낼 수 있다고 했다.

그날 밤 3시경, 비상벨 소리가 난다. 많은 발이 우르르 달려가는 소리가 나고, 병상이 바퀴를 덜걱대며 급히 복도를 통과하는 소리가 난다. "전치태반." 내가 데이비드에게 속삭인다. 그는 이 소음에도 깨지 않는다.

나는 7시에 깬다. 번스타인 박사가 조깅 복장으로 서있다. 나는 비몽사몽간에 의사 가운을 입지 않은 박사를 보고 혼란에 빠진다. 나는 그의 말을 알아들으려 용을 쓴다. 박사는 열정을 주체 못 하는 사람 같다. "어젯밤은 토요일 밤이었고, 토요일 밤은 영화관이죠! 〈라자르 선생님〉(Monsieur Lazhar) 봤어요?" 나는 퀘벡 영화에 대해 겨우 몇 마디 형식적인 말을 한다. 박사의 시선이 내 병원 식판 위에 있는 불교 승려 페마 초드론의 책《하늘이 무너질 때》(*When Things Fall Apart*)로 향한다. "아니야!" 그가 책을 탁 친다. "이런 거 읽지 말아요. 하늘은 안 무너져요! 믿음을 좀 가져요!" 그는 이번에는 아직도 바닥에서 자고 있는 데이비드를 본다. "이 남자는 어디서 찾았어요?" 박사가 말한다. "왜 아직 자고 있어요? 이봐요, 데이비드! 일어나요!" 데이비드가 일어난다. 10분간 영화와 책 이야기를 하다가 나는 깨닫는다. 번스타인 박사가 거기 있는 것은 자신이 거기 있다는 것을 내게 알려주기 위해서다. 그는 이미 병동의 간호사들과 의사들에게 내 의학적 상태를 모두 보고받았다. 맹세컨대 그가 병실에 들어오자마자 내 심박동수가 정상으로 떨어진다. 또 맹세컨대 박사도 그것을 안다. 나는 그에게 이 불교 책은 보기만큼 우울하지 않다고 멋쩍게 말한다. 박사가 눈알을 굴린다. "제목이 잘못했네, 그럼."

*

엄마가 죽기 몇 주 전, 신비주의를 믿는 엄마 친구 중 한 분이 승려를 집에 데려온다. 그는 발소리도 없이 천천히 복도를 걸어와 서재 의자에 앉는다. 그는 승복을 입고 의자에 앉아서 미소 짓는다. 마치 교외의 무신론자 집에 와서 리클라이너 소파에 앉아있는 것이 그에게는 세상에서 가장 자연스러운 일이라는 듯이. 나는 (속으로는 다분히 회의적이지만) 그를 모든 신비한 것들을 담는 그릇이라고 생각한다. 그래서 내게 엄마를 낫게 해줄 특별한 수정이 있다고 말한다. 내가 말하는 것은 내게 있는 작은 공작석이다. 내가 듣기로 공작석은 부정적 에너지를 흡수한다. 스님은 그것을 가져와서 보여달라고 청한다. 나는 공작석을 찾아 온 집 안을 뒤진다. 땀을 뻘뻘 흘리며 허둥지둥 찾지만 공작석을 찾을 수가 없다. 대신 자수정 목걸이를 발견한다. 자수정은 사람들을 진정시키는 효과만 있다는 것을 알면서도, 나는 이것이 엄마를 치유할 수정인 척하기로 작정한다(회의론과는 별개로 나는 TV 드라마 세트장의 신비주의 사람들에게서 수정에 대해 많은 것을 배웠다). 내가 자수정을 들고 돌아왔을 때, 이제는 닫혀있는 문 너머에서 나직하고 심각한 목소리들이 들린다. 나는 그제야 깨닫는다. 스님은 능숙하게 아이(나)를 따돌렸고, 이제 자신이 도우러 온 병든 여인과 방해 없이 허심탄회한 대화를 나누고 있다. 내가 슬그머니 문을 열자 엄마는 눈물을 훔치고, 스님은 나를 고대하던 주빈인 양 맞는다. 그는 자수정 목걸이를 보고 미소 짓는다. 자신이 목걸이를 만져도 되는지 묻고, 목걸이를 주의 깊게 살핀다. 나는 그것이 친절한 행동일 뿐이며, 사실 불교 승려들은 내 생각만큼 수정에 대해 알지 못한다는 것을 알아차린다. 민망함이 밀려온다. 그가 목걸이를 돌려주고, 나는 목걸이를 엄마의 목에 걸어준다. 엄마에 대한 애정의 표시지만, 지금 당장은 그것이 잘 느껴지지 않는다. 엄마에게 화가 났기 때문이다. 자신의 병을 실제보다 더 심한 것인 척하다니, 엄마가 밉다. 2주 후 엄마는 이 자수정을 목에 걸고 세상을 떠난다. 나는 엄마에게 적절한 수정을 찾아주지 못한 일로 두고두고 죄책감을 느끼게 된다.

*

나는 고위험군 병동에 안전하게 있다. 간호사들은 더할 수 없이 친절하고, 재미있고, 자상하다. 나는 하루에 세 번 임신성 당뇨 환자용 식사를 제공받는다. 친구들이 내게 그 역겨운 병원 음식을 어떻게 견디고 있는지 묻는다. 하지만 내 입에는 병원 음식이 싫어하는 척하기도 힘들 만큼 잘 맞는다. 무엇보다 이 점 때문에 친구들이 내 정신건강을 걱정한다. 하지만 나는 먹어도 탈 없는 음식을 가만히 앉아서 제때 딱딱 받아먹는 것이 너무 행복하다.

데이비드가 나를 휠체어에 태우고 복도를 내려가 병동 여성들의 지지 집단 모임에 데려다준다. 모임의 한 중국인 여성이 말한다. 그의 남동생이 오로지 누나에게 음식을 해주기 위해 캐나다로 날아왔고, 덕분에 그는 끔찍한 병원 음식을 먹지 않아도 된다(나는 급식이 내 입맛에 딱이라는 것을 함구한다). 다른 여성은 편법으로 병원 주방에 특별 주문을 넣는 방법을 알아냈다고 말한다. 모임 진행자가 병원이 그런 개별 요청을 수용하기에는 환자가 너무 많으며, 따라서 그런 요청은 허용되지 않는다고 부드럽게 타이른다. 하지만 여성은 정보 공유의 의지를 꺾지 않는다. 그는 투옥되기 위해 방에서 끌려 나가는 사람처럼 다시 제지당하기 직전에 결정적 정보를 내지른다. **"내선 225번! 그냥 전화해요! 치즈라도 몇 장 더 얻어먹고 싶으면!"** 진행자가 깊게 숨을 고른다. 그리고 우리에게 다들 어떻게 지내는지 묻는다.

같은 병실에서 몇 주를 보낸 두 여성이 있다. 자메이카 여성과 동남아시아 여성인데, 둘 다 만삭이고, 서로의 머리를 손질해준다.

바깥세상에 두고 온 우리의 삶은 더 이상 다를 수 없을 정도로 다르다. 이곳에는 각양각색의 인생들이 모여있다. 난민으로 온 여성들도 있고, 투자은행에서 일하는 여성도 있고, 특수교육 보조원, 슈퍼마켓 점원, 변호사도 있다. 전업 주부들도 있다. 사는 곳도 다르다. 작은 타운에 살기도 하고, 도시 중심부에 살기도 하고, 교외에 살기도 한다. 어떤 여성들은 자녀나 배우자가 있지만 어떤 여성들은 그렇지 않다. 일부는 부유하고, 일부는 매우 가난하다. 이곳은 모든 사회경제적 계층을 대변하고, 이 모임 하나에만 일곱 가지의 문화적 배경이 존재한다. 하지만 공통점이 있다. 우리 모두 아기의 생명을 걱정한다. 우리 모두가 자신의 목숨을 걱정한다. 우리의 말씨와 생김새를 듣거나 보지 않고, 우리가 이 방에서 현재의 처지와 두려움에 대해 나누는 말만 들으면, 우리는 더 이상 비슷할 수 없을 만큼 비슷하다.

나는 여성들에게 그들도 나처럼 출산 전에 퇴원 명령을 받을까 봐 두려운지 묻는다. 모두가 고개를 끄덕인다. 히잡을 쓴 여성이 있다. 그의 영어는 짧지만, 그의 미소는 모두를 덮을 만큼 환해서 불평하는 우리를 부끄럽게 만든다. 그는 집에 가는 것이 무섭지만 동시에 간절히 돌아가고 싶다고 말한다. 그에게는 이미 세 아이가 있다. 막내는 아직 수유 중이다. 아니, 수유 중이었다. 그는 방광으로 옮겨 붙은 태반 때문에 입원했고, 출산 시 여러 팀이 투입되는 복잡한 수술이 필요하다. 그의 남편은 이때까지 한 번도 아기 때문에 밤에 일어난 적도, 손위 아이들을 돌본 적도 없다. 모임의 사회복지사가 말을 보탠다. "이분의 집은 멀리 교외에 있고 남편도 근무시간이 길어요. 그래서 고작 일주일에 한 번 아이들을 데리고 면회 오죠. 그렇죠?" 여성은 미소 지으며 끄덕인다. 그리고 사회복지사의 어깨에 머리를 기댄다. 사회복지사가 그를 꾹 안아준다. 두 사람은 이미 친한 사이가 되었다. 여성이 말한다. "맞아요. 저는 가족을 자주 못 봐요. 다들 어떻게 지내는지 모르겠어요, 정말." 그의 입은 계속 미소 짓는데 눈에서는 눈물이 뚝 떨어진다. 이 눈물에 그 자신도 놀란다. 그는 스물한 살이다.

나는 내게 일어나는 일에 대한 공포를 상대적인 맥락에서 이해하려 노력한다.

*

며칠 후에는 복도를 내려가 모유 수유 워크숍에 간다. 나는 모유 수유에 집착한다. 임신 초기에 유명한 소아과 의사이자 모유 수유 구루가 하는 워크숍에 간 적이 있다. 꽃무늬 목도리를 두른 이 구루는 아이가 걸어 다닐 때까지 젖을 물리지 않는 여자들을 공개적으로 망신 주었고, 참석자들을 향해 분유의 해악을 융단폭격하듯 욕했다. 그는 70세가량의 남자였고, 똑같은 연설을 수십 년 해왔다. 강의 중 어느 순간 그가 혼잣말처럼 내뱉었다. "젖병은 살인이야, 살인. 두고 봐요. 머지않아 우리 모두가 태어나 죽을 때까지 분유만 먹게 될 테니." 그는 '진실 넘버원: 출산의 모든 것'이라는 제목이 붙은 슬라이드로 워크숍을 시작했다. 그는 "이상적인 분만"을 촉구했다. 그의 연구에 따르면 이상적인 분만은 어둑한 방에서 산모 혼자 아이를 낳는 것이다. 방에는 다른 여성 한 명만 있는데, 이 여성은 산모 *뒤에* 말없이 앉아 뜨개질만 한다. 분만 후에도 산모가 직접 뒤처리를 한다. "분만 후 엄마와 아기의 유대를 방해하는 것은 그게 뭐든 엄마가 아기를 거부하는 원인이 될 수 있어요." (구루의 뒤에 있는 스크린에는 어미의 젖 물기를 거부하는 아기 고릴라의 사진이 떠있었다.) 구루는 자신이 인간에 대해 말하는 건지, 등 뒤의 고릴라 이야기를 하는 건지 분명히 밝히지 않았다. 감히 묻는 사람도 없었다. 한 여성이 무통분만이 모유 수유에 나쁜지 묻자 그는 이렇게 답했다. "물론 나쁘죠. 고통을 처리하는 더 바람직한 방법들이 있어요. 어둑한 방에서 혼자 자연주의 출산을 하면 여성의 생각하는 자아가 사라져서 여성이 놀라운 방식으로 고통을 이겨내게 됩니다. 하지만 불행히도 캐나다 어디에서도 자연주의 출산을 하지 않아요."

내가 손을 들고 말했다. "저기…… 저는 전신마취로 제왕절개수술을 받아야 할지도 몰라요. 분명히 모유 수유에는 이상적이지 않은—"

"맞아요." 그가 내 말을 끊었다. "잘 알고 있네요. 이상적인 것과는 거리가 멀어요. 전혀 이상적이지 않아요." 그는 그 문제를 더 논하고 싶다면 자기에게 이메일을 보내라고 했다.

나는 방 안의 공포를 감지했다. 워크숍의 여자들은 자기도 행여 제왕절개수술을 받고 고릴라처럼 자식을 거부하게 될까 봐 떨고 있었다(나는 전에도 임신한 여자들에게서 이런 종류의 공포를 목격한 적이 있었다. 태교 요가 수업에서 자연주의 출산에 대한 유난스러운 애착을 입에 거품을 물고 이야기하는 여자들을 봤다. 그들이 정교한 출산 계획을 늘어놓고, 상황이 계획대로 흘러가지 않으면 난리가 날 듯 안달복달할 때면, 그들에게는 아기보다 출산이 더 중요해 보였다).

내 임신성 당뇨가 모유 수유에 영향을 미칠지 물었을 때 구루는 짜증을 냈다. "맙소사, 이번에도 당신이에요? 음, 그건…… 그럴 수도…… 나에게 이메일 보내요. 그럼 차트 몇 개를 보내줄게요."

나는 제왕절개와 당뇨로 무장한 엽기적인 여자의 질문이 이메일로 분리수거되고 있다는 것을 깨달았다. 어둑한 뜨개질 자연분만이 아닌 생각은 어느 누구의 머리통에도 들어가선 안 되니까.

모유 수유 구루는 계속해서 질문을 받았고, 출산 후 1년 이내에 직장에 복귀했거나, 기존 자녀에게 충분히 오래 젖을 물리지 않은 여자들을 질타했다. 그는 이런 말들을 했다. "아기 아빠에게 수유를 일부 맡기려는 사람들이 많아요. 젖병을 쓰는 거죠. 자기는 자기 몸을 되찾겠는 둥, 자유를 원한다는 둥 하면서요. 그런데 이거 알아요? *여러분은 아기를 낳아요.* 그럼 더 이상의 자유는 없는 겁니다. 아예 없어요. 솔직히 젖병을 물리는 것도 아빠의 역할은 아니에요."

나는 멍청이가 아니다. 이 남자가 여러 측면에서 미치광이고 모욕적이란 것을 안다. 하지만 그는 모유 수유의 유명한 전문가이고, 엄마 없이 자란 나로서는 내가 가까이서 충분히 오래 관찰

할 기회가 없었던 역할을 수행해야 하는 데 대한 걱정이 태산이고, 따라서 내 실패를 암시하는 말 하나하나에 철저히 취약하다.

*

엄마는 자식 모두에게 모유 수유를 하지는 않았다. 엄마는 모유 수유를 힘들고 고통스럽게 여겼다. 하지만 나는 엄마 젖을 먹었다. 언니 오빠들이 내게 말해주었다. 내가 생후 5개월 때 찍은 사진에서 엄마는 나를 녹색 코듀로이 강보에 싸서 몸에 바싹 붙여 안고 있다. 엄마가 나를 어떻게 키웠는지 알 수 있는 단서는 이런 사진 몇 장뿐이다. 나는 엄마에게 달라붙어 있었다. 나는 엄마 젖을 먹었다.

*

내가 고위험군 병동에서 지금 다니는 모유 수유 세미나는 그때의 워크숍과 완전히 다르다. 여기서 우리는 조산 후 아기와 떨어져 지낼 경우에 필요한 유축기 사용법을 배운다. 참석자 중에는 이미 출산을 했고, 아기가 신생아집중치료실(NICU)에 입원해 있는 여성들도 많다. 그들은 운다. 그들은 우는 것에 대해 사과하고, 울어도 괜찮다는 답을 듣는다. 그들은 아기의 뇌출혈에 대해 말한다. 사회복지사와 수유 지도사는 모유 수유의 기술적 설명을 끝낸 뒤 자연스럽게 고충 상담으로 넘어간다. 그들은 장기 입원과 끔찍한 진통을 겪은 후 이제는 작고 약한 조산아를 병원에 맡겨놓은 여성들의 이야기를 마음을 다해 경청한다. 그중 일부는 자기 아기가 살 수 있을지도 아직 모른다. 나는 이 워크숍이 모유 수유 워크숍의 옷을 입었을 뿐 사실은 치유 집단이라는 것을 빠르게 깨닫는다. 만약 이 모임이 지지 집단으로 홍보됐다면 이 여성들 중 다수는 오지 않았을 가능성이 높다. 젖먹이 엄마들은 하나둘 자리를 뜬다. 아기와 '피부 밀착' 시간을 갖거나 모유 수유를 다시 시도할 시간이 되었기 때문이다.

그날 밤 나는 병상에 누워 두려움과 싸운다. 내 아기가 NICU에 들어가는 것이 무섭다. 하지만 아기가 조산이 아니라서 병원에서 나를 집에 보내는 것도 무섭다. 나는 임신 기간 내내 두려움과 싸우느라 이미 기진맥진해 있다. 혼자 엄마 역할을 해낼 자신이 없다.

다른 걱정도 있다. 내가 어릴 때 받았던 척추유합술 때문에 경막외 마취나 척추마취가 어려울 수 있다. 나처럼 척추에 쇠막대가 있는 여성에게는 효과가 없다는 끔찍한 이야기들을 들었다. 나는 번스타인 박사에게 내 복강경수술에 참여했던 마취과의 메리 엘런 쿡이 내 제왕절개수술 때 척추마취를 맡을 수 있을지 물었다. 하지만 척추 합병증을 고려할 때, 첨단 기술인 초음파 유도 국소 마취에 정통한 의사가 참여해야 한다는 답변을 받았다.

나는 마취과 면담을 요청한다. 경막외 마취나 척추마취와 관련해서 발생할 수 있는 잠재적인 척추 합병증을 논의하기 위해서다. 나는 내 제왕절개수술에 들어올 가능성이 높은 젊은 마취과 의사에게 척추마취 약물을 투여하기 전에 초음파로 뼈를 이식해 못으로 고정해 놓은 내 척추를 자세히 살피는지 묻는다. 그는 무시하듯 대답한다. "수련의가 있어서 일부러 보여주면서 해야 한다면 모를까, 딱히 그럴 필요를 느끼진 않아요." 나는 수술 날 아침이 밝았을 때 메리 엘런이 내 병실 문가에 나타나 자기가 내 분만실에 들어갈 거라고 말하는 꿈을 꾸기 시작한다. 이 꿈들 중 하나에서 깨어나며 나는 깨닫는다. 말이 빠르고, 놀랍도록 유능하고, 자기비하 유머를 즐기고, 요란하게 웃고, 소설에 집착하는 메리 엘런을 보면 우리 엄마가 떠오른다는 것을.

*

〈우리가 들려줄 이야기〉는 스토리텔링, 기억, 내가 불륜의 산물이라는 발견에 대한 사적 다큐멘터리다. 나는 이 다큐멘터리영화를 완성한 후 아빠에게 어떻게 생각하는지 물었다. 아빠는 이런 비평을 내놓았다. "네 엄마는 세인트앤드루스대학교에서 철학 학위를 받았고, 사회복지 석사 학위도 땄어. 엄마는 재미난 사람이었어. 친한 친구들이 엄청 많았어. 게걸스럽게 책을 읽었어. 엄마는 캐스팅 디렉터였고, 멋진 코미디 쇼를 만들던 프로듀서였어. 그런데 네가 만든 영화는 엄마가 만난 남자들과 엄마가 낳은 아이들에 관련된 엄마만 보여주고 있구나." 아빠 말이 옳았다. 엄마는 천 가지였지만 나는 그중 대부분을 빼먹었다.

어려서 부모를 잃은 사람들은 대부분 어떤 식으로든 떠난 부모를 평생 그리워한다. 엄마의 부재는 내 정체성의 근본적인 부분이 되었다. 그렇다 보니 아이보다 적응력이 떨어지는 성년에 처음으로 그런 상실을 겪는 것은 또 어떤 시련일지 상상하기 힘들다(데이비드와 나는 둘 다 어려서 부모를 잃었다. 때로는 이것이 우리 둘을 묶는 것 중 하나라는 생각이 든다. 우리는 어릴 때 사별을 경험한 사람이 느끼는 삶의 강도를 안다). 부모를 잃는 것 자체가 하늘이 무너지는 일이지만, 어떤 부모를 잃었는지도 중요하다. 나는 우리 엄마가 그랬던 만큼 따뜻하고, 요란하고, 유쾌하게 사는 사람을 아직 보지 못했다. 엄마가 떠난 후 나는 엄마와 조금이라도 닮은 사람을 찾아 이 행성을 헤매야 했다.

엄마는 해가 뜨기도 전에 일어나 책을 읽었다. 나는 나쁜 꿈을 꾸면 당연한 일처럼 엄마 방에 들어가 엄마 품에 파고들었다. 그러면 엄마는 잠옷 차림으로 일어나 앉아 맹렬하게 소설을 읽으며 내게 "딱 한 페이지만 더" 읽겠다고, 그때까지만 기다리라고 빌었다(엄마는 내가 보지 않는다고 생각하고 서너 페이지를 더 읽다가 들통 나곤 했다). 엄마는 아침을 만들고, 설거지를 하고, 우리를 학교에 데려다준 다음 그대로 차를 몰고 시내로 출근했다. 엄마는 내가 태어난 이후에는 주로 캐스팅 디렉터로 일했다. 엄마는 불가능한 기한에 완벽한 작품이 나오기를 요구하는 여성혐오자 불한당들과 함께 일했다. 엄마는 어두워져서야 집에 왔다. 대개는 저녁거리를 팔이 빠져라 바리바리 사 들고 왔고, 장 본 것들을 풀고 푸짐한 저녁 식사를 준비하고 디저트까지 직접 만들었다. 엄마는 직장에서 걸려오는 긴급한 전화들을 처리하며 이 일들을 해냈다. 대개는 수화기 너머에서 악쓰는 소리가 들렸다. 엄마는 집을 치우고, 10대였던 언니오빠들과 그날 일을 얘기하고, 나를 책과 이야기로 채우고, 밀린 일을 했다. 그리고 때로는 옷을 차려입고 업계 행사나 파티에 갔다. 이것의 반복이었다.

나는 내 인생에서 유난히 고단했던 날을 돌아볼 때면 종종 이런 생각을 한다. 대체 어떻게 엄마는 남편의 실질적 지원 없이 나보다 훨씬 많은 일을 해내면서도 항상 그렇게 웃음이 넘치고 즐거울 수 있었을까? 내 삶을 엄마의 삶과 비교하면 내가 무능하게 느껴진다. 때로는 만약 엄마가 그렇게 미친 속도로 살지 않았다면 53년보다 더 오래 살지 않았을까 생각한다.

내 생각에 엄마의 미친 속도는 어떤 면에서는 삶에 대한 끝없는 욕망과 사람에 대한 진정한 애정 때문이었고, 다른 면에서는 엄마가 짊어진 짐을 덜어줄 사람이 없는 상황에서 하루에 사흘씩을 살아내야 했기 때문이었다. 또 어쩌면 엄마는 비밀과 수치로 점철된 어린 시절에서 달아나고 있었는지도 모른다. 그 어린 시절은 엄마가 할 이야기이지 내가 할 이야기는 아니다. 다만 엄마의 인생에서 숨겨져 있던 무언가가 엄마를 앞으로, 밖으로 추동했다. 엄마는 두 팔을 활짝 펴고 세상 전체를 끌어안을 준비가 되어있었다. 그것이 엄마의 기억 속 모순들을 조용히 덮어놓을 수만 있다면.

엄마는 사랑받았다. 어른이 된 지금도 나는 가끔 거리에서 엄마를 기억하는 70대나 80대 어른들을 만난다. 그들은 나를 불러 세우고 그들이 엄마를 얼마나 좋아했는지, 엄마 때문에 얼마나 웃었는지, 엄마가 어떻게 그들을 도왔고, 그들을 믿어주었는지 말한다. 엄마의 동료였던 분이 내 언니오빠 중 한 명에게 엄마가 회의에 늦었던 날에 대해 말했다. 그날 엄마는 허둥지둥 들어왔다. 이상한 일이었다. 엄마는 평소 일에 빈틈이 없고 착실한 사람이었다. 그는 엄마의 얼굴이 땀으로 번들거리는 것을 보았다. 그가 말했다. “다이앤, 일광욕하다가 왔어요?” 엄마가 외쳤다. “맞아요! 너무 미안해요! 날이 끝내주게 좋아서!” 엄마는 끝도 없이 빡빡한 일상에 즐거움의 조각들을 다져 넣을 줄 알았다.

엄마의 죽음은 거대하게 벌어진 구멍을 남겼다. 하지만 나는 그 빈자리에 대해 분노를 느낀 적이 없었다. 그 구멍을 절실히 메울 필요도 느끼지 않았다. 내 자신이 엄마가 될 날을 눈앞에 두기 전까지는 그랬다. 나는 항상 배가 고팠다. 하지만 나를 먹여줄 엄마는 거기에 없었다.

*

간호사 한 명이 자신도 몇 해 전 이 병동의 환자였다고 말한다. 그는 수년째 이곳에서 일하던 어느 날 전치태반으로 하혈을 했다. 그는 졸지에 직장에 갇혀서 동료들의 감시를 받게 되었다. “정말 이상했어요. 너무 싫었어요.” 간호사가 말한다. “하지만 안전한 기분이었어요. 입원 전까지 제가 제정신을 유지하며 일할 수 있었던 유일한 이유도 여기가 제 일터라는 것이었어요. 무슨 일이 나도 여기서 나는 거니까요.” 나는 그에게 불안한 마음을 토로한다. 내 몸이 당장이라도 폭발할 듯 재깍대는 시한폭탄처럼 느껴진다. 그가 말한다. “맞아요. 그게 전치태반의 느낌이에요.” 그는 그 불안감을 꼭 의사와 상의하라고 말한다. 내가 이렇게 불안해하는 것을 의료진이 반드시 알아야 한다고 말한다. 알고 보니 이곳에 전치태반으로 입원한 여성들 중에 항불안제를 복용하는 경우가 많다.

다음 날 교대한 간호사가 내게 자궁 수축 통증에 대해 묻고, 아기의 심장박동을 확인한다. 그리고 내 불안감과 기분이 어떤지 넌지시 묻는다. 전날의 간호사가 내 이야기를 전달한 것이다. 내가 편한 대화라고 생각한 것이 기록되었고, 내 치료를 위한 정보가 되었다. 이들은 팀으로 움직인다. 이들은 내 몸과 아기뿐 아니라 내 정신적 안녕까지 그들의 책임으로 생각한다. 안전한 기분이다. 내가 제대로 주목받고 보살핌받는 기분이다.

다음 날 끝내주는 고위험군 의사가 내 병실로 들어온다. 고위험군 층을 지배하며 간호사들의 숭배를 받는 인물이다(널리 존경받고 저서도 많고, 무엇보다 환자를 대하는 매너에서 비교를 불허한다). 그 의사가 말한다. "좋은 소식이 있어요! 환자분의 제왕절개수술을 제가 맡게 됐어요!" 내가 말한다. "세상에, 너무 잘됐어요. 감사해요. 선생님 명성은 익히 들었어요!" 그가 내게 윙크를 날리며 거의 음탕한 톤으로 말한다. "화장실 벽에 쓴 말들을 다 믿으면 안 돼요." 고위험 임신을 다루는 의사들은 늘 에너지가 넘친다.

간호사가 내 병상 옆 화이트보드에 제왕절개수술 날짜를 적는다. 앞으로 사흘 후다. 나는 놀라는 동시에 안도한다. 내가 생각했던 것보다 훨씬 이르다. 원래 출산 예정일보다 무려 한 달 이상 이른 날짜다. 하지만 이 임신이 끝나간다니 너무 행복하다.

내 몸이 나와 아기에게 위협이 된다는 이 불안도 끝이 보인다. 번스타인 박사는 매일 아침 7시에 조깅복 차림으로 추천할 책과 영화를 잔뜩 가지고 내 병실에 온다. 내일 아침 출장을 떠나는 그는 오늘도 병실에 와서 작별을 고하고 행운을 빌어준다. 그가 화이트보드의 수술 날짜를 보고 움찔한다. "우와. 정말…… 당장이네."

*

제왕절개수술 날 아침, 나는 부드러운 노크 소리에 잠을 깬다. 메리 엘런 쿡이 들어온다. 내가 꿈을 꾸고 있는 것이 분명하다. 그는 한 손을 내 손에 올리고 꽉 쥐어준다. "그동안 고생 많았어요." 그가 말한다. "혼란을 주어서 미안해요. 내가 세라의 제왕절개수술을 맡지 않겠다고 한 건 세라의 척추가 예사 척추가 아니기 때문이에요. 나보다는 척추 초음파 경험이 많은 사람이 맡기를 바랐어요. 그런 사람이 사전 상담부터 맡아서 초음파로 척추를 자세히 보고, 마취가 어떻게 진행될지 설명해 주는 것이 맞겠다 싶었어요. 나는 나이가 많고, 초음파 기술에 능숙하지 않아요. 하지만 스무 통가량 이메일을 주고받은 후에 이건 순리가 아니라는 것을 깨닫게 됐어요. 그래서 말인데요, 세라만 괜찮다면, 초음파 기술이 뛰어난 젊고 명석한 친구가 있는데 그 친구의 보조를 받아서 내가 직접 맡으려고 해요." 나는 그저 끄덕인다. 내 병실에 유령처럼 나타나 준 것에 감사를 표하고 싶다. 하지만 무슨 말을 어떻게 해야 할지 모르겠다.

수술실에 들어가기 전 나는 산과 전문의에게 아기가 괜찮을지 묻는다. 의사가 대답한다. "다들 이 아기 걱정에 똥 마려운 사람들처럼 난리예요! 오늘 아침에는 번스타인 박사도 전화했다니까요! 아기는 완전 괜찮을 거예요!"

나는 데이비드 없이 수술실에 들어간다. 데이비드는 나중에 척추마취가 완료되고 수술을 시작할 준비가 되면 들어온다. 나는 데이비드에게 나중에 보자고 말한다. 그의 주머니에 미리 쪽지를 넣어놓았다. 만에 하나 수술 중에 내게 나쁜 일이 생기더라도, 이 아이를 양육하는 데 필요한 모든 것이 이미 그에게 있다는 내용이다. 나는 생각한다. 그에게 필요한 건 자신감이야. 나는 그를 꼭 끌어안고, 최선을 다해 작별을 고한다. 내가 죽을 경우에 대비해서. 이상한 말이지만 나는 이 가능성에 대해 낙관적이다. 돌이켜 보면 내가 죽을 생각을 즐겼다는 것이 어처구니가 없다. 데이비드는 몇 달이 지난 후에야 쪽지를 발견한다. 그때는 내가 그런 걸 썼다는 것조차 까먹었을 때다.

*

엄마가 죽기 전날, 우리 모두에게 엄마와 단둘이 있을 시간이 5분씩 주어졌다. 엄마에게 하고 싶은 말을 마지막으로 할 수 있는 기회였다. 엄마는 혼수상태였다. 엄마의 눈이 위로 돌아가 있었고, 숨소리는 전기톱 소리 같았다. 나중에 들었다. 아빠는 그때 엄마에게 언제까지나 사랑하겠다고, 영원히 잊지 않겠다고 말했다. 조니 오빠는 엄마에게 이제는 떠나도 된다고, 더는 힘들게 싸우지 않아도 된다고 했다. 마크 오빠는 엄마에게 가장 웃겼던 코미디 장면 중 하나를 떠올려보라고 했다. 읽는 책마다 마지막 페이지가 없어져서 계속 짜증 내는 남자가 나오는 장면. 내가 엄마와 단둘이 남았을 때 나는 엄마 목에 걸린 자수정이 엄마를 낫게 해서 더는 아프지 않을 거라고 했다. 나는 엄마를 한동안 말없이 바라보았다. 나는 (어차피 엄마를 치유하는 용도도 아니었던) 자수정 목걸이가 새처럼 작아진 엄마의 몸에, 매번 숨 쉬는 것조차 힘겨워진 몸에 너무 무거운 게 아닐까, 생각했다. 만약 그날 아침에 엄마가 내 말을 들을 수 있었다면, 엄마가 들은 것은 자기 엄마가 죽는 줄 모르는 열한 살짜리 어린애의 말이었다. 나는 그것을 나중에야 깨달았다. 그날 나는 작별 인사를 하는 방법도, 심지어 작별 인사를 해야 한다는 것조차 모르는 어린애였다.

*

메리 엘런이 척추마취를 진행한다. 그는 특유의 훈훈한 수다로 공간을 채운다. 그는 젊은 마취과 의사와 협업한다. 젊은 의사가 먼저 척추 초음파검사를 한다. 내 척추에 바늘을 꽂기 전에, 정확한 위치를 찾기 위해 내 도움이 필요하다고 메리 엘런이 말한다. 나는 왼쪽에 통증이 느껴지면 "왼쪽", 오른쪽에 통증이 느껴지면 "오른쪽"이라고 말해야 한다. 나는 몇 번 비명을 지르며 방향을 댄다. 내 척추에 느껴지는 날카로운 통증이 그들을 맞는 자리로 인도한다.

나는 좁은 널빤지 같은 곳에 드러눕는다. 양팔이 밖으로 나온다. 메리 엘런이 말한다. “우리 기독교도들은 이걸 십자가 자세라고 불러요.” 내 가슴 위로 내려온 커튼 때문에 내 몸의 나머지 부분은 보이지 않는다. 산과 의사가 말한다. “그럼 이제 저는 소독하고 준비하러 갑니다. 환자분을 여기에 반라 상태로 놔두고 말이죠. 우리가 이렇게 예의가 없어요!” 산과 의사는 수술복과 마스크로 무장하고 돌아와서 옆의 남자 의사를 내게 소개한다. “이렇게 핫한 사람이 제 수술을 돕다니 제가 이렇게 복이 많아요! 사실 이분은 노스베이에서 주치의로 일해요. 거기서 아기들을 받다가 가끔 이렇게 시내로 와서 센 언니들은 어떻게 노는지 구경한답니다.” 산과 의사는 이번에도 윙크를 날린다. 이 여자 뭐지? 산부인과계의 애니 오클리♦인가?

수술이 시작되자 데이비드가 들어와서 몸을 숙이고 양손으로 내 얼굴을 감싼다. 그가 얼굴을 내 얼굴에 바싹 대고 내 눈을 들여다본다. 그가 여기에 있다. 그는 긍정적인 말도, 생산적인 일도 하지 않는다. 그는 이 순간을 넘어서려 애쓰지 않는다. 그는 그저 일시 정지해 있다. 바로 내 곁에. 마침 필요한 때에.

제왕절개수술 중에 눌리는 느낌을 경험한다고 들었는데, 나는 그렇지 않다. 대신 강렬한 통증이 온다. 내 몸이 문처럼 열리는 것 같다. 내가 아파하자 메리 엘런이 즉시 눈치채고 내 눈을

♦ Annie Oakley, 서부 개척 시대를 소재로 한 쇼 〈버펄로 빌의 와일드 웨스트〉에 출연해 슈퍼스타가 된 미국의 명사수.

내려다본다. 나는 토할 것 같다고 말한다. 그가 내 이마를 세게 어루만지며 빠르게 말한다. "너무 힘들면 몇 초 안에 의식을 잃게 해줄 수 있어요." 나는 고개를 젓는다. 번스타인 박사의 말을 떠올린다. 그동안 해온 명상을 떠올린다. 내가 말한다. "아뇨. 깨어있을래요." 메리 엘런이 끄덕인다. 그가 내 얼굴 위로 몸을 숙여 내 머리를 양쪽으로 단단히 잡고, 내 주의를 오직 자기에게 집중시키고 나서 말한다. "좋아요. 세라가 1년 전쯤 받은 수술에도 내가 들어갔죠. 그날 본 자궁내막증은 내가 수술실에서 본 자궁내막증 중에 최악이었어요. 그런데 이제 세라가 아기를 낳고 있네요. 너무, 너무 뿌듯해요."

제다이 마인드 트릭♦이 따로 없다. 나는 딴 사람이 된다. 나는 메리 엘런의 행복하고 차분한 얼굴을 들여다보며 흥분과 감사 외에는 어떤 것도 느끼지 않는다. 모든 신체 감각이 일시 정지한다. 그때 갑자기 압박감이 훅 지나간다. 그리고 녹은 버터 같은 울음소리가 들린다. 내 옆에 완벽한 얼굴이 보인다. 숱 많은 검은 머리. 동그란 눈. 윗입술이 아랫입술을 덮은 도톰한 입. 우리의 시선이 만나자마자 울음이 그친다. 우리 둘의 눈이 동시에 휘둥그레진다. "안녕, 이브." 내가 말한다. 이브의 눈이 감긴다. 내 배에 갑작스런 타격감이 느껴진다. 누군가 내 자궁이 "다시 들어가는 중"이라고 말하는 소리가 들린다. 자궁이 대체 밖에서 무엇을 하고 있었던 건데? 의문이 일지만, 그런 것 따위 신

♦ Jedi mind trick, 〈스타워즈〉(Star Wars) 시리즈에 등장하는 초능력으로, 마음에 생각을 심는 정신 조작 기술.

경 쓰지 않기로 한다. 통증도 신경 쓰지 않는다. 여기 이브가 있다. 이브가 여기 있다.

메리 엘런의 말이 빨라지기 시작한다. 그가 걱정스럽게 커튼 너머를 보고 있다. 의료진의 목소리가 변한다. 뭔가 잘못되고 있다. 하지만 나는 내 몸이 천 리 밖에 있는 느낌이다. 내게 보이는 것은 오로지 이브뿐이다.

제왕절개수술 직후에 수술실에서 찍은 사진이 있다. 내가 가슴 위에 이브를 안고 있다. 이브는 잠들어 있다. 나는 평화롭게 웃고 있다. 우리 뒤로 보이는 수술실 바닥은 피로 흥건하다. 나중에 들었는데 혈관 하나가 "나가버렸다". 메리 엘런이 말하길 "잠시지만 아슬아슬한 상황이었"다.

수술실에서 실려 나갈 때 메리 엘런이 동료 한 명에게 하는 말이 들린다. 그는 녹음해 달라고 부탁한 뒤, 내 키에 비해 매우 넉넉한 양의 마취제를 주입했지만 약물 효과가 자신이 원하는 만큼 퍼지지 않았다는 설명을 남긴다.

아기는 고위험군 의사가 (호들갑스럽게) 약속한 것과 달리 "완전 괜찮"지는 않다. 회복실에서 이브에게 젖을 물려보지만, 이브가 젖을 빨지 않는다. 이브는 졸기만 한다. 간호사는 이브가 어서 젖을 물지 않으면 분유를 먹여야 한다고 말한다. 꽃무늬 목도리의 모유 수유 나치의 영향 때문에 내 귀에는 그 말이 '한시바삐 아기에게 젖을 물릴 방법을 찾지 못하면, 우리가 당신 아이에게 악취 나는 사악한 물약을 주입할 것이고, 그렇게 되면 당신 아이는 척박하고 참혹한 삶을 영혼 없이 홀로 떠돌게 될 것이다'

로 들린다. 이브의 체온이 계속 떨어진다. 체온이 안정되자 우리는 일반 병실로 옮겨지고, 분유의 위협에서도 벗어난다. 나는 밤새 젖 물리기를 시도한다. 몸을 움직이기가 쉽지 않다. 데이비드가 손으로 모유를 짜는 동영상을 본다. 내가 해보지만 아무것도 나오지 않는다. 그가 해본다. 그는 언제나 배우는 데는 일가견이 있다. 이제 그의 기다란 학위 목록에 '손 유축 전문가'가 추가된다. 그는 모유를 작은 컵에 담아서 이브에게 먹이려 한다. 나는 개복 수술로 절개한 복근이 덧날 수 있음에도 억지로 일어나 앉는다. 우리 둘은 베개들로 이런저런 형태의 지지대를 만들어 이브의 자세를 끝없이 바꿔가며 이브에게 젖을 물리려 용을 쓴다. 하지만 이브는 잠만 잔다. 또는 이상한 딸꾹질 소리를 낸다. 그 소리에 나는 겁에 질린다. 뭔가 잘못되었다. 다음 날 이브의 바이털 사인을 확인하러 들어온 간호사가 혈중 산소 포화도와 체온이 낮다고 말한다.

이브가 NICU에 들어간다. 이 모든 것이 내 잘못이라는 생각을 떨치려 애쓴다. 내내 안달복달한 벌, 아기와 퇴원하기 전 엄마 준비 기간이 연장되기를 내심 바랐던 벌이 아니라고 믿고 싶다.

데이비드가 나를 휠체어에 태우고 NICU로 간다. 천장 등이 눈부시게 밝고, 기계음들로 조용할 새가 없다. 나는 그 얼굴을, 난생처음 내게 *경이로움*이 무엇인지 알게 해준 얼굴을 찾는다. 아기가 누운 인큐베이터 수십 대가 늘어서 있다. 방 한가운데서 이브를 발견한 순간 가슴이 철렁 내려앉는다. 이브에게 튜브와 IV 장치가 달려있다. 코에 하나, 다리에 하나. 내 아기의 작디작은 몸 여기저기에 수없이 전선이 붙어있다. 이브는 기저귀만 차고 태아 자세로 웅크리고 있다. 부서질 듯 약해 보인다. 다시 내 자궁에 들어가야 할 것만 같다. 나와 분리된 이브를 보면서 나는 내 아기가 다 형성되지 못했다는 것을, 내가 꿈에서 낳던 미완의 아기들과 다르지 않다는 것을 깨닫는다. 내가 내 아기를 이렇게 만들었다. 인간으로서 내 역량에 대해 품었던 깊은 의구심이 이렇게 실현되었다. 데이비드가 작은 페달로 인큐베이터를 낮춰서 내가 일어나지 않아도 이브를 눈높이에서 볼 수 있게 해준다.

마크 오빠가 나타난다. 양복 주머니 욱여넣은 몰티저스 초코볼 봉지가 보인다. 내가 어렸을 때 좋아했던 것이다. 아직 문병객을 맞을 준비가 되지 않았다는 이메일을 보냈지만 오빠는 어쨌든 왔다. 오빠는 아무 말 없이 내게 빨간 초코볼 봉지를 내민다. 서툴고 다정하게. 1980년대 교외에서 보낸 어린 시절에서 날아온 이 이상한 선물 앞에 나는 하염없이 무너진다. 오빠는 엉엉 우는 내게서 시선을 돌려 인큐베이터 안의 작은 생명체를 본다. 오빠가 말한다. “우와, 완벽해.” 나도 다시 이브를 본다. 오빠 말이 맞다. 이브는 완벽하다. 아름답다. 오빠는 내 옆에 앉아서, 말없이 한참이나 놀라워한다.

*

나는 인큐베이터 구멍을 통해 내 손을 이브의 몸에 얹는다. 그러자 모니터의 심장박동수가 안정되고 산소 수치가 올라가는 것이 보인다. 내 손에 느껴지는 것을 모니터가 확인해 준다. 내 아이는 내 손길을 요하고, 내 손을 타야 잘 자란다.

NICU 간호사들은 그곳에 아기를 둔 산모들을 "엄마"라고 부른다. 기발한 방법이다. 그렇게 하면 간호사들은 많은 이름을 외울 필요가 없고, 산모들은 아기와 분리됐어도 하루에도 몇 번씩 자기 아기의 엄마로 확인받는다. 이삼일 '엄마'로 불리다 보니 내가 정말 엄마가 됐다는 실감이 나기 시작한다.

아기의 호흡이 나빠져서 지속기도양압 기계를 달았다. 호흡 마스크가 작은 얼굴을 완전히 덮다시피 한다. 내 아기를 미칠 듯이 안고 싶다. 며칠 후 나는 이브를 안아도 좋다는 허락을 받는다. 정말 오랜만에 처음으로 온몸의 긴장이 풀린다. 나는 데이비드에게 말한다. "사막에서 레모네이드 바다를 만난 것 같아." 아무도 내 아기가 무사할 거라고 단언하지 않는다. 현재 상태에서 나는 이렇다 할 이성적 사고를 하지 못한다. 그저 이브를 안을 뿐이다. 매번 마지막인 것처럼. 내 아기가 내 피부에 닿아있는 매 초에 감사하면서. 나는 이브의 눈이 열릴 때마다 경이감에 휩싸인다. 내 몸의 모든 분자로 이 순간들을 포착하려 애쓴다. 언제 갑자기 끊겨버릴지 모르기 때문에.

*

엄마가 죽기 이틀 전이던 1월 8일은 내 생일이었다. 엄마는 일주일쯤 전부터 의식이 혼미했고, 마지막 이삼일은 아예 말을 하지 못했다. 그날 밤 내가 자러 올라갈 때였다. 엄마가 누워있던 소파에서 갑자기 눈을 들었다. 멍하던 엄마의 눈이 갑자기 맑아져 있었다. 엄마의 말도 또렷했다.

엄마가 말했다. "생일 축하한다. 안녕."

"잘 자요, 엄마." 내가 대답했다.

"잘 있어." 엄마가 되풀이했다. "잘 있어."

나는 엄마가 계속 말이 꼬인다고 생각하고 웃었다. "알았어. 잘 자요, 엄마."

"아니," 엄마가 말했다. "잘 있어, 아가."

나는 위층으로 올라가 잠자리에 들었다. 이상한 대화는 털어버렸다. 그것이 엄마의 마지막 말이었다.

*

지난 열흘 동안 연이어 1시간 이상 자지 못했다. 나는 유축 지침을 곧이곧대로 따른다. 젖이 잘 돌게끔 3시간마다 20분씩 유축기로 유축하고, 다음에는 손으로 20~45분 동안 유축한다. 우리는 처음 며칠은 유즙 몇 방울만 찔끔 얻었다. '우리'라고 한 것은 데이비드가 여전히 손 유축을 해주기 때문이다. 수유 지도사가 견학 중인 간호학과 학생들과 들어와서 커튼을 열어젖힌다. 수유 지도사는 우리의 모습을 보고 기쁨에 차서 말한다. "지금 여러분은 완벽한 손 유축 기술로 젖을 잘 돌게 해주는 아빠를 보고 계십니다!" 데이비드가 활짝 웃는다. 그는 완벽한 학생인 것을 즐긴다(그가 하는 것마다 잘하는 것도 짜증 난다). 나는 1시간 반에서 2시간 정도 자고, 아기를 안고, 유축기로 젖을 짜고, 다음에는 손으로 짠다. 내가 젖을 짤 동안 이브는 데이비드가 안는다. 이것을 계속 반복한다. 한번은 데이비드가 내 휠체어를 밀고 NICU로 가다가 조는 바람에 둘이서 벽을 들이받은 적도 있다.

젖이 거의 나오지 않는다. 우리가 간호사들에게 전달하는 유축 튜브는 10분의 1도 차지 않는다. 닷새째 되던 날 나는 이브의 인큐베이터 옆에서 좌절감과 피로감에 흐느껴 운다. 신디라는 간호사가 내 옆에 앉는다. 신디는 내 턱을 들어서 자신과 눈높이를 맞춘다. 그가 말한다. "이 아기에게 필요한 건 엄마가 인큐베이터 옆에서 우는 게 아니에요. 이 아기에겐 엄마 젖이 필요해요. 젖이 돌기 위해서는 잠을 자야 해요. 먹어야 해요. 아기를 위해서 자고 먹어야 해요." 나는 사명을 띠고 병실로 돌아와 음식을 한 쟁반 먹어치우고 3시간 내리 잔다. 잠에서 깼을 때 가슴이 부풀어 있다. 젖이 돌았다. 유축을 하니 튜브가 가득 찬다. 내가 마침내 모유로 그득한 튜브들을 들고 NICU에 도착하자 신디가 자랑스럽게 웃는다. 그는 내게서 튜브를 낚아채 내 얼굴에 대고 의기양양하게 흔든다. "그것 봐요." 그가 말한다. 그가 기쁨의 함성을 지른다. 신디의 메시지는 분명하다. 아기에게 순교자 따위는 필요 없다. 아기는 건강한 좋은 엄마가 필요하다. 신디가 모유를 이브의 급식 튜브에 넣는다. 그리고 마치 우리가 거친 팀 스포츠 선수들이고, 내가 방금 기막히게 득점한 것처럼 내 뒤통수를 문지른다.

하지만 이브는 여전히 젖을 빨지 않는다. 오직 경관 급식으로만 모유를 먹는다. 내가 아기에게 젖을 물릴 때 수유 지도사나 간호사가 도와줄 때가 많다. 그들이 내 겨드랑이 아래에 베개를 받쳐주고, 내 손을 붙잡고 방법을 알려준다. 그들은 젖가슴을 아기 입으로 가져가는 대신 아기 머리를 젖가슴으로 가져가라고, 이브의 코를 내 젖꼭지로 쿡쿡 찔러서 이브에게 젖 냄새를 맡게 하라고 가르친다. 나는 이브의 입이 잠결에 벌어지자마자 내 손목을 이용해서 이브의 입을 젖가슴에 대는 방법을 연습한다. 자꾸 놓친다. 하고 또 한다. 그들은 아직 익히지 못한 것에 대해 내 자신에게 분노하기를 멈추고 관대하라고 말한다. 가끔 이브가 내 젖꼭지를 느릿느릿 빤다. 하지만 제대로 되고 있다는 느낌이 전혀 없다.

아흐레째 날, 이브가 인큐베이터 안에서 뒤척인다. 입을 벌리고 내 젖가슴을 찾는다. 이브는 몹시 절박해 보인다. 나는 강하게 직감한다. 드디어 젖 물림에 성공할 순간이 왔다. 나는 신디에게 이브를 꺼내도 되는지, 지금 젖을 물려도 되는지 묻는다. 그는 아직 아니라고 말한다. 회진 의사가 이브를 보는 것이 먼저라고 말한다. 나는 기다린다. 너무나 명백히 젖을 빨 준비가 된 내 아기를 보면서 기다린다. 그런데 의사가 이브에게 오려는 순간 다른 아기에게 불려간다. 나는 다급하게 신디에게 말한다. "지금 젖을 물리면 안 될까요? 이브가 준비됐어요. 젖을 물릴 수 있게 의사 선생님이 우리를 먼저 보면 안 될까요?" 신디는 안 된다고 말하고 계속 다른 아기에게로 간다. 다른 간호사 서너 명과 호흡 치료사들도 그리로 합류한다. 나는 울기 시작한다. 패잔병처럼 고개를 떨군다. 이브는 이미 뒤척임을 멈췄다. 나는 때를 놓쳤다.

내 어깨에 강한 손 두 개가 느껴진다. 신디다. 그가 묻는다. "왜 그래요." 내가 말한다. "이브는 젖을 빨려고 했는데, 내가 때를 놓쳤어요. 지금이라도 하면 안 될까요?" 그가 나를 보다가 말한다. "정말 미안해요. 너무 속상하고 너무 힘들죠. 지금 당장 아기에게 젖을 물게 해주고 싶은데, 지금은 제가 도울 시간이 없어요. 저쪽 아기가 많이 아파요. 이브보다 훨씬 아파요. 저쪽에 지금 당장 의사가 필요해요. 지금은 우리가 모두 저기 있어야 해요. 정말 미안해요." 그가 간다. 내 호흡이 가라앉는다. 나는 방 반대편의 아기를 돕고 있는 의료진을 바라본다. 저 아기는 내 아기보다 훨씬 어리고 훨씬 취약하다. 아기에게 위기가 닥치자 의료진이 아기 엄마를 밖으로, 아기가 보이지 않는 곳으로 데려간다. 공포에 사로잡힌 아기 엄마의 얼굴이, 내가 내 절박함 때문에 미처 보지 못했던 것이 보인다. 나는 인큐베이터에 손을 넣는다. 이브의 크기와 건강에 너무나 감사한다. 내게 돌아와 내 절망을 인정해 주고, 그 순간에 내가 받을 도움이 제한된 이유를 명확히 설명해 준 사람에게 감사한다.

이브가 잠이 들자 나는 뭐라도 먹으러 나간다. 다른 인큐베이터들을 지나며 내 아기가 이곳에서 가장 크고 가장 건강한 아기라는 것을 깨닫는다. 아기가 몇 달째 여기 있는 부모들도 있다. 그중 많은 부모가 자기 아기가 살아서 이곳을 나갈 수 있을지 알지 못한다. 이브 근처에도 그런 아기가 있다. 그 엄마가 지금 출입문 옆에서 숨을 헐떡이며 결사적으로 손을 씻고 있다.

이브가 자는 동안 나는 다른 모유 수유 세미나에 간다. 잭이라는 여성이 한 살배기 딸 테스를 품에 안은 채로 간호학과 학생들에게 NICU에서의 부모 경험에 대해 강연 중이다. 강연 중에 테스가 젖을 빨아도 잭은 아무렇지 않게 말을 이어간다. 잭이 서서 말하는 동안 테스는 엄마 품에서 편히 젖을 빤다. 5분 정도 빨더니 물었던 젖을 탁 놓고 다른 젖으로 옮겨 간다. 모유 수유가 저렇게 쉽다고? 보고도 믿기지 않는다. 테스는 작년에 27주차에 태어나 NICU에 입원해 있었다. 이제 잭은 NICU에 아기를 둔 부모들을 돕기 위해 병원에 온다. 이 모임의 여성들은 자기 아기에게 일어난 뇌출혈과 한밤중에 울리던 전화에 대해 말한다. 그들은 지옥 같은 몇 달을 보냈다. 그중 한 명이 제왕절개수술의 여파로 발을 끌며 느릿느릿 걷는 나를 안쓰럽게 지켜보다가 말한다. "아, 저 시절이 생각나네요."

*

나는 문병객을 받지 않는다. 도움이 필요한지 묻는 친구들의 이메일이나 전화에도 답하지 않는다. 대신 조산아를 낳아본 여성들이 예고 없이 계속 나타난다. 대부분은 내가 모르는 사람들이다. 나와 데이비드가 인큐베이터 옆에 앉아있을 때면, 잘 모르는 여성들이 우리 자리에 둘러놓은 커튼을 불쑥 연다. 그들은 우리에게 음식을 주거나, 아기를 지키고 있을 테니 잠시 쉬라고 하거나, 유용한 조언을 제공한다. 그들은 NICU 유경험자 엄마들이다. 내가 비밀결사의 일원이 된 느낌이다(지금은 나도 조산아를 낳은 생면부지의 사람들을 도우러 병원으로 달려간다. 내가 받았던 도움, 하지만 그들이 청한 적 없는 도움을 제공하러 간다. 이제는 나도 안다. 사람들은 그 상황에서 자신에게 무엇이 필요한지 잘 모른다. 필요한 것이 그냥 뚝 떨어져야 한다. 경험 있는 여성들이 실용적인 도움을 들고 내게 나타났던 것처럼. 마크 오빠가 내게 몰티저스 초코볼을 내밀었던 것처럼.)

이브가 다시 뒤척인다. 이번에는 신디가 거기 있다. 신디는 전선을 떼어내고 튜브를 끌러서 이브를 내게 건네준다. 이브의 입이 벌어지기 시작하자 나는 재빨리 손목을 이용해 아기 입을 내 젖가슴으로 옮긴다. 내가 괴성을 지른다. 신디가 손뼉을 치며 외친다. "그거예요!" 이브가 젖을 문다. 이브가 입을 넓게 벌려 젖꼭지를 강하게 빤다. 아기 목구멍에서 *꿀꺽꿀꺽* 소리가 난다. 젖이 잘 배출되고 아기가 잘 삼키고 있다는 증거다. 다른 간호사 세 명과 수유 지도사도 박수를 보내며 우리 주위로 모인다. 한 무리의 엄마들이 나를 둘러싸고 응원하는 것 같다. 그들이 말한다. "축하해요, 엄마."

수지 언니와 조니 오빠가 방문한다. 내가 이브에게 젖을 먹일 때, 데이비드가 이브의 인큐베이터 앞에 모여 앉은 우리의 모습을 찍는다. 기묘한 사진이다. 이브의 작은 머리 옆에 조니 오빠가 있다. 이브는 몸에 튜브를 주렁주렁 달고 젖을 빨고 있다. 우리는 IV 팩과 거치대 같은 병원 장비에 둘러싸여 평범한 가족사진 속 사람들처럼 포즈를 취한 채 웃고 있다. 내 가슴이 반쯤 드러나 있다. 조니 오빠가 사진을 의미심장하게 들여다본다. "이거 데이팅 앱 프로필 사진으로 딱인데." 나는 정말 오랜만에 처음으로 폭소한다. 너무 세게 웃어서 눈물을 쏟고 오줌을 지린다.

*

퇴원하는 날, 우리는 복도를 걸어 내려간다. 이브는 내 품에 안겨있다. 나는 눈을 돌려 우리가 지난 4주 동안 살았던 고위험군 병동의 복도를 바라본다. 간호사들과 의사들이 프런트에 모여 단체 회의를 하는 것이 보인다. 그중 한 명이 '아기와 집으로' 워크숍을 열면 고위험군 엄마들이 앞날을 상상하며 병상 생활의 불안감을 가라앉히는 데 도움이 될 거라고 제안하는 목소리가 들린다. 나는 이 이미지를 움직이는 사진처럼 마음속에 간직한다. 내가 걸어가고, 그들이 내 뒤로 점점 작아지고, 그들이 이곳의 미래를 계획하는 목소리들이 점점 희미해지고, 나는 이곳에 작별을 고한다. 내 손을 잡고 내 인생에서 가장 무서웠던 날들을 건너가게 해주었을 뿐 아니라 내 인생에 없던 환희를 안겨준 곳이다. 나는 고마움에 차서 발을 옮긴다.

한 달여 만에 아기를 안고 우리 집에 들어서니 모든 것이 감개무량하다. 방에 들어오는 햇살, 푹신한 의자와 침대, 집에서 만든 음식. 무엇보다 이브의 존재가 감격스럽다. 이브는 내 옆에, 내 위에 있다. 내게서 한시도 떨어지지 않는다. 나는 잠도 자지 않고 내 아기가 자는 것을 본다. 매번 이브를 처음 본 순간처럼 경이로움에 젖는다. 이토록 아름다운 존재가 내 삶에 들어왔고, 이 존재를 만드는 데 내가 관여했다는 것이 놀랍기 짝이 없다. 이브가 잠에서 깰 때마다 내 아기가 여전히 거기 있다는 사실에 감격하고 열광한다. 이브를 품에 안고 처음 집에 들어서던 때의 희열이 내게서 희미해질 틈이 없다.

*

이브를 집에 데려오고 나서 일주일 후 우리는 소아과 진료를 받으러 간다. 의사는 내게 안색이 너무 나쁘다며 눈 밑의 다크서클을 언급한다. 그는 내게 제왕절개수술을 받을 때 아무 일 없었는지 묻는다. 내가 피를 너무 많이 흘렸는데 수혈을 받지 않아서 그런 건지 궁금해한다. 그가 모유 수유에 대해 묻자 나는 잘 되고 있다고 답한다. 의사가 말한다. “35주 차에 태어난 아기가 오로지 모유만 먹다니, 그 자체로 대단한 성과예요. 매우 이례적인 일입니다. 정말 대단해요.” 의사가 나를 걱정스러운 눈으로 본다. 그 성과가 내게 입힌 타격의 가치가 있는지 재는 눈 같기도 하다.

나는 눈물이 터진다. 우리가 이 아기를 위해 뭔가를 완벽히 해냈다는 것이 갑자기 너무 뿌듯해서 눈물이 터진다. 다른 선택지의 존재를 암시하는 의사의 말에 눈물이 터진다. 아무도 내게 다른 선택지에 대해 언급하지 않았고, 수면 부족으로 정신 분열 일보 직전이었던 내가 다른 선택지를 알아서 생각해 낼 수도 없었다. 아기에게 분유를 손톱만큼도 먹이지 않으려고 내 자신을 죽일 뻔했다는 것을 알고 나는 흐느껴 운다. 늙은 남성 전문가들이 말하는 모유 수유 원칙에 너무나 경도된 나머지 그걸 곧이곧대로 지키느라 내 자신이 죽어나는 것을 몰랐다는 생각에 나는 흐느껴 운다. 하지만 무엇보다, 내가 잘 해냈다는 칭찬이 너무나 절실한 이때에 너무나 친절하게도 그 말을 해준 의사가 고마워서 눈물이 쏟아진다.

*

이브의 첫돌에 나는 컵케이크를 만들어서 이브를 아기 띠로 안고, 고위험군 병동과 NICU를 방문한다. 나를 맡았던 간호사들과 수유 지도사들에게 감사 인사를 한 뒤 떠날 채비를 할 때, NICU 부모를 위한 워크숍이 진행 중인 것을 본다. 진행자는 전해에도 같은 워크숍을 진행했던 잭이라는 여성이다. 잭은 나의 좋은 친구가 되었다. 나는 워크숍에 들어가 이브에게 젖을 물린다. 이브는 신나게 빨다가 5분 만에 젖을 바꿔 문다. 그 전해에 잭의 딸 테스가 그랬던 것처럼. 그때 내가 깜짝 놀랐듯 내 주위의 여성들이 헉 하고 놀란다. "그렇게 쉬워요?" 34주 차에 태어난 아기의 엄마가 묻는다. "금방 되지는 않아요." 내가 말한다.

이브가 무럭무럭 자란다. 에일라와 에이미도 태어난다. 둘은 제때에 무사히 제왕절개로 태어난다. 메리 엘런은 그 몇 년 사이에 은퇴했지만 세심한 기록을 남겼고, 이제는 또 다른 마법사인 마취과 의사 호제이 커발로 박사가 나를 담당한다. 박사는 내가 지난 출산 때 산후 통증이 심했던 것을 감안해서 수술에 앞서 미리 척추 초음파검사를 시행하고, 구체적인 합병증을 어떻게 관리할지에 대해 자세히 설명해 준다. 또한 박사는 내게 가바펜틴을 처방한다. 그의 팀이 수행한 소규모 연구에서 제왕절개수술을 받는 환자의 불안감을 줄이고 차후의 통증을 완화하는 효과를 보인 약물이다. 이전 출산에서 심한 산후통을 경험했던 사람들에게 특히 도움이 된다고 한다. 하지만 내 생각에 주효한 것은 따로 있다. 수술 전에 박사가 나와 보내는 시간이야말로 내 불안감을 현저히 떨어뜨린다. 이것이 수술 후 내가 회복실에서 겪을 고통의 양에 직접적이고 분명한 영향을 미친다.

커발로 박사가 척추에 마취제를 충분히 투여한 후 나는 좌우로 구르고 고개를 숙인다. 약물이 척수액에 퍼지게 하기 위해서다. 효과가 있다. 나는 아무 합병증 없이 수술 후 하루 만에 걸어 다닌다. 이제 번스타인 박사는 내 첫 임신을 두고 공공연하게 "전쟁이었다"라고 말한다. 내가 세 아이를 낳았다는 것이 지금도 믿기지 않는다.

내가 꿈에서 봤던 반쯤 생기다 만 것은 내 아이들이 아니었다. 그것은 나 자신을 엄마로 보는 능력이었다.

*

이브가 태어나고 2년 반 후, 나는 토론토 정신분석협회의 연례 응용정신분석학회에서 내 가족에 대한 다큐멘터리영화 〈우리가 들려줄 이야기〉를 발표한다. 혹시 자신에게 자기 파괴 성향이 있는지 파악하고 싶은가? 다음의 질문이 그 판단에 유용할 것으로 믿는다. 300명의 정신분석학자들이 종일 당신의 가족에 대해 논하는 학회에 참석해서 무대에 앉아있어 달라는 요청을 받는다면, 거기에 응하겠는가? 나는 이 초대를 받았을 때 조금도 주저하지 않았다.

나는 무대에 앉아서 나는 보지 못하는 내 가족의 역학관계를 보는 학자들(*학자들!*)의 난감한 질문을 연이어 받는다. 그들은 내가 정신분석을 몇 년을 받아도 인식할까 말까 한 관계들을 본다. 그걸 위해 전문적으로 훈련받은 사람들이다. 끝나갈 즈음에는 머리가 핑핑 돈다. 객석 뒤편의 한 여성이 일어나서 말한다. "제 질문은 별로 난해하지 않아요. 저는 정신분석학자가 아니거든요. 오늘 분석가 남편을 따라왔을 뿐이에요. 저는 그저 당신의 임신과 출산이 돌아가신 어머니에 대한 기억에 어떤 영향을 미쳤는지 묻고 싶어요."

나는 잠시 뜸을 들인다. 낯이 익은 여성이다. 마침내 생각난다. "말씀과 달리 겁나는 분이신데요. 제 임신과 출산에 연루되어 있는 산부인과 의사들 중 한 분의 어머니시잖아요." 그 여성은 연속극 스타 뺨치게 섹시한 의사의 모친이다. 그가 아들 집을 방문했을 때 우리 집 앞을 지나가는 것을 몇 번 본 적 있다. 여성이 얼굴을 붉히고, 정신분석학계의 득의양양한 웃음소리가 강당 구석구석에서 울린다.

나는 심호흡을 하고 연속극 스타 뺨치게 섹시한 의사의 어머니의 질문에 답한다. 나는 임신하기 전까지 내가 엄마를 얼마나 그리워하는지 알지 못했다. 내가 엄마의 죽음에 얼마나 분노하는지 알지 못했다. 지금까지 나는 내 아이와 2년 반을 함께 살았고, 그동안 서로에 대해 형언할 수도 지울 수도 없는 지식을 쌓았다. 그 근본적인 앎의 강도를 느끼며 내 마음에 변화가 생겼다. 전에는 내가 엄마와 함께 보낸 11년의 세월이 많지도, 심지어 충분하지도 않다고 느꼈다. 하지만 이제는 안다. 따뜻함과 기쁨으로 넘쳤던 어머니에게서 11년 동안 받은 사랑과 보살핌의 양은 사실 상당한 것이었다. 어쩌면 웬만한 사람이 평생 받는 것 이상이었다. 더구나 나는 엄마가 되는 과정에서 짧게나마 마운트시나이 병원의 지혜와 실력을 갖춘 사람들의 돌봄을 받았다(그곳은 나의 엄마가 끝내지 못한 일을 끝맺어 준 인큐베이터였다). 그곳에서 나는 엄마의 좋은 점들을 분명히 기억해 낼 수 있었고, 실제로는 내 안에 온전히 형성되어 있던 것을 만날 수 있었다.

미치광이 천재

최근에 이브가 '실사 코미디'◆에 빠졌다. 나는 내 아이들을 몬티 파이선◆◆의 세계관에 노출시켜도 될지 갈등했다. 나는 이브 나이 때 몬티 파이선의 앨범을 다 들었고, 그들의 영화도 다 보았다. 그뿐 아니었다. 이미 일곱 살 때 〈시계태엽 오렌지〉(A Clockwork Orange)를 어른의 감독 없이 일곱 번이나 보았다. 나는 궁리 중이다. 내 경계 없던 어린 시절과 내 아이들의 어린 시절을 끝없이 비교한다. 내가 아이들을 충분히 보호하고 있는 걸까.

◆ live action comedy, 만화나 비디오게임을 원작으로 만든 영화나 TV 프로그램.

◆◆ Monty Python, 1969년에 결성된 영국의 전설적인 코미디 그룹. 존 클리스, 그레이엄 채프먼, 테리 길리엄, 테리 존스, 에릭 아이들, 마이클 페일린 등의 작가와 배우들이 속해있었다. BBC TV의 촌극 프로그램 〈몬티 파이선의 비행 서커스〉(Monty Python's Flying Circus)로 엄청난 성공을 거두었고, 이후 이들의 작품이 영화, 음반, 책 등 각종 미디어로 제작되었다. 이들의 코미디는 특유의 부조리한 유머와 풍자, 선정성과 폭력성으로 유명하다.

반대로 내가 내 자신에게 느끼는 취약성에 대한 반작용으로 아이들을 과보호하고 있는 건 아닐까. 내 어린 시절에는 제한이라고 할 것이 마땅히 없었다. 따라서 지금 내가 내 아이들에게 부과하는 제한은 모두 심사숙고의 결과다. 이런 결정들에 관해서 내게 직관적인 것은 아무것도 없다. 고된 일이다. 모두 아이들을 알아가고, 아이들과의 관계에서 나를 알아가는 변화무쌍한 과정에 기반한다. 이브는 이제 아홉 살이다. 내가 몬티 파이선의 일원이었던 테리 길리엄 감독의 영화 〈바론의 대모험〉에 출연했을 때의 나이다. 이브는 전에도 내게 이 영화에 대해 물었고, 함께 보면 안 되는지 물었다.

"무서운 거야?" 여섯 살 에일라가 불쑥 묻는다. "무서운 거면 난 안 볼래."

*

나는 네 살 때 노스토론토 크리스천 스쿨의 유치부 아이들 앞에서 몬티 파이선의 음탕한 노래 〈내 얼굴에 앉아요〉(Sit on My Face)를 불렀다. 어쨌거나 쇼앤드텔(show-and-tell) 시간이었다. 나는 아이들에게 내 애창곡을 직접 들려준 것뿐이었다. 가사의 일부를 소개하면 이렇다. "당신이 오럴 하는 소리를 듣고 싶어. 당신의 허벅지 사이에 있을 때 당신은 나를 뿅 가게 해!"

담당 교사와 교장이 부모를 불러서 내가 그런 노래를 어디서 배웠는지 물었을 때 우리 부모는 충격과 공포를 연기하며 일체의 책임을 부인했다. 나중에 나는 엄마아빠가 지인들에게 이 이야기를 신나게 떠벌이는 것을 들었다(부모님은 사실 기독교인도 아니었다. 나를 크리스천 스쿨의 유치원에 보낸 것은 단지 그 학교가 집에서 지척이었고, 편의성에 대한 애정 혹은 필요가 종교에 대한 지독한 냉소를 이겼기 때문이다).

내가 그 노래를 알게 된 것은 아빠가 애지중지하는 소장품 중에 〈몬티 파이선의 비행 서커스〉 앨범들이 있었기 때문이다. 우리 가족은 〈나무꾼의 노래〉(The Lumberjack Song), 〈죽은 앵무새〉(The Dead Parrot), 〈토론 클리닉〉(Argument Clinic)을 수없이 들었고, 〈삶의 의미〉(The Meaning of Life), 〈브라이언의 일생〉(Life of Brian), 〈몬티 파이선의 성배〉(Monty Python and the Holy Grail)를 수없이 보았다. 네 살이 됐을 때 나는 몬티 파이선의 촌극들과 장면들을 줄줄 외웠다.

1987년에 여덟 살이던 나는 이미 아역배우로 일하고 있었다. 이때 몬티 파이선 멤버인 테리 길리엄 감독이 그의 신작 판타지 코미디 영화 〈바론의 대모험〉에서 주인공 뮌하우젠 남작을 연기할 존 네빌과 함께 토론토에 왔다. 그들은 남작의 충직한 꼬마 동료 샐리 솔트 역을 맡을 아역배우를 찾아 전 세계를 돌며 소녀들을 오디션하고 있었다. 내가 테리 길리엄과 일할 기회, 아니, 그와 만날 기회가 생겼다는 것만으로도 우리 집의 집단 혈압은 폭발 직전이었다. 아빠는 내게 샐리 역에 필요한 영국식 억양을 장시간 연습시켰다. 그때까지 부모님은 내 연기에 대해 놀랄 만큼 불간섭주의를 유지했다. 그런데 아빠가 갑자기 내가 오디션

대사를 연습하고 있으면 연기 훈수를 두기 시작했다. 이에 나는 아빠와 연습하는 것을 거부했다. 내가 이 역할을 할 거라면 내 방식대로 할 작정이었다.

*

테리는 연신 키득대고, 장난이 많고, 떠들썩한 사람이었다. 그는 내가 학교에서 말썽에 휘말리기 싫어 피해 다니던, 반항적이고 제멋대로인 아이들을 연상시켰다. 나는 스크린 테스트를 받는 동안 테리가 나를 나보다 일곱 배나 나이 많은 대배우 존 네빌과 다름없이 대한다는 것을 알고 우쭐했다.

내가 샐리 역을 따냈다는 전화를 받은 사람은 엄마였다. 엄마는 충격과 흥분과 공포가 섞인 표정으로 입을 막았다. 나는 아빠의 정제되지 않은 순수한 기쁨이 용약하는 것을 보았다. 아빠의 반응은 신나는 동시에 부담스러웠다. 그 순간 나는 깨달았다. 아빠의 일생에서 내가 이 배역을 따낸 것만큼 자랑스러운 일은 없었다. 그리고 이것도 깨달았다. 이제는 내가 평생 무슨 일을 해도 아빠를 다시 이만큼 자랑스럽게 느끼게 해주긴 어려웠다. 나는 테리 길리엄이 감독하고, 몬티 파이선의 또 다른 일원이던 에릭 아이들이 출연하는 영화에 캐스팅되었다. 나의 성공과 아빠의 자부심이 정점을 찍은 순간이었다. 나는 겨우 여덟 살이었다.

*

영화 제작은 3개월 뒤 시작될 예정이었다. 펠리니가 영화를 만들던 로마의 전설적인 영화 촬영소 치네치타 스튜디오에서 주로 찍고, 스페인의 두 곳에서도 찍을 예정이었다. 나는 떠나는 날을 손꼽아 기다렸다. 3학년 담임 선생님이 말했다. “이탈리아에 가다니 정말 신나겠다!” 나는 대답했다. “딱 2주 남았다고 생각하면서 기다릴 거예요. 정말로 2주 남을 때까지요!”

*

우리가 로마에 얻은 아파트는 캄포데피오리 시장 근처 라르고데이리브라리라는 아주 작은 광장에 있었다. 아파트 앞에 수백 년 된 아주 작은 회색 교회가 있었다. 아파트 창문에서 팔을 뻗으면 교회 파사드에 손이 닿았다. 광장에는 퀴퀴한 옛날 냄새가 구석구석 스며있었다. 수세기 전 돌 틈에 갇힌 곰팡이가 갈라진 회반죽 틈으로 숨을 뿜어내는 것 같았다. 길 건너 아주 작은 가게에서 작은 초콜릿 아이스크림 볼을 팔았고, 나는 그걸 사서 아파트 옥상정원에서 먹곤 했다. 그때마다 정원에 물을 너무 많이 주는 바람에 아파트 주인이 완벽하게 가꿔놓은 정원이 엉망이 되었다. 리허설이 진행된 첫 한 달 동안 엄마아빠와 나는 거의 매일 캄포데피오리의 같은 레스토랑에서 저녁을 먹었다. 식비는 내 일일 경비로 해결했다. 나는 매일 저녁 스캄피를 시켰고, 새우 살을 마지막 한 점까지 발라먹느라 입과 손이 끝없이 바빴다. 먹다가 심심할 때는 삼인조 악단을 따라다녔다. 관광객의 팁을 바라고 매일 밤 테라스에서 아코디언과 바이올린과 기타를 연주하는 악단이었다. 그들은 기꺼이 나를 공연의 일부로 끼워주었고, 웨이터들은 연주자들과 레스토랑을 돌아다니는 내게 몰래 여분의 디저트를 챙겨주었다.

북미 아이인 나는 밤늦게까지 밖에 있는 것에 익숙하지 않았다. 토론토에서는 엄마아빠가 저녁 약속에 나를 데리고 나가는 경우가 드물었고, 드물게 그런 일이 있을 때면 어른들 사이에서 불청객이 된 기분이었다. 반면 이탈리아에서는 아이인 것이 존경과 선망의 대상인 듯했다. 이곳에서 아이를 보는 어른들의 보편적인 표정은 한없이 반가운 표정이었다. 나는 전에는 느껴보지 못한 방식으로 세상에 대한 소속감을 느꼈고, 어린아이의 위상이 낮은 고향의 현실로 돌아갈 생각을 하면 우울했다. 때로 삼인조 악단은 나를 레스토랑의 지하로 안내했다. 그들은 나를 위해 고대의 지하 묘지로 이어지는 비밀의 문을 열었다.

쉬는 날에는 엄마아빠와 관광을 했다. 우리는 판테온, 콜로세움, 나보나 광장에 갔다. 우리가 마음대로 이용할 수 있는 기사 딸린 벤츠 리무진이 있었다. 언니오빠들이 일등석 표로 날아왔고, 엄마아빠는 내 일일 경비로 모두에게 가죽 재킷을 사주었다. 우리는 토론토 교외의 중산층 가족에 불과했다. 우리가 갑자기 들어선 이 영화로운 삶은 우리에게 충격을 안겼다. 하지만 싫지만은 않은 충격이었다.

영화 출연진에는 앨리슨 스테드먼, 빌 패터슨, 에릭 아이들, 조너선 프라이스, 올리버 리드, 그리고 우마 서먼 등이 있었다. 비너스 역의 우마 서먼은 당시 열일곱 살이었고, 이것이 그의 첫 메이저 영화였다. 리허설을 하면서 테리의 눈에 나는 한 명의 배우일 뿐 어린아이가 아니라는 것을 느꼈다. 그는 한 번도 내게 거들먹대지 않았다. 그리고 내 말이나 행동이 웃기면 미친 하이에나처럼 키득댔다. 에릭 아이들도 처음부터 내게 친절했고, 나와 게임을 하거나 노래를 부르면서 많은 시간을 함께 보냈다. 에릭은 여덟 살짜리가 그가 작사한 〈내 얼굴에 앉아요〉를 포함해 음탕한 몬티 파이선 노래들을 전부 외우고 있는 것에 경악을 금치 못했다. 그는 때로 내게 몬티 파이선의 미공개 노래 카세트테이프를 선물로 주었다.

*

하지만 영화 제작이 시작되자 상황이 빠르게 악화되었다. 테리는 변덕스러운 몽상가였고, 주인공 뮌하우젠 남작처럼 '논리와 이치'의 세상과는 담쌓은 사람이었다. 그의 무모하고 앞뒤 없는 충동 탓에 몇 개월씩 준비한 계획이 막판에 갑자기 뒤집어지는 일이 많았고, 인력과 예산과 일정에 막대한 부담이 갔고, 이에 대해 스태프들이 불평하는 소리가 내 귀에까지 들렸다.

이 영화는 전투, 폭발, 우주, 달 여행 장면들로 가득했고, 그만큼 특수효과가 많았다. 폭발이 일어나는 시퀀스를 촬영할 때였다. 나는 폭격으로 파괴된 도시의 세트를 가로질러 뛰어야 했다. 시작 전에 테리는 내가 뛰어갈 동선을 미리 연습시켰다. 나는 반파된 건물의 복도를 지나 통나무 아래로 몸을 피했다가 계단을 뛰어올라 성벽 위로 올라가서, 성벽 너머에서 우리에게 포격을 가하는 술탄의 군대에게 악을 쓰며 돌을 던질 예정이었다. 나는 내가 달릴 때 폭발물들이 터질 거라는 설명을 들었지만 걱정하지는 않았다. 모든 것이 완벽히 안전하게 진행될 거라고 했다. 나는 폭발음이 너무 커서 무서울 경우에 대비해 귀에 넣을 솜뭉치도 두 개 받았다. 테리가 "액션!" 하고 외쳤고, 나는 지시받은 경로로 뛰기 시작했다. 귀청이 터질 것 같은 굉음과 함께 내 주변의 폐허에서 연이어 폭파가 일어났다. 내 자신이 터지는 느낌이었다. 내가 지나갈 통나무에도 부분적으로 불이 붙었다. 거대한 폭발이 계속 이어지면서 내 주위를 온통 뒤흔들었다. 나는 겁에 질려서 무작정 카메라로 뛰어들다가 돌리트랙에 걸려 넘어졌다. 테리는 웃어대다가 황당한 표정을 지었다. "무슨 일이야?" 그가 물었다. 마치 방금 내가 천천히 움직이는 회전목마에서 비명을 지르며 도망쳐 나온 것처럼. 나는 숨을 쉴 수가 없었다. 이것이 원래 계획이었을 리 없었다. 일이 끔찍하게 잘못된 것이 분명했다. 하지만 일은 잘못되지 않았다. 이것이 원래 계획이었다. 방금 테이크를 망친 건 나였다. 나는 창피했다. 재촬영 준비를 하는 데 시간이 오래 걸렸다. 테리는 이 지연에 대해 어떤 불만도 보이지 않았다. 하지만 내가 얼마나 겁에 질렸는지도 알아차리지 못한 듯했다.

나는 다시 해야 했다. 제대로 해낼 때까지 해야 했다. 이번에는 감독이 "액션!"을 외치기 전부터 무서워서 몸이 덜덜 떨렸다. 심장이 쿵쿵대며 명치를 때렸다. 무시무시한 폭발음에 귀가 찢어지는 듯했다. 세상이 내 발 아래에서 무너지는 것 같았다. 내가 방금 지나간 곳에서 폭발물이 터졌다. 빨리 뛰지 못했다간 나를 에워싼 땅이 갈가리 찢어져 나를 통째로 삼킬 태세였다. 내가 공포에 쫓겨 너무 빨리 뛰는 바람에 카메라가 나를 따라잡지 못했다. 다시 해야 했다. 다음 테이크에서 나는 충분히 빨리 뛰지 못했다. 두 다리가 납덩이처럼 무거웠다. 나는 테이크 사이에 아빠 품에서 목 놓아 울면서 아빠에게 개입해 달라고, 그 장면을 그만 찍게 해달라고 간청했다. 그 순간에는 아빠 품이 안전하게 느껴졌다. 아빠는 나를 꼭 끌어안고 달랬다. 하지만 조감독이 와서 다시 촬영해야 한다고 하자 아빠는 참담한 얼굴로 이렇게 말할 뿐이었다. "다시 찍어야 한대. 아빠가 미안해. 아빠가 할 수 있는 게 없어." 나는 불바다 같은 집중 포화 속을 다시 달렸다. 그리고 다시. 그리고 또다시.

이후에도 폭발물이 사용되는 장면들이 많았다. 끝내 적응하지 못했지만, 그것이 내 일상이 되었다. 나는 폭발음을 조금이라도 더 차단할 셈으로 특수효과 팀이 준 솜뭉치를 귀에 점점 더 깊이 밀어 넣었다. 때로는 귓구멍에 쑤셔 넣은 솜뭉치의 잔해를 완전히 빼내는 데 며칠이 걸리기도 했다. 나는 솜뭉치가 남긴 작은 실들이 뽑혀 나오면서 귓속을 크게 울리는 소리를 좋아하게 되었고, 귀에 아무것도 없을 때조차 솜 찌꺼기를 찾아 귓속을 강박적으로 후볐다.

작은 배를 타고 싸우는 장면에서도 폭발물이 동원되었다. 바다처럼 꾸민 거대한 수조 안에 배가 있었고, 배 안에 잭 퍼비스, 에릭 아이들, 찰스 맥케온, 윈스턴 데니스와 내가 앉아있었고, 우리 앞에는 거대한 아라비아 말에 올라탄 안젤로 라구사(존 네빌의 스턴트맨)가 있었다. 내 기억으로는 남작이 해상에서 대포 공격을 받는 순간을 찍을 때였다. 배 옆에서 작은 폭발이 연이어 터진 다음 큰 폭발이 일어나기로 되어있었다. 이 마지막 폭약은 매우 강력한 것이어서 물속 깊이 수조 바닥에 설치했다. 첫 번째 테이크에서 작은 폭발들에 놀란 말이 우리를 덮칠 듯 뒷걸음치기 시작했다. 안젤로는 우리가 말에 밟히는 것을 막기 위해 말을 물로 뛰어들게 했다. 말이 물에 빠지면서 말의 발굽이 수조 바닥의 대형 폭약을 밀어 올렸다. 폭약이 수면에 뜨면서 내 바로 옆에서 폭발했다.

그 순간 아무 소리도 들리지 않았다. 공포에 질린 에릭의 얼굴과 집단 패닉 상태로 수조로 모여든 스태프들이 보였지만 소리는 나지 않았다. 가슴이 으깨질 듯 눌리던 느낌과 놀란 스태프들이 지켜보는 가운데 구급차로 옮겨지던 것도 기억난다. 병원에서 내 몸에 진공흡착기를 여기저기 붙이고, 내 심장을 모니터하고, 내 귀를 검사하던 것이 기억난다. 간호사가 내 귓속에서 솜을 빼냈다. 그 장면을 찍기 직전에 넣은 새 솜뭉치도 꺼내고, 몇 주나 귓속에 남아있던 이전의 솜뭉치 조각들도 제거했다. 솜을 모두 빼낸 후에도 여전히 소리가 희미하고 먹먹하게 들렸고,

그 상태가 1~2주 이어졌던 기억이 난다. 의사들은 친절했고, 부모님은 내게 아무 이상이 없다는 말을 들었고, 다음 날 나는 촬영장에 복귀했다.[1] 폭발 장면들도 계속되었다. 매 장면이 이전 장면보다 더 무서웠다.

우리는 그 초대형 수조에서 꽤 많은 장면을 찍었다. 아름다운 하늘 배경 앞에서 찍은 장면도 있다. 우리는 잠수복 위에 의상을 입고 오랜 시간 추위에 떨며 물에 떠있었다. 고무 잠수복은 차가운 물속에서 한기를 전혀 막아주지 못했다. 한번은 우리가 수조에서 몇 시간이나 추위에 떨던 끝에 결국 에릭 아이들이 테리에게 고함을 친 다음에야 나라도 일찍 나갈 수 있었다. 스튜디오 주차장에서 내가 열기구로 변한 배의 닻에 매달리는 장면을 찍을 때였다. 나는 하네스를 착용하고 높은 크레인에 대롱대롱 달려있었다. 나는 너무 무서웠다. 그러다 어느 순간 뭔가가 요란하게 찢어지는 소리가 났고, 나는 비명을 질렀다. 나는 내 하네스가 풀린 줄 알았다. 알고 보니 내 원피스가 살짝 뜯어진 거였다. 하지만 나는 추락의 공포에 벌벌 떨었다. 테리는 낄낄 웃으며 내게 문제없다고 했다. "걱정 마!" 그가 외쳤다. "네가 잘못되면 우리도 큰일 나!" (나는 무서운 티를 내지 않는 법을 배웠다.) 어느 날 아빠가 테리가 다른 사람에게 하는 말을 들었다며 내게 전해주었다. 테리는 자기 딸에게서 영감을 받아 샐리 솔트 캐릭터를 만들었다. 자기 딸을 직접 그 역에 캐스팅할 수도 있었지만, 촬영이 얼마나 끔찍할지 알기에 딸아이에게 그런 생고생을 시킬 마음이 없었다고 했다(이 이야기가 사실일 수도 있다고 생각하면 기분이 더럽다. 솔직히 말해 그가 실제로 그런 말을 했는지, 아니면 아빠가 자신의 추측을 실제 일화로 재구성한 것인지는 알 길이 없다).

때로는 촬영 시간이 잔인할 정도로 길었다. 나는 캐나다 배우 조합 소속이었지만 조합에서는 단 한 번도 현장에 사람을 보내 내 노동 여건을 확인하지 않았다. 긴 노동시간과 혹독한 촬영 강도는 달라지지 않았다. 그렇게 몇 달을 보내고 내 안의 에너지가 한 방울도 남김없이 빠져나간 것 같던 어느 날이었다. 나는 눈을 땅에 박고 촬영장에 왔다. 테리는 내게 평소의 나와 다르다며 왜 그러냐고 물었다. 나는 피곤하다고 했다. 눈물이 줄줄 흐르는 것을 막을 수가 없었다. 그는 왜 그렇게 피곤하냐고 물었다. 내게 전날 밤 몇 시에 잤고, 그날 아침 몇 시에 일어났는지 물었다. 내 대답을 들은 후 그는 재빨리 암산을 한 뒤 말했다. "음, 그래도 일고여덟 시간 잤네. 그거면 충분해." 그의 말투에 악의는 없었다. 어떤 이유에서인지 그의 눈에는 내가 얼마나 지쳐있는지 보이지 않는 것이 분명했다. 나는 그날 바다 장면을 찍으며 차가운 물속에서 많은 시간을 보냈다. 내가 덜덜 떠는 것을 보다 못한 운송 기사 한 명이 개입했다. 그는 나를 담요에 싸서 세트 밖에 있는 따뜻한 차량 내부로 옮겼다. 누군가에게 들은 말에 따르면 그 기사는 이후 해고되었다. 정확한 해고 사유는 확인하지 못했다.

나는 커피를 마시기 시작했다. 그것도 많이 마셨다. 촬영장에 아빠가 있을 때는 상관없었다. 하지만 엄마나 (나중에 내 보호자 역할을 하게 된) 앤 이모와 있을 때는 급식 트럭에서 커피를 몰래

챙겼다. 체내에 커피가 있으면, 설사 커피가 몸에 받지 않더라도, 시키는 일을 하는 데 도움이 되었다. 심장이 너무 빨리 뛰기도 했지만, 적어도 선 채로 잠들 일은 없었다.

어느 날 나는 우마가 세트 배경 뒤에서 울고 있는 것을 보았다. 그 전에 나는 몇몇 남자들이 올리버 리드가 전날 밤 술에 취해 "우마를 괴롭힌" 이야기를 장난스럽게 떠드는 것을 들었다. 나는 그 말이 무슨 뜻인지 알지 못했다. 하지만 우마의 겁먹고 분노한 눈과 내가 세트장에서 들은 흥겨운 목격담 사이에는 엄청난 거리가 있다는 것쯤은 나도 분명히 알 수 있었다. 어느 날 나는 세트장에서 올리버가 우마의 발을 엄청 세게 밟는 것을 보았다. 우마는 비명을 질렀고, 눈에 눈물이 고였다. 누구 한 사람 놀란 것 같지도 않았고, 개입하지도 않았기 때문에 나는 그것이 빗나간 장난이라고 생각했다. 만약 그게 장난이라면 어른들의 장난은 무서웠고, 나는 거기에 끼고 싶지 않았다.

(수년 후 나는《할리우드 리포터》에서 테리가 당시 촬영을 회상하는 기사를 읽고 적잖이 놀랐다. 그는 올리버와 우마의 당시 역학관계를 다음과 같이 재구성했다. "우마는 열일곱 살이었고, 나는 이보다 완벽한 비너스는 있을 수 없다고 생각했어요. 그 생각은 맞아떨어졌어요. 우마는 멋지게 해냈어요. 생각해보면 올리버 리드는 공포 그 자체거든요. 배우로서는 훌륭하지만 성격은 과격하죠. 그런데 열일곱 살 반의 소녀가 올리버 앞에서 전혀 주눅 들지 않았어요. 우마의 첫 장면이 조가비에서 나오는 장면이었을 거예요. (…) 우마가 올리버를 다루는 능력은 정말 인상적이었어요. 결국 두 사람 사이에 좋은 관계가 형성됐어

요. 그게 다 올리버가 우마에게 푹 빠진 덕분이었죠.")

거의 매일이 혼돈이었다. 채권 회사, 제작사, 스튜디오, 테리 사이의 문제들로 영화 제작은 항상 파탄 직전에 처한 듯했다. 혼돈은 거기서 그치지 않았다. 전투 장면에서 스태프 한 명이 흥분한 코끼리의 다리 사이에 끼는 사고를 당해 급히 병원으로 옮겨졌다. 술탄의 반려동물로 출연한 호랑이는 세트와 스태프들을 뚫고 돌진하며 난동을 부렸다.[2]

어느 날 나는 한밤중의 폭발음에 놀라 침대에서 눈을 떴다. 나는 비명을 지르며 엄마 방으로 달려갔다. 또 펑 소리가 났다. 엄마가 자동차 백파이어 소리일 뿐이라며 나를 달랬지만 소용없었다. 나는 그게 무슨 뜻인지 몰랐다. 엄마는 자동차의 기계적 문제로 가끔 엔진에서 가스가 폭발하면서 그런 끔찍한 소리가 나기도 한다고 설명했지만, 나는 한 마디도 알아듣지 못했다. 내가 아는 것은 낮에 현장에서 수없이 당하듯 여기서도 내가 폭발음의 공격을 받고 있다는 것뿐이었다. 엄마가 아무리 달래도 나는 진정하지 못했다. 몇 시간 후 엄마가 짜증을 내며 좀 자야겠다고 했을 때 나는 몹시 놀랐다. 이는 엄마가 평소 내게 얼마나 참을성 있고 자상했는지 역설적으로 말해준다. 한밤중에 깨서 불안해할 때 나는 엄마의 위로 외에 다른 무엇도 경험해 보지 않았다. 그날 밤 엄마가 내게 몸이 좋지 않다는 말은 하지 않았지만 나는 엄마 안의 뭔가가 변했다는 것을 알았다. 얼마 후 엄마는 3년 후 엄마의 목숨을 앗아갈 암의 첫 번째 증세를 겪으며 토론토로 돌아갔다.

한동안 앤 이모가 내 보호자가 되었다. 쉬는 날 우리는 창밖의 옛 건물들 너머로 해가 뉘엿뉘엿 넘어갈 때까지 몇 시간이고 앉아서 뜨개질을 하거나 이야기 만들기 게임을 했다. 내가 어른이 된 후에야 앤 이모는 이 시절에 대한 솔직한 심정을 밝혔다. (이탈리아어에 유창했던) 이모는 몇 달간 로마에서 지낼 생각에 엄청 흥분했다. 그랬기 때문에 이모 입장에서는 주중에는 어두컴컴한 사운드 스튜디오에 앉아있고, 주말에도 도시 탐험은커녕 외출도 못 하고 창밖 거리 풍경만 내다보는 생활이 몹시 허탈할 수밖에 없었다. 나는 이모에게 왜 엄마아빠가 그랬듯 주말에 나를 데리고 도시 구경을 나가지 않았냐고 물었다. "너는 어린 애였고, 매일 장시간 일하느라 기진맥진해서 집에 있고 싶어 했으니까. 너에게 그 이상을 요구할 순 없었어."

촬영지를 스페인으로 옮긴 후 나는 병이 나서 며칠 동안 구토와 열에 시달렸다. 나는 몽롱한 상태에서 이모가 내 몸이 좋아질 때까지 일을 시켜선 안 된다며 아빠와 싸우는 소리를 들었다. 아빠는 바로 다음 날 로케이션을 옮기기 때문에 내가 일할 수밖에 없다고 설명했다. 아빠가 이겼다. 다음 날 나는 후들거리는 다리와 고열을 무릅쓰고 영화의 마지막 장면을 찍었다. 수백 명의 사람들과 성문 밖으로 뛰어나가는 장면이었다. 영화의 주요 사건인 투르크와의 전쟁이 드디어 승리로 끝났다. 나는 신나 보여야 했다. 나는 토하고 뛰고 토하고 뛰기를 반복했다. 카메라 밖에서 울고 있는 이모가 보였다. 이모는 장면이 끝나면 나를 덮을 담요를 들고 기다리고 있었다.

그해의 크리스마스 양말에 손바닥 크기의 키보드가 들어있었다. 분홍색과 녹색의 작은 사각형 플라스틱에 작은 버튼들이 붙어있었고 누르면 악기 소리가 났다. 나는 이 키보드를 촬영장에 가지고 다녔고, 카메라가 돌기 직전까지 손에서 놓지 않았다. 그것으로 음악을 만들 때는 내가 어딘가 다른 곳에 있는 척할 수 있었다. 거대한 전투나 군중 한복판이 아닌 곳, 차가운 수조에 잠기기 직전이나 연쇄 폭발을 통과하기 직전이 아닌 다른 시간에 있는 척할 수 있었다. 사막 모래를 채운 먼지 자욱한 스튜디오에서 그날 15시간째 일하는 중이라는 현실을 잠시 잊을 수 있었다. 어느 날 내가 그 싸구려 휴대용 키보드를 가지고 노는 모습을 유심히 지켜보던 에릭이 물었다. "진짜 키보드도 있니?" 내가 발끈해서 말했다. "이거 진짜 키보드예요."

다음 주말, 에릭은 전화를 걸어 우리 가족을 그의 아파트로 초대했다. 도착해 보니 그곳에는 새 신시사이저 키보드가 있었고, 위에 리본이 달려있었다. 내게 주는 선물이었다. 그리고 로빈 윌리엄스가 있었다. 그 순간까지 나는 로빈 윌리엄스가 우리 영화에서 '달의 왕' 역을 하게 됐다는 것을 몰랐다. 나는 〈모크와 민디〉(Mork & Mindy)의 열혈 팬이었다. 그를 만나니 너무 행복해 쓰러질 지경이었다. 나는 그날 하루를 에릭, 로빈과 함께 보냈다. 로빈은 직접 다양한 목소리를 이펙트 키에 입력했고, 나는 노래 전체를 그의 목소리로 연주할 수 있었다. 그날 우리는 로마 거리를 걷고, 젤라토를 먹고, 바티칸과 성베드로 광장에 갔다. 로빈은 교황 흉내를 내며 나를 하루 종일 웃겼다. 그날 이후 에

릭과 로빈은 내게 밝은 순간을 만들어주는 것을 목표로 삼은 듯했다. 그들은 상황이 허락할 때마다, 우리를 둘러싼 세상이 폭발하거나 무너지거나 얼어붙지 않을 때마다 나를 위한 놀이를 만들었고, 노래를 불렀고, 세트장을 놀이터로 바꾸었다.

그러다 기적이 일어났다. 영화 제작이 중단된 것이다. 제작비가 예산을 무지막지하게 초과한 탓이었다. 제작사와 스튜디오와 테리 사이에 지독한 싸움이 일어났다. 드디어 집에 돌아갈 때가 왔다. 어느새 나는 아수라장에서 벗어나 토론토 교외의 집에 안전하게 돌아와 있었다. 다시 학교에 다니고, 다시는 일하러 가지 않아도 된다는 생각에 너무나 신났다. 나는 로마에 있을 때 내 방 사진을 보내달라고 해서 그 사진들을 보며 몇 달을 견뎠다. 그런데 이제 내가 여기 있었다. 이제 집으로, 꽃무늬 벽지와 내 책들과 동물 인형들과 낡고 해진 이불이 있는 내 작은 방으로 돌아왔다.

하지만 3주 후 제작사와 테리와 스튜디오 사이에 합의가 이루어졌다는 청천벽력 같은 소식이 왔다. 영화 제작이 재개되었다. 나는 다시 유럽으로 갔고, 다시 몇 달이 흐른 다음에야 집에 돌아올 수 있었다.

*

드디어 영화가 세상에 나왔다. 영화는 개봉과 동시에 추락했다. 그 추락의 소리가 지축을 울렸다. 〈바론의 대모험〉은 오랫동안 실패작의 대명사가 되었다. 제작비를 막대하게 잡아먹고 흥행에 참패한 영화로 〈천국의 문〉(Heaven's Gate)과 쌍벽을 이루었다. 당시 영화사상 가장 비싼 영화 중 하나로 꼽혔던 이 영화는 불행히도 영화사 내부의 정치 싸움과 보복전의 희생양이 되었다. 이 영화는 콜롬비아 영화사의 퇴임 CEO 데이비드 퍼트넘이 책임지고 밀던 프로젝트였고, 그가 영화사와 척을 지고 떠나면서 개봉이 고의적으로 방해받았다. 나는 4600만 달러와 수많은 사람의 고통과 땀으로 완성되고, 위대한 역작이라는 평을 받은 작품의 운명이 영화사의 하찮은 내분으로 '폭망'할 수 있다는 것이 믿기지 않았다.

독일 개봉을 위해 나는 뮌헨으로 초청받았다. 그곳에서 이상한 홍보 일정을 소화해야 했는데, 그중 하나가 〈스타 서커스〉 출연이었다. 매년 유명 인사들이 실제 관객 앞에서 서커스 공연을 하고 이것을 방송하는 TV 쇼였다. 나는 시키는 대로 미리 큰 바구니에 숨어있었다. 플라시도 도밍고가 한 여성에게 내가 숨어있는 바구니에 들어갈 것을 명했고, 바구니에 다섯 개의 검을 꽂았다. 좁은 바구니 안에서 여성과 나는 함께 몸을 꼬아가며 검들이 천천히 조심조심 우리의 얼굴과 다리를 지나 바구니 반대편으로 나가도록 유도했다. 이윽고 플라시도가 칼들을 다시 빼고 바구니를 열었다. 여성이 상처 하나 없이 바구니에서 뛰어나가 우레와 같은 박수를 받았다. 다음에는 내가 튀어나가 관객을 놀라게 했다. 내가 바구니 안에 있었던 것은 아무도 몰랐다. 플라시도 도밍고가 바로 1미터 앞에서 내게 아리아를 불렀다. 당시 나는 그가 누구인지, 무슨 일이 일어나고 있는지 알지 못했다. 그저 그가 엄청나게 크게 틀어놓은 녹음에 맞춰 립싱크를 하고 있다고만 생각했다. 그렇게 우렁찬 소리로 노래하는 사람은 생전 처음 보았다. 어쨌거나 그것은 내게 환각 체험에 가장 유사한 경험이었다.

서커스 공연이 끝나고 아빠와 나는 대기 중인 차에 올랐다(엄마는 암 증상이 심해져서 막판에 참석을 포기했다). 사인을 원하는 사람들이 우리에게 모여들었다. 그들은 내가 누구인지, 무슨 일로 왔는지 알지 못했지만, 어쨌든 나도 서커스 출연자였기 때문에 내 사인을 원했다. 우리가 차에 오른 후에도 사람들은 차 안으로 손을 뻗었고, 아빠가 놀라서 차문을 닫는 바람에 누군가의 팔이 문에 끼었다. 유명해지고 싶은 욕망에 대한 예방주사를 맞은 순간이었다.

*

영화의 캐나다 개봉일에 맞춰 테리 길리엄 감독이 토론토에 왔다. 아빠가 테리에게 연락해 테리가 묵는 호텔에서 우리 셋이 저녁을 먹는 자리를 만들었다. 아빠는 테리와 시간을 보내는 것에 신이 나서 우스갯소리와 연극 이야기로 대화를 주도했다. 나는 열외로 취급받는 것에 심통이 났다. 아빠가 화장실에 간 사이에 테리가 내게 말했다. “모험을 떠나볼까.” 우리는 사람들의 눈을 피해 호텔 주방을 가로질렀고, “관계자 외 출입 금지”라고 적힌 문이란 문은 다 통과하며 20분 동안 최대한 많은 규칙을 어겼다. 우리는 대연회장을 찾아 들어갔고, 함께 그랜드피아노를 쳤다. 테리가 나를 보며 빙그레 웃었다. 그것은 내가 어른들의 대화에서 배제된 것에 대한 무언의 인정이었고, 어색한 상황에 대한 공감 어린 해법이었다. 결국 우리는 테이블로 돌아갔고, 혼자 어리둥절해 있는 아빠와 다시 합류했다.

나는 집에 돌아오는 길에 아빠에게 대화를 독점한 것을 따졌다. "테리 감독과 여덟 달 동안 일한 사람은 *나*야. *아빠가 아니라!* 그런데도 아빠는 내가 말할 틈을 주지 않았어!"

아빠는 몹시 당황했고, 온갖 말로 사과했다. 아빠는 테리와 다시 저녁 약속을 잡아야 할지 물었고, 다음번에는 내가 말하게 두겠다고 약속했다. 나는 아빠의 제안은 거절했지만 아빠가 이날 자신의 과오를 책임지려 했던 기억은 평생 남았다. 유난히 이 기억이 나는 이유가 무엇일까? 아빠가 영화 촬영 때 나를 보호해 주지 않은 것에 대해서는 인정한 적이 없었기 때문일 수 있다. 하지만 더 큰 이유는 아빠의 파격적인 사과였다. 아빠의 적극적이고 수용적인 사과가 내 허를 찔렀다. 나는 금세 마음이 풀렸다. 아빠의 인정이 고마웠고, 동시에 아빠에게 따진 것이 미안해졌다.

*

내가 20대 중반일 때였다. 당시 내가 출연한 영화에 아홉 살짜리 아역배우가 있었다. 그 소녀를 샌드라, 소녀의 어머니를 제시카라고 부르겠다. 제시카는 한눈에도 자기 아이에 대한 야망과 기대가 컸다. 내가 만난 대개의 아역배우 부모들처럼 제시카도 '사악한 스테이지 맘'♦에 대한 농담을 곧잘 했다. 자신도 해당된다는 것을 뻔히 알면서 그 스테레오타입에서 자신을 분리하려는 의도가 보였다. 하지만 제시카가 재능 있는 자식의 성공에서 대리 만족을 얻는 것은 분명해 보였다. 그는 더 젊었을 때는 연기자 지망생이었고, 이제는 자녀의 매니저로 일하는 엄마였다. 그는 세트장에서 스태프 못지않게 일했다. 우리의 저예산 제작 환경에서 자신이 보탬이 될 수 있는 곳에 열심히 힘을 보탰다. 나도 그를 좋아했다. 그와 아역배우의 삶에 대해 이런저런 이야기를 많이 했는데, 내게서 달갑지 않은 말이 나오면 분위기가 어색해지기도 했다.

어느 날 제시카에게서 이메일이 왔다. 자신의 딸에게 테리 길리엄의 새 영화 〈타이드랜드〉(Tideland)에 출연할 기회가 왔다는 내용이었다. 캐나다에서 촬영이 예정되어 있던 영화였다. 제시카는 내게 샌드라를 밀어주거나 추천해 줄 수 있는지 물었다. 나는 그의 이메일을 읽으며 말문이 막혔다. 나는 제시카에게 (나도 무척 아끼는) 샌드라가 테리 길리엄의 영화에 출연하는 것은 큰 실수가 될 거라고 말했다. 나는 〈바론의 대모험〉 촬영 당시 내가 어떤 경험을 했고, 내 신체적 안전과 심적 안정이 얼마나 무시됐

♦ stage mom, 어린 자녀의 연예계 데뷔나 경력을 위해 극성을 부리는 부모.

는지에 대해 그에게 이미 했던 이야기를 다시 했다. 하지만 그의 귀에는 어떤 말도 들리지 않았다. 그는 자신의 아이에게 온 기회에 흥분했고, 그 흥분은 전혀 가라앉지 않았다. 나는 다급한 마음에 결국 테리에게 편지를 썼다. 그와 일할 때 내가 겪은 경험에 대해 말했고, 이 편지가 내가 겪은 충격적 경험이 다른 아이에게 되풀이되는 것을 막는 계기가 됐으면 한다고 썼다. 내가 테리와 주고받은 이메일 내용은 다음과 같다.

> 안녕하세요, 테리.
>
> 올여름 서스캐처원주에서 영화를 만드신다는 소식을 들었어요. 멋진 시간이 되기를 바랍니다. 이번에 위니펙의 훌륭한 영화 스태프들이 많이 참여하겠죠. 그중에는 감독님의 영향으로 영화 산업에 발을 들여놓은 사람들도 많아요(참 묘하죠. 지난겨울 저도 그곳에서 일했는데, 〈바론의 대모험〉이 자신이 영화 일을 택한 이유였다고 말한 사람이 최소한 다섯 명은 됐어요).
>
> 제가 연락을 드린 것은 〈바론의 대모험〉을 찍을 당시 제 경험에 대해 몇 가지 공유하고 싶어서예요. 이번 작품에서도 어린 소녀와 일하시잖아요. 또 지금까지 우리가 그때에 대해 말할 기회가 없었다는 생각이 들었어요. 지금까지 제가 감독님에게 그때 제 경험이 어땠는지, 그때 일을 지금 어떻게 기억하는지, 그때 경험이 제게 어떤 영향을 미쳤는지 말한 적이 없어요. 다양한 보도를 접하셨다는 건 알아요(누가 제게 그런 말을 했는지는 기억나지 않아요). 하지만 제가 직접 감독님에게 말하지 않으면 공평하지 않다는 생각이 들었어

요. 특히 제가 책임을 물을 (그리고 당연히 책임이 있는) 유일한 사람은 제 부모니까요.

기본적으로 저는 겁에 질려있던 기억이 제일 커요. 지독히 위험하다고 느꼈어요. 장시간 얼음 같은 물속에 있다가 몇 번 병원에 갔던 일, 폭발음 때문에 한 번에 며칠씩 귀가 잘 들리지 않았던 일, 폭약이 너무 가까이서 터졌을 때 심전도검사를 받았던 일 등이 기억나요. 폭발물이 몇 피트마다 터지고 사방에 불이 붙은 긴 복도를 달리던 기억이 나요. 아빠 무릎 위에서 미친 듯이 울면서 그만하게 해달라고 빌었지만 소용없었어요. 그 후로도 몇 번이나 더 해야 했어요. 우리가 배에 타고 있을 때 말이 물에 뛰어들었고, 플라스틱 폭약이 물에 떠올라 제 얼굴 바로 밑에서 터졌던 무서운 장면도 기억나요. 엑스트라 무리에 밟혀 죽을 뻔했던 것, 그 장면을 여러 번 찍었던 것도 기억나요. 매일 일하는 시간이 너무 길었던 것도요.

즐거운 일들도 분명히 있었어요. 하지만 즐거웠던 기억은 공포와 탈진, 주위 어른들에게 보호받지 못한다는 위기감이 지워버렸어요. 다시 말하지만 그때 거기서 저를 보호할 책임이 있었던 성인은 감독님이 아니라 우리 부모였어요. 이걸 깨닫는 데도 시간이 좀 걸렸어요. 오랫동안 제가 감독님을 원망했던 것도 사실이에요.

제가 겪은 일은 세상의 많은 어린이들이 겪는 고통에 비하면 아무것도 아니에요. 하지만 토론토의 중산층 아이에게는 흔치 않은 일이었고, 그 경험이 수년간 저를 냉담하고 외로운 사람으로 만들었어요. 부모에 대한 신뢰를 적잖이 잃은 것도 사실입니다(다시 말하지만 감독님의 잘못이 아니라 당시 경험의 부작용이었습니다).

어떻게 읽힐지 모르지만 이 편지는 죄책감 유발을 위한 것이 아닙니다. 감독님은 항상 재밌었고, 멋졌고, 제게 엄청난 자신감을 주셨어요. 감독님은 천재였고, 감독님이 위대한 영화를 만드는 것을 지근거리에서 지켜보는 것은 (제 나이와 상관없이) 대단한 특권이었어요. 그 영화는 감독님에게도 지옥이었을 겁니다. 현장 지휘만 해도 엄청난 책임인데 감독님이 남의 아이에게 부모 노릇까지 할 수는 없었을 겁니다. 감독님은 만약 제게 트라우마가 될 일이 생기면 제 부모가 나서서 감독에게 통지하고 알아서 막을 거라고 생각하셨을 겁니다. 사실 제 부모가 여러 번 그랬어야 했지만, 그러지 않았죠. 하지만 제 부모가 괴물이기 때문은 아니었어요. 제 부모처럼 감독님을 경외하는 사람들의 입장을 고려하지 않을 수가 없어요. 제 부모는 자신의 딸이 테리 길리엄의 영화에 출연한다는 사실에 놀라고 흥분해서 그 너머를 보기 힘들었을 거예요. 누구도 곤란하게 하기 싫었을 것이고, 자신의 아이 때문에 100여 명의 시간을 지체할 엄두를 내지 못했을 거예요.

제 요점은 이겁니다. 감독님이 이번 영화에 누구를 캐스팅할지, 그 부모가 어떤 사람일지 저는 모릅니다. 다만 저는 감독님이 그 아역배우를 놓으려는 자리에 감독님의 아홉 살짜리 자녀도 놓을 수 있을지 부단히 따져보셨으면 해요. 그 아이의 부모도 (어떤 이유로든) 옳은 결정을 내리기가 어려울 가능성이 높으니까요. 큰 부담인 것은 압니다. 하지만 어쨌든 학교에 있어야 할 아이들을 일에 투입했다면, 이 또한 감독의 기본적인 소임이 아닐까 합니다(제가 그간 아역배우들과 그 부모들을 지켜보며 든 생각입니다).

청하신 적은 없지만 몇 가지 조언을 적어봅니다.
아이의 기분을 주시해 주세요. 아이에게 질문을 많이 하세요. 어떻게 지내는지, 일이 어떤지, 지금 하는 것을 멈추고 싶지는 않은지 등등. 만약 아이가 불편해하거나 무서워하는 기색이면, 중단하는 것과 계속하는 것 중 무엇이 최선일지 감독님이 직접 나서서 판단해 주세요.
이번 영화에도 물 장면이 있다면, 반드시 춥지 않게 해주세요!!!!
이번 영화에도 폭발이 있다면, 리액션 숏은 폭발 장면과 별도로 찍는 것이 백번 낫습니다. 이건 아무리 강조해도 지나치지 않아요. 저는 지금도 차 문이 바로 옆에서 닫히거나 너무 세게 닫힐 때마다 몸을 움츠려요.
그런 촬영 방식이 심히 번거로울 수는 있지만, 그 방법이 감독님이 또다시 이런 이메일을 받는 사태를 막아줄 수 있어요.
두서없는 글 죄송해요. 하지만 감독님에게 이 말을 하지 않는 것이 어느 쪽에도 도움이 되지 않는다는 것을 막 깨달았어요. 제가 아는 감독님은 좋은 분이니, 서로 소원해지는 일 없이 귀담아들어 주시리라 믿습니다(제발요).
영화의 성공을 빕니다. 멋진 영화가 만들어질 것으로 믿어요.
세라 폴리

테리는 바로 다음 날 답장을 보냈다.

세라,

내가 이번 캐나다 프로젝트를 시작한 이래, 토론토에서 내가 참여한 모든 대화에 너의 이름이 전면에 등장하지 않은 적이 없었어. 스태프 면접에 온 사람들 모두 결국에는 네 이야기를 꺼내더구나. 너는 어디나 존재해. '어디나 존재한다'는 표현을 듣는 사람이 몇이나 될까? 나도 네가 감독 데뷔작을 만들 예정이라는 소식을 들었어. 축하한다. 너는 정말 대단해. 너는 계속 훌륭한 배우로 활약하고 있고, 이제 영화 연출도 멋지게 해낼 것으로 확신한다.

〈바론의 대모험〉이 남긴 상처에 대해 말하자면, 나는 그 상처들이 그렇게 깊었는지 미처 알지 못했어. 너는 항상 카메라 뒤의 내게 놀라운 프로 정신을 보여주고 감동을 줄 뿐이었어. 너는 언제나 우리가 세운 계획('무계획'이라고 해야 하나?)이면 그게 무엇이든, 그게 얼마나 어려운 일이든 기꺼이 뛰어들 준비가 되어있었지. 사실 너는 일부 성인 연기자들과 달리 항상 믿을 만했고, 언제부턴가 나는 그걸 당연시했어. 네가 높은 집중력을 보여주었기 때문에 네가 그렇게 끔찍한 시간을 보내고 있다는 걸 전혀 알지 못했다. 이런 말이 소용 있을지 모르겠지만 우리는 항상 너의 안전에 신경 썼어(너는 너무나 소중했으니까. 너에게 무슨 일이 생기면 우리 영화도 끝이었으니까). 현장이 위험해 보였을 수는 있지만, 보이는 것처럼 위험하진 않았어. 정말로 사고가 날 뻔한 적은 딱 한 번, 말이 배에서 뛰어내렸을 때뿐이었어. 우리 모두 얼마나 기겁했는지 몰라. 하지만 안젤로는 내가 본 가장 뛰어난 기수였고, 안젤로라면 배에 있는 사람들 누구도 다치게 하지 않으리란 믿음이 있었어. 그렇지만 그 폭발은 대실수였고, 늦었지만 사과한다.

한 가지 궁금한 점이 있어. 영화에서 샐리를 볼 때 어떤 숏이 너고 어떤 숏이 너의 대역인지 구분이 가니? 네가 배 안에 있는 숏들은 수조 가장자리에서 찍은 것이고, 배 옆의 물에는 스턴트맨들이 있지 않았던가? 이렇게 묻는 것은 너의 괴로운 기억을 축소하기 위해서가 아니라, 너와 내가 그때 일들을 기억하는 방식의 차이를 이해하기 위해서야. 특히 당시 너는 무척 어렸고, 감수성이 강하고 예민한 아이였지. 한편으론 현명한 서른 살처럼 느껴지기도 했지만.

다행히 우리가 이번에 만드는 영화에는 아역에게 물리적으로 위험하거나 무서운 장면이 없어. 솔직히 성인 연기자들에게는 고생스러운 장면이 좀 있지만, 아역에게는 그렇지 않을 거야. 너처럼 이번 소녀도 모든 장면에 등장해. 이건 그 소녀의 영화야. 지금 아홉 살이고 네 살부터 연기를 했다더군. 정말 대단해! 그리고 아역배우에게 다행한 일이 더 있어. 이제는 내가 많이 늙었어. 그리고 기력도 옛날만 못 해. 그리고 어쩌면 좀 더 현명해졌지. 너의 제안을 마음에 새길게.

연락 고마워. 다음에 내가 토론토에 가게 되면 함께 저녁 식사라도 하자. 지금의 너는 어떤 사람일지 궁금해.

테리

안녕하세요, 테리.

답장해 주셔서 정말 감사해요. 당시에 무서웠던 일이 나중에 돌아보면 그리 무서운 일이 아닌 경우가 많다는 것을 분명히 알아요(그리고 당시에 배가 수조 안에 있었다는 것은 분명히 기억해요). 그리고 어떤 숏이 대역인지도 확실히 알아요. 하지만 제가 기억하는 것과 실제로 일어난 것 사이의 괴리는 분명히 존재해요. 사진도 이와 비슷해요. 사진들을 중심으로 기억이 쌓입니다. 때로 기억은 실제로 일어난 일이 아니라 당시에 느꼈던 것들에 대한 전반적인 반영에 가깝습니다. 따라서 제 인상이 어른의 인상과 다를 수 있다는 것을 기꺼이 인정합니다. 그런데 바로 그 점이 중요하지 않을까요. 그때의 환경은 아이에게 좋지 않았어요. 실제로는 위험하지 않아도 쉽게 위험으로 해석될 것들이 많았으니까요. 어릴수록 그 구분이 더 어렵고, 더구나 그때의 제게는 그런 구분을 도와줄 만한 사람도 별로 없었어요. 실질적인 트라우마는 뚜렷한 기억들이었고, 그것들이 영화가 나오기 한참 전부터 제게 악몽을 안겼어요. 따라서 제 스턴트 대역이 한 것과 제가 한 것 사이의 혼동이 저의 고통스런 기억에 개입했을 가능성은 없다고 생각해요.

답장 주셔서 정말 감사드려요. 감독님이 어떻게 반응하실지 알 수 없었거든요. 영화가 정말로 잘됐으면 좋겠어요. 다음에 토론토 오시면 꼭 뵙고 싶어요. 모처럼 이렇게 연락이 닿아서 얼마나 기쁜지 모릅니다.

세라

샌드라는 〈타이드랜드〉에 캐스팅되지 않았다. 다른 아역배우가 뽑혔다. 제시카는 자신의 딸이 그 역을 맡지 못한 것에 대해 비이성적일 정도로 비통해하며 내게 위로를 구했다. 그는 샌드라의 대학 학비를 확보할 방법이 없어진 점에 특히 상심했다.

제시카는 내게 보낸 이메일에 정작 샌드라 본인은 자신의 불합격에 전혀 속상해하지 않는 것 같다고 썼다. 나는 제시카에게 〈타이드랜드〉 캐스팅 불발 소식을 받아들이는 방식에 대해서는 어린 샌드라를 본받을 필요가 있다고 말했다. 사실 나는 캐스팅되지 않은 것이 샌드라에게 오히려 행운이라고 믿었다. 이 대화를 통해 나는 상당수 아역배우 부모들에게 박힌 망상의 뿌리가 얼마나 깊은지 새삼 느꼈다. 경험자에게 직접 끔찍한 체험담을 듣고서도 제시카는 목숨 같은 자식이 처할 수 있는 위험을 끝까지 정당화했고, 심지어 그런 위험이 발생하지 않게 된 것을 두고 그 위험을 경고했던 사람에게 위로를 구했다.

〈타이드랜드〉가 개봉하자 《글로브》와 《메일》은 〈반짝 반짝 작은 별〉이라는 기사를 냈다. 〈타이드랜드〉에서 주연을 맡은 10세 캐나다 배우 조델 퍼랜드에 대한 기사였다. 기사는 테리 길리엄이 과거에도 캐나다 아역배우를 캐스팅했던 사실을 언급하면서, 길리엄이 캐나다 소녀를 두 번 이상 기용한 것이 단순한 우연이 아닐 수 있다고 추측했다.

게일 맥도널드 기자는 다음과 같이 썼다. "길리엄 같은 영화 제작자들이 지속적으로 캐나다 인재 풀에서 아역배우를 선발하고 있다. 세간의 말에 따르면 우리 아이들이 연출과 관리 감독과 주조 성형에 용이한 편이기 때문이라고 한다. 우리의 태평스럽고 협조적인 국민성 덕분이라고 해두자."

나는 맥도널드의 표현에 마음이 불편했다. 나는 맥도널드의 기사에 대응해 《토론토 스타》에 실을 글을 쓰면서 테리에게 우리의 이메일 내용을 기고문에 일부 공개해도 좋을지 허락을 구했다. 감사하게도 테리는 망설임 없이 동의했다(내가 테리에 대해 여전히 경탄하는 점 중 하나는 이런 두려움의 부재다. 테리에게는 노출이나 공격을 피하려는 자기방어 본능이 없다. 다른 사람 같았으면 자기 이메일이 이런 식으로 공개되는 것을 꺼렸을 것이다). 다음은 내 기고문의 결론 부분이다.

> 몇 주 전 영화제 행사에서 17년 만에 처음으로 테리 길리엄 감독을 만났다. 우리의 다정한 수다 중에 조델 이야기도 나왔다. 그는 "조델은 촬영을 즐거워했어. 조델이 이 일을 정말 좋아하는 게 보였지. 그 친구는 이것이 자기가 원하는 일이라는 걸 알고 있었고, 그곳에 있는 것을 행복해했어"라고 말했다.
>
> "그런데" 그가 덧붙였다. "내가 너에 대해서도 같은 생각을 했던 게 기억나. (…) 그래서 너의 이메일을 받고 몹시 놀랐어." 그는 혼란스러운 표정이었다.
>
> 당시에는 누구라도 내가 얼마나 불행한지 알기 힘들었을 것이다. 다른 아이들처럼 나도 남들의 마음에 들려고 애썼고, 어려운 상황에 잘 적응했고, 힘든 경험들을 일단 묻었다가 나중에 처리하는 경향이 있었고, 〈바론의 대모험〉 홍보 기간에 테리와 영화를 입에 침이 마르게 칭찬했다.
>
> 조델 퍼랜드도 내가 읽은 인터뷰마다 〈타이드랜드〉 촬영을 매우 긍정적인 경험으로 이야기한다. 조델이 아직 어린아이라 해도, 영화 촬영 경험에 대한 조델 본인의 인상을 현재 그가 말하는 대로 받

아들일 필요는 있다고 본다. 다만 내 경험을 고려할 때, 조델의 인상이 변할 가능성을 배제하기 어렵다. 어쩌면 10년이나 20년 후에 그에게 편지를 띄워 물어보게 될지도 모르겠다.

내가 이 글을 쓰던 때는 지금과는 다른 시대였고, 다른 정치적 분위기 속에 있었다. 내가 당시에 빼놓고 쓰지 않은 것이 있다. 이 글에서 언급한 영화제 행사에서 테리가 나를 봤을 때 그는 내 셔츠를 '장난스럽게' 잡아서 나를 돌려세웠고, 셔츠를 들어 올리려 하면서 이렇게 말했다. "어디, 흉터 좀 보자! 흉터 어디 있어?!" 내게는 척추측만증 수술 때문에 실제로 등에 기다란 흉터가 있다. 나는 그가 비유적으로 하는 말이라는 것을 깨닫지 못하고 말했다. "음, 여기 있어요."

나는 테리에게 조델 퍼랜드가 촬영장에서 어떻게 지냈는지 물었다. 그리고 내 경험상 필요해 보여서 배우조합에 전화를 걸었다고, 현장을 자주 방문해 아이의 안부를 확인할 것을 요청했다고 말했다. 내 말에 그는 웃으며 대답했다. "조합에서 사람이 한두 번 나오긴 했어. 아이는 멀쩡했고, 우리는 걸핏하면 초과근무를 했지. 아무도 신경 쓰지 않던데!"

속이 뒤집혔다. 이메일로 테리에게 아역배우를 세심히 배려해 줄 것을 청하면서도 나는 사실 큰 기대를 품지 않았다. 그가 책임지는 면에서는 거의 구제불능이라는 것을 내심 알고 있었기 때문이다. 하지만 이 아이를 보호하는 것이 직업인 사람들이 제 할 일을 하지 않았다는 사실에는 화가 치밀었다. 내가 조합에 직접 전화 걸어서 지금 한 아이가 잠재적 위험 상황으로 향하고 있다고, 과거 같은 감독과 일했던 나도 여러 번 위험에 처했다고 말했는데도 그들은 조델의 무탈함과 노동시간을 확인하려는 노력을 거의 하지 않았다. 오죽했으면 그들의 무관심을 테리가 느꼈을 정도였다니 어이가 없었다.

테리와 이메일을 주고받을 때 나는 그 이메일들을 아빠에게 보여주었고, 아빠는 늘 그렇듯 지적이고 초연한 반응을 보였다. 우리 부녀가 그 전에도 끔찍했던 〈바론의 대모험〉 시절에 대한 대화를 나눈 적이 있었기 때문에 아빠는 딱히 놀라거나 불쾌해하지 않았다. 하지만 내 글이 《토론토 스타》에 실리자 상황이 달라졌다. 그 글을 읽은 아빠의 지인들이 아빠에게 당시에 얼마나 속상했냐고 묻기 시작하자 아빠는 당황했고, 나중에는 화를 냈다. 아빠는 자신이 자식을 위험에 내몰고 방관한 '스테이지 파파'로 묘사된 것에 겁을 먹었고, 갑자기 어느 것도 사실이 아니라고 부인하기 시작했다. 어느 날 밤 가족 식사를 마치고 아빠가 나를 집에 데려다줄 때였다. 분노에 찬 아빠의 장광설을 참고 듣다가 나도 폭발했다. 나는 아빠에게 그때 부모로서 응당 했어야 하는 방식으로 나를 보호하지 못한 것을 그저 사과하고 인정하는 것이 어떠냐고, 그편이 의미 있고 심지어 전향적일 거라고 했다. 그러자 아빠가 말했다. "글쎄— 유감이다. 네가 화가 났고, 그렇게 기억하고 있고, 같은 일에 대한 우리 기억이 이렇게나 달라서 유감이다." 나는 아빠에게 그건 사과가 아니라고 말하고 차에서 내려 문을 쾅 닫았다. 이것이 우리가 그 일을 직접적으로 거론한 마지막 대화였다. 다만 몇 년 후 내가 수술을 받은 아빠를 돌볼 때, 아빠가 진통제에 취해서 나를 보다가 이런 말을 했다. "넌 정말 훌륭한 아이야. 거의 엄마 없이 자랐고, 아빠도 변변찮았는데." 나는 등을 돌리고 아빠가 보기 전에 눈물을 훔쳤다.

*

내가 20대 후반일 때 당시 출연 중이던 영화의 조감독 한 명이 내게 말했다. "우리 특수효과 감독님이 세라와 꼭 인사를 나누고 싶어 해요. 그런데 세라가 자기를 미워하지 않을까 겁난대요. 〈바론의 대모험〉 특수효과를 담당했던 분이에요."

그날 나는 특수효과계의 거장 리처드 콘웨이와 재회했다. 어렸을 때 이후 처음이었다. 내가 인사를 건네자 그의 눈에 눈물이 그렁그렁 맺혔다. 그가 말했다. "미안해요. 그 영화 현장에서 세라에게 있었던 일을 생각하면 정말 미안해요."

나는 진지하게 물었다. "그때 상황이 정확히 어땠나요?"

"많은 일들이 있었죠. 많은 일들이 잘못됐죠." 그가 말했다. "이 업계에 있는 사람은 누구나 무서운 이미지를 하나씩 품고 다니죠. 현장에서 사고가 나는 이미지요. 내 경우 그 이미지는 폭약이 세라 근처 수면으로 떠오르는 바람에 수조에서 구급차로 옮겨지던 세라의 얼굴이에요. 세라는 울고 있었어요. 아니, 울고 있지 않았어요. 사실은 비명을 지르고 있었죠. 발작 상태였어요. 공포로 절규하고 있었어요."

우리는 한동안 말을 잇지 못했다. 그가 말했다. "작은 폭약들이 터졌을 때, 폭음에 놀란 말이 배우들 쪽으로 뒷걸음질을 치니까 기수가 말을 배 밖으로 틀었고, 나는 테리에게 컷 하라고 외쳤어요. 그는 거부했어요. 그는 내게 악을 썼고, 팔을 뻗어서 내 손에서 기폭 장치를 잡아채더니 직접 폭약을 터트렸어요. 그때 세라는 몸을 숙이고 있었고, 폭약이 세라와 너무 가깝게 터졌어요."

리처드와 나는 친해졌다. 하루는 그가 〈바론의 대모험〉을 함께 볼 것을 제안했다. "일종의 퇴마 의식을 하는 거죠. 우리 둘 다를 위한." 우리 둘 다 그 영화를 오랜 세월 동안 보지 않았다. 어떤 기분을 안길지 무서웠기 때문이다. 어느 저녁, 촬영을 끝내고 우리는 호텔에서 함께 영화를 보았다. 찍을 때 유독 무서웠던 장면이 나오면 숨이 목구멍에 걸렸다. 리처드는 내가 숨을 멈추는 소리를 듣고 말했다. "서로 손을 잡아줄까요?" 나는 팔을 뻗어 그의 손을 꽉 잡았다. 배 장면이 나오자 그가 내 손을 더 세게 쥐었다. 눈을 돌려보니 그의 얼굴에 눈물이 흐르고 있었다. "너무, 너무 미안해요." 그가 말했다. 나는 그를 끌어안았다. 그가 사과할 일이 아니라고 생각했지만, 그의 사과가 너무 고마웠다.

남작과 샐리가 하늘로 올라가 달로 향하는 장면에서 우리는 영화의 예술성과 영상미에 새삼 감탄했다. 손으로 그린 배경들, 정교하게 구현된 아날로그 환상들. 남작과 샐리가 아름다운 뭉게구름 사이로 하늘을 항해하는 장면에서 리처드가 말했다. "몇 주 동안 내 스태프들과 저 구름들을 일일이 손으로 만들었어요.

저런 건 이제 아무도 못 만들어요. 자기 손으로 마법적 이미지를 창조하는 기분이 어떤지 아무도 모를걸요. CGI가 나온 이후로 사라진 예술이죠." 우리는 에릭 아이들과 존 네빌과 내가 완벽한 초승달의 모서리를 따라 올라가고, 별 무리에서 말과 물고기와 전갈이 모습을 드러내고, 우리가 바다 괴물에게 통째로 먹힌 후 괴물의 배 속에 무사히 안착하고, 분수들이 솟구치는 지하 궁전에서 우마 서먼과 존 네빌이 왈츠를 추며 공중에 날아오르는 것을 보았다. 우리는 끝까지 손을 잡고, 함께 넋 놓고 영화를 보았다.

*

2018년, 테리 길리엄 감독이 미투 운동을 폄하하는 발언으로 논란에 휩싸였을 때였다. 누군가 테리와 내가 주고받은 이메일 내용을 그의 수준 이하의 인간성을 보여주는 증거로 트위터에 올렸다. 이에 대해, 어릴 때 이후로 전혀 연락하지 않았던 에릭 아이들이 답글을 올렸다.

"세라의 말이 사실이다. 그는 위험에 처했다. 그것도 여러 차례나. 우리 중 아무도 죽지 않은 건 천운이었다. 그때 배 뒷자리에 있었던 사람은 나와 세라와 잭 퍼비스였다. 폭발에 놀란 말이 후진하면서 우리를 덮치려 했고, 노련한 기수가 말을 물속으로 뛰어들게 했다."

세라의 말이 사실이다. 그는 위험에 처했다. 그것도 여러 차

례나. 나는 이 아홉 어절을 읽고 또 읽었다. 당시 *현장에 있었던* 누군가가 느닷없이 나타나 내 기억을 확인해 주었고, 내 이야기를 입증해 주었다.

내가 차 문이 갑자기 쾅 닫히는 소리를 들어도 몸을 움츠리지 않게 된 것은 바로 이즈음이었다.

*

샐리: 뮌하우젠 남작은 실제로 없어요. 이야기에만 나와요.

뮌하우젠 남작: 저리 가! 나는 죽을 거야!

샐리: 왜요?

뮌하우젠 남작: 나는 세상에 신물이 나고, 세상도 나에게 염증을 내거든.

샐리: 하지만 왜요? 왜요?

뮌하우젠 남작: 왜, 왜, 왜! 왜냐면 이제는 논리와 이성만 판을 치니까. 과학, 진보, 수역학의 법칙, 사회역학의 법칙, 이런 법칙, 저런 법칙. 남해의 다리 세 개 외눈박이는 있을 데가 없어. 오이 나무와 포도주 바다는 있을 곳이 없어. 내 자리는 아무 데도 없어.

테리 길리엄이 워낙 동심과 순수한 경이감으로 가득한 사람이었기 때문인지, 나는 오랫동안 위험천만한 촬영 환경의 책임이 그에게 있다는 생각을 하지 못했다. 그리고 내 부모를 필요 이상으로 비난했다. 혹은 내가 내 분노를 테리를 포함한 모두에게 공평하게 분배하지 않았다는 말이 더 맞을지 모른다. 테리에게 보낸 이메일에서 내가 그에게 책임을 묻지 않고 내 부모의 탓으로 돌리는 말만 여러 번 한 것이 놀라울 따름이다. 그 이메일을 쓸 당시 내가 테리에게 책임을 묻지 않은 것은 어쩌면 내가 그를 책임질 *수 있는* 사람으로 보지 않았기 때문이다. 내가 내면화했던 '미치광이 천재'라는 개념은 책임감, 공감, 양심의 부득이한 부재를 포함했다. 나는 재기와 재능이 변덕스럽게 번득이는 사람은 타인의 고통에 별수 없이 무심한 법이라고 여겼다. 앤드루 율의 책 《빛을 잃다》(*Losing the Light*)는 〈바론의 대모험〉 제작 과정의 악재들을 다룬다. 이 책의 뒤표지에 테리 길리엄 감독의 말이 다음과 같이 인용되어 있다. "나는 내 우선순위가 옳다고 생각한다. 나는 영화를 위해 나 자신도, 다른 누구도 희생시킬 수 있다. *영화*는 남지만 *우리*는 모두 먼지가 될 뿐이다." 어떤 대가를 치르더라도 위대한 영화를 만들겠다는 외골수적 집념에는 옛날부터 특별한 매력이 따라다녔다.

그래서일까, 지난 세월 내가 테리에 대해 무슨 생각을 얼마나 했든 그는 여전히 내 기억 속에 빛나는 천재이자 아이처럼 순수한 사람으로 꿋꿋이 살아있다. 그에게는 아이들을 너무나 들뜨게 하는 눈빛, 일말의 망설임 없이 '네가 있어서 기쁘다'고 말하는 눈빛이 있었다. 그는 진정으로 아동기 상태에서 벗어난 적이 없었기에, 값비싸고 위험한 장난감을 잔뜩 숨겨놓은 놀이 친구와 같았다. 때로는 우리의 놀이가 사나운 통제 불능 상황으로 치닫는 느낌이었다. 상황이 너무 위태해지고 너무 많은 규칙이 깨졌을 때 누구에게 그의 잘못을 고해야 할지 나는 알지 못했다. *그에게는 어떤 부모도 없는 듯했다.*

내가 생각하는 진실은 이렇다. 내가 테리의 책임을 면해준 것은 내가 어릴 때부터 '악동 감독'(통제 불가 미치광이 백인 남성 천재)이라는 개념에 현혹된 탓이다. 이것이 적어도 부분적인 이유다. 천재성은 어떠해야 하는지에 대해 영화계를 지배해 온 신화를 나도 믿었기 때문이다. 나는 영화계가 특정 남성들의 충동 조절 장애 행동을 천재의 증상으로 해석하는 것을 평생 목격했다. 그들의 일탈 행동이 영화 제작 이야기를 흥미롭게 꾸미는 일화로 둔갑하는 것을 흔하게 보았다. 배우로 일하면서 나는 젊은 백인 남성 감독들이 기벽과 기행을 심지어 *가짜로* 꾸며내는 것도 심심찮게 보았다. 그런 연출이 자신에게 예술가의 신망을 더해준다고 믿는 행태였다. 말썽 없는 천재는 없다는 생각이 너무나 만연해 있다. 이 발상이 그동안 수없이 많은 비행과 학대에 길을 터주었다. 지금의 나는 천재에 대한 이런 식의 정형화와 우상화에 참기 힘든 역겨움을 느낀다. 나는 점잖고 양심적인 사람들이 위대한 작품을 만드는 것을 많이 보았다. 또한 여성 감독이나 비백인 감독이 비슷하게 무책임한 성향을 보이면 어떤 눈총이 쏟아지는지도 보았다. 이를 생각하면 더욱 역겨웠다. 테리는 영화계가 만들어낸 가공의 '미치광이 천재'로 너무 오래 살았다. 그는 광기와 무모함이 작품을 진작한다고 믿는 세상에서 살았다. 현실과 직면했을 때 뮌하우젠 남작은 이렇게 말한다. "*귀하의 '현실'은 거짓말과 허튼소리요. 그리고 기쁘게도 나는 그게 뭔*

지 쥐뿔도 못 알아먹겠소." 놀랍도록 매혹적인 대사지만, 특권층 백인 이성애자 남성만이 치명적 결과 없이 고수할 수 있는 신조다.

(미투 운동 이후의 새로운 규준이 자리 잡아가고, 모두의 존엄이 더 존중받을 거라는 기대가 커지고 있다. 이런 영향으로 나는 결국 영화계에서도 기존의 행동 규범이 바뀌기 시작할 것으로 희망한다.)

나는 예전만큼 내 부모를 원망하지 않는다. 아무리 자식의 안위가 걸린 일이라 해도 엄청난 재정적·시간적 압박을 받는 대작 영화의 촬영을 중단시키기가 얼마나 어려운지 지금은 그때보다 잘 알기 때문이다. 세월이 흐르면서 테리는 어른의 문제를 이해하지 못하는 아이 같은 무능함을 드러내는 발언뿐 아니라, 과거 가해에 대한 인정과 평등을 요구하는 사회운동을 고의적으로 무시하는 발언을 점점 더 많이 했다. 그가 어떤 사람인지, 당시 우리가 갇혀있었던 그 아수라장에서 그가 어떤 역할을 했는지에 대한 내 견해도 지금은 많이 달라졌다. 지금의 나는 많은 백인 남성들이 예술의 이름으로 용납되고 면책받아 온 문화적 현상의 맥락에서 그의 문제를 본다. 그는 마법 같은 천재성을 보여주었고, 영화사에 길이 남을 영상과 서사를 만들었다. 하지만 그 결과가 그를 도운 수많은 사람들이 수년간 겪은 고통만큼 값어치가 있는지는 계산하기 어렵다.

최근 조니 오빠가 오래전 엄마가 오빠에게 했던 이야기를 들려주었다. 〈바론의 대모험〉을 찍을 때였다. 엄마는 세트장에서 나를 안고 있었다. 엄마는 내가 달려 내려갈 경로의 끝에 구급차가 대기하고 있는 것을 보았다. 엄마는 제작 팀에게 딸이 그 숏을 찍게 할 수 없다고 말했다. 그러자 엄마의 표현에 따르면, 조감독 한 명이 나를 울고 있는 엄마의 품에서 그야말로 들어냈다. 내가 달려 내려갈 때 폭약이 사방에서 터졌고, 엄마는 딸의 작은 몸이 혼돈 속으로 사라지는 것을 보았다. 조니 오빠는 엄마가 이 이야기를 하면서 이 말을 반복했다고 했다. “내 품에서 애를 빼앗아 갔어. 내가 울면서 잡았지만, 그 사람들이 애를 움켜잡고 그대로 내 품에서 들어냈어.”

나는 이 이야기를 듣고 기뻤다. 엄마가 나를 위해 싸웠다는 것을, 상황을 막으려 했다는 것을 알게 되어 기뻤다. 내가 기억하지 못하거나 당시에 인식하지 못한 순간들이 어쩌면 많다는 것이, 나를 보호할 의무 앞에 우리 부모가 도미노처럼 무너지지 않은 순간들이 있었다는 것이 기뻤다. 설사 그때 딱 한 번뿐이었다 해도, 엄마는 나를 보내지 않으려 했다. (나는 전혀 기억나지 않는) 엄마의 이 이야기가 실제로는 일어나지 않았다 해도 기뻤다. 엄마는 적어도 그런 이야기를 만들어낼 필요를 느꼈다. 의미 없는 일일지 몰라도 의미가 있었다.

*

2008년 나는 벨기에의 명감독 자코 반 도마엘의 영화 〈미스터 노바디〉(Mr. Nobody)에 출연했다. 자코는 동심, 상상력, 천재적 영상미를 제외한 모든 면에서 테리 길리엄과 정반대였다. 우리의 노동시간은 짧았다. 스태프들은 자녀를 세트장에 데려왔다. 자코는 동료들을 깊이 배려했다. 동료들의 가족과 친하게 지냈고, 거의 성인(聖人)급의 공감 능력을 보였다. 불과 몇 주 만에 자코와 나는 여러 차례 긴 대화를 통해 서로의 삶에 대해 많은 것을 알게 되었다.

화재 특수효과가 앞유리를 덮치는 자동차 사고 장면을 찍을 때였다. 나는 상대 배우와 자동차 앞자리에 앉아있었다. 자코와 촬영감독 크리스토프 보카른이 뒷자리에서 우리의 어깨 너머로 이 숏을 잡을 예정이었다. 찍을 때가 되자 온몸이 떨렸다. 여덟 살 이후로 특수효과 장면을 찍을 때면 항상 그랬다. 내가 떠는 것을 봤는지 자코가 내게 촬영 전에 특수효과를 미리 확인하고 싶은지 물었다. 그는 자신이 내 자리에 앉은 상태로 화재 특수효과를 작용시켜서 안전한지 보자고 했다. 나는 고개를 끄덕였다. 자코가 차에 탔고, 불이 폭발했다. 안전해 보이긴 했지만 내가 서있는 몇 피트 밖까지 열기가 느껴졌다. 나는 다시 고개를 끄덕이고 자동차의 내 자리로 향했다. 자코가 말했다. "세라, 안색이 너무 창백해요." 나는 고개를 저었다. 괜찮을 것이 분명했다. 감독이 직접 시연했고, 감독도 자동차 뒷자리에 있을 예정이었다. 무서울 게 전혀 없었다. 감독이 물었다. "무서워요?" 내가 말했다. "아주요. 하지만 걱정할 필요 없다는 걸 알아요. 그리고 감독님이 원하는 숏이니까요." 그는 내가 무서워하는 일을 굳이 하는 것은 자신도 원치 않는다고 했다. 나는 감독과 상대 배우와 촬영감독은 기꺼이 감수할 위험을 나만 감수하지 못한다면 비참한 기분이 들 거라고 했다. 내가 촬영을 거부하는 것은 말도 안 되는 일이라고 했다. "다른 분들은 모두 문제없잖아요." 내가 말했다. 자코가 내 어깨에 손을 얹고 부드럽게 말했다. "하지만 우리 중 아무도 아이 때 〈바론의 대모험〉을 찍지 않았죠." 나는 잠시 말을 잃었다. 그가 말했다. "이 숏을 찍을 다른 방법을 찾으면 돼요. 세라가 꼭 이걸 감당할 필요는 없어요."

나는 몹시 부끄러웠다. 부끄럽다고 했더니 그가 말했다. "이 영화가 우리가 원하는 전부라면, 잠시 동안 두세 명에게 영향을 미치겠죠. 그것도 운이 아주 좋을 경우에요. 유일하게 *확실한* 것은 영화를 만든 경험은 우리 모두에게 남는다는 겁니다. 그 경험은 영원히 우리의 일부가 될 겁니다. 그러니까 우리는 이 경험을 좋은 것으로 만드는 데 최선을 다해야 해요. 그게 가장 중요해요." 그는 내 어깨에 팔을 둘렀고, 나를 세트 밖으로 인도했고, 그 장면을 찍을 새로운 방법을 찾아냈다. 우리가 세트에서 걸어 나갈 때, 그때껏 내 안에 박혀있던 뭔가가 뽑혀 나왔다.

힘든 과거를 받아들이는 것은 자신의 이야기를 믿고, 그 기억을 거기 있었던 사람들에게 확인받고, 거기 없었던 사람들에게 존중받아야 가능한 일인 것 같다. 우리 자신의 이야기를 믿고 처리하기가 왜 이리 어려운 걸까? 과거의 그림자에서 확실한 목격자들이 나타나지 않고서는, 또는 과거지사가 현재에 재현될 때 적극적인 동조자들이 생기지 않고서는 너무 어렵다.

몇 해 전 나는 다시 로마에 갔다. 나는 라르고데이리브라리 광장 끝의 자갈길에 앉았다. 내가 작은 초콜릿 아이스크림 볼을

사 먹던 가게는 이미 오래전에 문을 닫았다. 이제 테이블과 의자, 그리고 야외에서 식사를 즐기는 관광객들이 작은 광장을 가득 채우고 있었다. 나는 그들의 머리 위로 1988년의 몇 달 동안 우리가 살았던 아파트를 올려다보았다. 광장의 공기는 여전한 냄새를 풍겼다. 수백 년 세월의 냄새. 낭만적이면서도 역겨운 냄새. 마치 무언가가 썩고 있는 것처럼, 아름답게. 관광객들도 그 냄새를 느끼고 있을지 궁금했다.

*

며칠 전 이브가 〈바론의 대모험〉을 함께 보자는 말을 다시 꺼냈다. 이제 이브는 내가 그 영화를 찍었을 때와 나이가 같다(에일라는 합석을 거절했다. "내가 아홉 살 되면 생각해 볼게").

영화를 보면서 나는 내 아이들이 상대적으로 예측 가능하고 지루한 어린 시절을 보내고 있는 것에 대해 여러 번 감사한 마음이 든다. 이브의 아홉 살 인생에는 마땅히 대모험이라고 할 게 없다. 그리고 큰 트라우마도 없다. 영화가 시작되고 폭발로 가득한 장면들이 불과 10분쯤 흘렀을 때 이브가 말한다. "옛날에 엄마가 영화를 찍을 때는 불이랑 폭발을 그려 넣었어? 아니면 다 진짜였어?" 내가 진짜였다고 하자 이브는 헉 하고 놀란다. "옛날이었으면 난 영화 찍기 싫었을 것 같아. 너무 무서워 보여." 이브는 넋 놓고 영화를 본다. 그리고 영화에 자신과 똑 닮은 아이가 나오는 것이 웃기고, 신기하고, 이상한 모양이다. 영화 중반에 주인공들의 목숨이 여덟 번째인가 아홉 번째로 위험에 처했을 때 이브는 겁을 집어먹고 더는 보지 않으려 한다. 내가 전원 버튼을 누르기 직전 이브가 내 손에서 리모컨을 채어 가며 말한다. "그러지 말고 끝까지 보자. 끝이 괜찮은지 알아야겠어."

끝은 좋다. 우리는 마지막 장면에 이른다. 내가 수백 명의 군중과 함께 활짝 웃고 있다. 전쟁에서 승리했고, 모험은 끝났다. 샐리 솔트는 이제 일상으로 돌아갈 수 있다. 작별 인사를 할 때 남작은 샐리에게 (다소 겸연쩍게) 장미 한 송이를 내밀며 더없이 충직한 동행이 되어준 데 감사를 표한다.

지금도 이 마지막 장면을 찍던 때의 심정이 생생하다. 몸이 너무나 아팠지만 촬영을 강행해야 했던 비참한 날의 기억. 하지만 내 아이가 즐거운 결말에 기뻐하는 모습 앞에서 그 기억은 힘을 잃는다. 기다릴 가치가 있는 결말이다.

경계의 수필

셋째 아이 에이미가 생후 9주 됐을 때다. 나는 꿈을 꾼다. 꿈에서 나는 프린스에드워드섬♦의 해변을 걷고 있다. 여섯 살인 이브가 내 손을 잡는다. 우리 너머로 백사장이 뻗어있다. 저 멀리 백사장이 끝나는 곳에서는 해변이 부드러운 모래언덕으로 녹아들고, 모래언덕 모서리에서 위태롭게 자라는 기다란 풀들이 미풍에 살랑살랑 흔들린다. 태양이 빛나고, 하늘은 비현실적인 청보라빛이다. 이브가 잔뜩 신난 얼굴로 나를 올려다본다. 몇 시간 후, 우리는 밀실공포증을 부르는 어두운 호텔의 좁은 복도에 있다. 우리는 밖으로 나가는 게 낫겠다고 결정한다.

♦ Prince Edward Island, PEI. 캐나다 동쪽 끝에 위치한 섬이자 캐나다에서 가장 면적이 작은 주.《빨강 머리 앤》시리즈의 작가 루시 모드 몽고메리의 고향이자 작품의 무대가 된 곳이다. 주도는 샬럿타운이며, 몽고메리가 성장기를 보낸 캐번디시에 소설 속 마을처럼 꾸민 그린게이블스 헤리티지 플레이스가 있다.

꿈에서 몇 시간 후에, 우리는 붉은 모래 해변으로 간다. 뜨거운 주황색 태양이 하늘에 낮게 떠있다. 해변과 절벽이 어디서 끝나고, 무섭게 절절 끓는 하늘이 어디서 시작되는지 분간이 되지 않는다. 내 아이는 여전히 내 옆에 있지만 지금은 표정이 무겁다. 이브가 딱히 불행한 것은 아니다. 다만 우리 둘 다 지금은 몹시 소심해져 있다. 우리가 첫 번째 해변에서 느꼈던 제약 없는 해방감은 사라져 버렸다. 우리를 둘러싼 곳은 이제 이전의 완벽함을 포기했다. 이런 곳에서는 우리의 함께 있음이 더욱 중해지고 각별해진다. 우리 둘 다 그것을 자각한다. 내 귀에 "경계를 허물라"는 말이 계속해서 들린다.

나는 꿈에서 깬 후 남편 데이비드에게 말한다. "다 함께 프린스에드워드섬에 가고 싶어. 지금 당장 비행기에 탈 수도 있을 것 같아."

이 말이 내 입을 벗어나는 순간 나는 다음에 일어날 일을 직감한다. 데이비드 앞에서 이런 억지 소원을 함부로 말해서는 안 된다. 그는 이를 도전으로 받아들인다. "그러자." 그가 말한다. 그는 컴퓨터 앞으로 가고, 현실적으로 생각하라는 나의 미적지근한 항의 따위에 아랑곳하지 않고 다음 날 우리를 프린스에드워드섬으로 데려다줄 방법을 찾아낸다. 그리고 두 번 경유하는 항공편을 포인트로 끊는다.

바로 다음 날 PEI행 비행기에 올라탄다? 사실 우리에게 있을 수 없는 일이다. 데이비드는 10년간의 노력 끝에 박사 학위를 받았고 드디어 다음 주에 로스쿨 교수로 첫 출근을 할 예정이다.

또한 북부로 자동차 여행을 떠났다가 바로 전날 밤에 돌아왔고, 그 덕에 집에는 빨랫감이 산처럼 쌓여있다. 거기다 첫째와 둘째의 개학을 앞두고 다음 주에는 우리가 처리해야 할 일들이 매일 줄을 서있다.

이런 종류의 진흙탕 시나리오야말로 데이비드가 우리가 살아있다는 것을 입증할 기회로 여기는 것이다. 그는 지극히 비이성적이고 즉흥적인 일을 벌이는 것에서 살아있음을 찾는다. 우리가 열네 살 때 처음 짧게 만났을 때부터 그는 늘 이렇게 낭만적이었다. 이것이 데이비드의 짜릿한 매력 중 하나다. 문제는 때로 이 매력이 내가 즐거이 감당하기 벅찬 난장판을 야기한다는 것이다.

나는 친구들에게 사과 이메일을 보내고, 다섯 명분의 여행 짐을 싸는 머리 빠개지는 과정을 시작한다. 우리에게는 갓난아이가 있고, 아이 셋을 모두 데리고 여행을 떠난 적은 한 번도 없고, 여러 선약들이 있다. 이런 일은 나답지 않다. 나는 원래 이런 즉흥적인 계획에 부화뇌동하지 않는다. 나는 여행할 때 일이 잘못될 모든 가능성을 마음속으로 연습하는 사람이다. 물론 우리가 실제로 어딘가로 떠날 때 얘기다. 그런데 이상하게도 이번에는 우리가 이 여행을 꼭 가야 한다는 생각이 든다. 마음속에 어떠한 의심도 없다. 지금 나를 사로잡은 평소의 나답지 않은 이 확신이 내가 꾼 꿈 때문이라는 것을 인정하기가 꺼림칙할 뿐이다.

근래에 나는 내 꿈들에 주목하고 있다. 20년째 정신분석과 심리치료를 받고 있기 때문에 나는 꿈을 챙기는 데 꽤 익숙하다.

꿈은 과거에서 보내는 연기 신호다. 이 신호들이 나를 마음속 먼 숲의 불타버린 곳으로, 세월의 잔해 아래 단단히 묻혀있지만 아직도 연기가 올라오는 폐허로 데려간다. 그런데 근래에는 꿈들이 앞날을 가리키는 길잡이로 보이기 시작했다. 지금 생각하면 그중에는 지금 내 곁에 누워있는 이 셋째 아이를 우리에게 데려온 꿈도 있었다. 갓난아기는 밤새 젖을 빨면서 가끔씩 눈을 뜬다. 그리고 아직 날이 밝지 않았음을 감지하고 다시 잠든다.

2년 전 우리는 셋째는 갖지 않기로 굳게 결심했다. 이미 두 아이가 주체 못 할 에너지로 우리의 인내심을 매일 시험하고 있었다. 하지만 어느 날 밤, 나는 에이미라는 이름의 작고 예쁜 아기가 병실의 요람에서 우리를 지켜보는 꿈을 꾸었다. 아기는 멀어지는 우리를 바라보며 생각했다. 저들은 누구일까. 왜 저들은 자기를 두고 떠나는 걸까. 나는 에이미를 두고 갈 순 없다고 엉엉 울면서 깼다. 그리고 지금 에이미가 여기에 있다. 고갈됐던 우리의 에너지는 얼마간 다시 충당됐고, 두 아이의 미친 에너지는 얼마간 가라앉았다. 에이미는 우리 모두를 진정시켰고, 미신을 믿게 했다. 과거의 우리는 냉소적이었지만, 지금의 우리는 별을 읽으려 애쓴다. 별들이 우리에게 무엇을 보내주었는지 아니까.

*

나는 여행 짐을 싸다가 잠깐 쉬면서 이메일을 확인한다. 한 친구가 CBC 아카이브에 새로 올라온 동영상의 링크를 보냈다.

동영상 제목이 “〈에이번리 가는 길〉의 세라 폴리를 맞이하는 프린스에드워드섬”이다. 소름이 돋는다. 그때의 기억 때문에. 그리고 하필 친구가 지금, 우리가 프린스에드워드섬에 가기로 막 결정한 이때에 이 영상을 보냈다는 섬뜩한 우연 때문에. 나는 동영상 클립을 재생해 본다. 30여 년 전 내가 섬을 방문했을 때의 뉴스 영상이다. 당시 나는 내가 출연한 TV 드라마 〈에이번리 가는 길〉을 홍보하기 위해 그곳에 갔다. 이 드라마는 《스토리 걸》(*The Story Girl*)을 포함한 루시 모드 몽고메리의 여러 소설을 바탕으로 했는데, 당시 캐나다에서 스포츠 프로그램 〈하키 나이트 인 캐나다〉까지 앞지르며 최고 시청률을 기록했다. 이 작품 이후로 학교 갈 때나 친구들과 다닐 때 길에서 나를 알아보는 사람들이 많아졌다. 내게는 고통스런 일이었다. 나는 열 살 때부터 눈에 띄는 것을 피했다. 10대가 되면서 사라지고 싶은 욕구가 한층 심해졌다. 나는 헐렁한 옷을 입고, 몸을 구부정하게 숙이고, 눈을 땅에 박고 다녔다(대체로 이런 성향은 지금까지도 이어진다). 나는 특히 사춘기 소녀 무리를 피했다. 참하게 생겼거나 홈스쿨링을 받았거나 얌전하거나 심하게 순진한 소녀들은 〈에이번리 가는 길〉 팬일 것이 분명했고, 내게 사인을 요구할 것이 분명했다. 한편 나 같은 여자애들, 즉 냉소적이고 잔인하게 솔직하고 호전적인 여자애들은 예외 없이 나를 조롱했다. 나는 토론토 도심의 번화한 거리에서 여자애들 무리를 지나갈 때 그 애들이 날 알아봤다는 감이 오면 걸음을 재촉했다. 그런 적이 한두 번이 아니었다. “야! 세라!” 뒤에서 고함소리가 들릴 때도 있었다. 내가 돌아보면 그들은 웃어댔다. 나는 딱히 그들을 비난하지 않았다. 그 나이에는 나도 했을 짓이었다. 하지만 실제의 나를 조금도 대변하지 않는 캐릭터와 그렇게 강하게 결속되어 있는 상황은 몹시 뼈아픈 것이었다.

8학년이 되었고, 내가 다니던 예술학교의 조숙한 아이들은 내 드라마 출연을 신기해하는 것 따위 졸업한 지 오래였다. 망토를 두르고 다니고, 교외 중산층 버전 짐 모리슨처럼 행동하고, 연기 수업에서 햄릿을 연기하던 내 남자친구가 어느 날 말했다. "요 전날 누군가 나한테 묻더라. 너를 좋은 배우로 생각하느냐고. 그래서 말했지. '나는 세라가 연기하는 걸 본 적도 없어.'"

당시에 내가 연중 8개월 동안 자는 시간 빼고 하던 일이 연기였다. 하지만 내 또래들은 그 활동을 연기로 생각하지도 않았다.

내가 9학년 때 12학년 학생이 학교 행사의 촌극에 참여하지 않겠냐고 물었다. 고학년 대세 중 한 명의 부름을 받다니 짜릿했다. 행사 전날 나는 촌극 제목이 '얼헤이그 고등학교에 다니면 생기는 일 10가지'라는 것을 알았다. 나는 넘버 10이었고, 내가 무대에 등장하면 객석에서 아이들이 내게 땅콩을 던질 예정이었다. 다음 날 나는 몸이 아프다는 핑계로 망신을 피했다. 하지만 나중에 학생회와의 약속을 어긴 일로 질타당했다.

이런 일들은 트라우마 축에 들지 못한다. 지금 돌아보면 자잘한 신세 한탄 스토리에 불과하다. 내가 이 이야기들을 꺼내는 것은 당시 내가 명성에 무관심했던 것이 겸손이나 내성적 성향 때문이 아니었다는 것을 말하기 위해서다. 내가 출연작으로 얻은 것은 악명이었고, 내게 실제로 굴욕감을 안겼다.

나는 CBC 영상물을 응시한다. 내 어린 시절 프린스에드워드 섬 방문기를 담은 영상. 내가 열두 살 때다. 나는 지쳐 보인다. "세라가 솔직히 피곤하다고 말합니다." 내레이터가 말한다. 어릴 적 인터뷰 영상 속 나는 거의 언제나 지쳐 보인다. 나는 적절하게 말한다. 내가 해야 할 말들, 좋은 말들을 한다. 하지만 내 눈에서 피로, 권태, 그리고 배신감이 보인다. CBC 영상이 말하듯 "주말 내내 군중이 늘어났다". 내가 가는 곳마다 사람들이 무리 지어 모였다. 나는 일종의 퍼레이드에도 참여해서 구식 컨버터블의 럼블시트♦에 혼자 앉아 군중에게 손을 흔들었다. 쇼핑몰에 몇 시간씩 앉아서 사람들에게 사인을 해주기도 했다. 사람들이 끝도 없이 늘어섰다. 가끔씩 눈을 들면 발코니마다 덩굴처럼 늘어선 사람들이 보였다. 나는 넌더리가 났고, 저들이 내게 도착할 때까지 얼마나 걸릴지 계산했다. 나는 '빨강 머리 앤의 집' 그린게이블스를 본떠 만든 집에서 낭독회도 했다. 버스들이 실어 온 관광객이 내가 TV 드라마의 원작인 《스토리 걸》을 낭독하는 것을 보고 사인을 받기 위해 떼 지어 몰려들었다. 항상 청중에게 질문을 받는 시간이 있었다. 한번은 어린 소년이 물었다. "TV에는 되게 예쁘게 나오던데 지금은…… 왜 안 그래요?" 나는 웃어넘기며 재치 있게 대답하려 했다. 그런데 그럴 새도 없이, 여행 동안 내 보호자 역할을 했던 홍보 담당자가 몸을 굽히

♦ rumble seat, 자동차 뒤편에 설치한 접이식 보조 시트.

고 내 귀에 속삭였다. "화장. 화장 때문이라고 해." 나는 시킨 대로 대답했고, 단박에 기분이 나빠졌다.

하루는 홍보 팀이 나를 해변으로 데려가서 홍보 일정 사이에 휴식을 취하게 했다. 나는 혼자서 길게 산책했다. 나는 캐번디시의 천연 백사장을 감상했다. 광활한 곳이었다. 그날 해변에는 일광욕을 하거나, 파도에서 물장구를 치거나, 아이들과 함께 모래성을 쌓는 사람들이 많았다. 내가 해변 반대편 끝에 다다랐을 때 뒤에서 발을 끄는 소리가 들렸다. 내가 산책하며 지나쳤던 많은 사람들이 좀비처럼 소리 없이 일어나 나를 따라오고 있었다.

나는 사람들이 프린스에드워드섬에 가봤냐고 물으면 이 이야기를 하곤 했다. 이 이야기를 할 때나 사인회나 퍼레이드 이야기를 할 때 나는 내가 다소 과장하고 있다고 믿었다. 실제로는 그렇게 대단하지 않았어. 나를 따라오던 사람들이 그렇게 많지는 않았어. 나는 어렸을 때 과장을 많이 했다. 결과적으로 내 기억에 대한 치명적 불신을 품게 되었고, 내 기억을 사납게 검열하게 되었다. 세월이 흘렀고, 이제 나는 상황 최소화로 방향을 틀었다. 당시의 홍보 여행도 실제로는 기억만큼 대단치 않았을 것으로 믿었다. 그런데 지금 CBC 영상을 보면서 나는 배신감 아닌 배신감을 느꼈다. 내 기억은 과장된 것이 아니었다. 영상의 일부에는 아예 이런 제목이 붙었다. "온 섬이 세라 폴리를 따라다니다."

그 시절의 나는 스스로를 서커스 동물로 느꼈다. 남의 아이들에게 즐거움을 주기 위해 재주를 부렸지만, 정작 나는 늘 불결한 집에서 엄마도 없이 살면서 걸핏하면 하루 13~15시간씩 노동

했다. 내 인생에서 그 시기는 대체로 행복하지 않았지만, 그중에서도 프린스에드워드섬 홍보 여행은 특히나 곤욕스러웠던 기억으로 남아있다. 그곳에서 나는 완벽한 에드워드 7세 시대 스타일의 어린 시절을 보내는 순수하고 행복한 아이인 척해야 했고, 그 역할에 성의 없이 임했다.

그런데 지금 이상하게도 그곳에 다시 가고 싶다. 나는 꿈을 꾸었고, 그 직후에 이 영상이 내게 날아왔다. 신기한 우연이다.

*

나는 페이스북을 통해 친구들에게 프린스에드워드섬에서 지낼 만한 곳을 추천해 달라고 부탁한다. 내 친구 재키에게서 개인 메시지가 온다. "프린스에드워드섬에 가? 정말? 거기 가면 좀…… 시달리지 않겠어?" 나는 아이 셋을 낳은 뒤 너무 폭삭 늙어서 더는 아무도 나를 알아보지 못할 거라고 농담한다. 재키는 그렇지 않을 거라고 한다. 나도 속으로는 내 말을 믿지 않는다.

우리는 비행기 탑승 수속을 한다. 데스크 뒤의 직원이 우리의 여권을 받는다. 이브가 외친다. "우리, 프린스에드워드섬에 가요!"

"캐나다의 출생지지." 직원이 눈을 들지 않고 웃으며 말한다.

이브가 나를 올려다본다. "무슨 말이야?"

"캐나다연방을 말씀하시는 거야."

"거기가 캐나다가 태어난 곳이란다!" 직원이 우리 짐에 신나게 태그를 붙이며 말한다. 그는 이브를 향해 눈을 둥그렇게 뜨며 흥분을 유도한다. "우리 나라의 고향이라고 할 수 있지!"

"캐나다가 거기서 태어났다고?" 이브가 어리둥절한 얼굴로 나를 올려다본다. "나라가 어떻게 태어나?"

"음, 백인 남자 한 패거리가 탁자에 둘러앉아서 나라를 세우기로, 캐나다라는 나라를 만들기로 결정한 거야. 그런 뜻이야."

"태어나기로 결정할 수 있다고?"

이브와 심오한 대화를 할 때마다 내가 미리 각오하는 것이 있다. 내 대답은 불충분하다. 최선을 다해보겠지만 어쩔 수 없다. 훗날 내가 말한 것과 말하지 않은 것 모두를 후회하는 순간이 올 것이다. 하지만 이런 대화에 초대받는 것 자체가 내 삶의 큰 특권이다. 나는 행운과 특권이 받쳐주는 어린 시절에만 정말로 존재할 수 있는 '좋은 세상'의 이미지를 부수고 싶지는 않다. 하지만 내가 가능한 한 정직하고 신중해야 한다는 것도 안다. 어차피 다른 어떤 전략도 지금은 실패할 것이 뻔하다. 여섯 살에 이브는 이미 위선, 거짓, 과장을 감지하기 시작했다. 언젠가 내가 에일라의 어설픈 재주넘기에 환호하며 박수를 보내자 이브가 이렇게 말했다. "엄마는 겉으로 하는 반응이랑 속으로 하는 반응이 달라."

하필 데이비드가 탑승 수속을 하느라 바쁠 때 이브가 내게 묻는다. "캐나다가 태어난 건 좋은 일이었어?" 나는 가방 세 개와 가슴팍에 매달려 우는 갓난아이 하나와 자꾸만 보안 검색대로 튀어 나가려는 세 살짜리 하나를 간수하는 한편, 빛의 속도로 내가 믿는 진실을 찾고, 그 진실을 이브가 알아듣게 구성할 말을 찾는다.

“엄마도 전에는 캐나다가 생긴 걸 좋은 일이라고만 생각했어. 우리가 미국에 의지할 게 아니라 우리끼리 돕고 사는 게 중요했거든. 하지만 지금은 캐나다가 많은 사람들에게, 특히 원주민에게 정말로, 정말로 나빴다는 걸 알아.”

내 주변 시야에 싸늘하게 나를 노려보는 탑승 수속 직원이 들어온다. 전에도 그런 표정을 본 적이 있다. 자기 나라를 사랑하는 사람들은 자기 나라에 대한 비판을 싫어한다. 직원은 우리와 소통하기를 멈춘다. 그는 우리의 티켓을 출력해서 눈도 들지 않고 우리에게 건넨다.

검색대 근처에서 이브가 제복 차림의 보안 요원들을 불안하게 쳐다본다. 이브는 언제든 체포당할 수 있다는 공상에 사로잡혀 있다. 그래서 제복 입은 사람만 보면 긴장한다. 작은 손가락이 내게 자기 귀 높이까지 숙이라고 지시한다. 귓속말이 내 귀에 들어온다.

“엄마는 엄마가 TV랑 영화에서 조금, 아니 많이 유명했던 거 알아?”

나는 허를 찔린다. 이 무렵에는 이브가 그걸 안다는 생각을 전혀 못 했다. 나는 오래전에 연기를 그만두었고, 아이를 가지면서 영화 연출도 그만두었다. 이브와 에일라는 내가 아역배우였다는 것을 안다. 내가 과거에 영화를 쓰고 연출했다는 것도 어렴풋이 안다. 하지만 이브와 에일라가 태어나서 실제로 본 엄마는 전업주부 엄마, 또는 자기들이 학교에 있을 때 글을 쓰는 엄마다. 분명히 이브는 학교의 누군가에게 들었을 것이다. 아마도 선생님에게. 이 생각에 이르자 일순 불안감이 엄습한다.

"음, 대충. 응." 내가 대답한다.

"흠," 이브는 보안 요원을 계속 주시하며 해죽 웃는다. "그거라면 무슨 문제가 생겨도 체포당하지 않을 아주 좋은 변명이 되겠어."

비행기에서 아기는 천만다행히도 잠을 잔다. '새 친구 사귀기'에 집착하는 이브는 통로 건너편 자리에서 어느 10대 소녀와 대화 삼매경에 빠져있다. 내가 새 친구는 쉬거나 자고 싶을지 모른다고 넌지시 말하자 이브는 "예, 병장님!"하며 경례를 붙이고 시건방지게 고개를 까딱하더니 《아이비 앤드 빈》(*Ivy+Bean*)을 펼쳐들고 큰 소리로 읽기 시작한다. 이 상황이 옆자리의 10대 소녀에게 어떤 휴식을 줄 수 있을지, 휴식이 될 수나 있을지 알 수 없지만 두 자리 떨어진 곳에서 내가 할 수 있는 일은 많지 않다. 에일라는 앞좌석에 달린 작은 스크린으로 〈페파 피그〉(Peppa Pig)를 보고, 나는 프린스에드워드섬에서는 내가 유명 인사라는 사실을 아이들에게 어떻게 말할지 궁리한다. 길에서 사람들이 우리에게 말을 걸 것이고, 아이들이 그 상황에 놀랄 수 있다. 나는 아이들이 어느 정도 대비되어 있길 원한다(내가 반복해서 배우는 것이 있다. 내가 아이들을 어떤 문제에 대비시킬 때마다 내가 일러주는 곳은 실제로 문제가 있는 곳에서 늘 왼편이나 오른편으로 살짝 비껴있다. 또한 내가 걱정하는 문제는 대개 별문제가 아닌 것으로 드러난다. 진짜 문제는 대부분 대비할 수 없이 기습적으로 일어난다). 나는 아무 말 않기로 결정한다.

비행기가 샬럿타운의 작은 공항에 착륙한다. 우리는 철제 계단을 통해 비행기에서 비행장으로 내려간다. 나는 두 아이의 손을 단단히 잡고 걷는다. 아기는 아기 띠 안에서 잠들어 있다. 데이비드가 가방 여러 개를 들고 우리 뒤를 따른다. 공항에 들어서니 사람들 무리가 보인다. 그들은 기대에 찬 눈으로 들어오는 승객들을 훑으며 집에 데려갈 사람을 열심히 찾는다. 나는 미소 짓는다. 그러다 흠칫한다. 나도 모르게 모두와 다정하게 눈을 맞추려 노력하는 내 모습에 깜짝 놀란다. 어렸을 때 나를 알아보는 사람들에게 늘 까칠하게 굴었던 것을 바로잡으려는 무의식의 발로인가? (내 또래 어른들은 내가 어렸을 때 길에서 나를 알아보는 사람들에게 어떻게 반응했는지 기억한다. 나는 그때 내가 무례했다는 말을 많이 들었고, 이제라도 그때 일을 만회하고픈 부채 의식이 있다. 과거에 나는 아이들이 TV에서 보던 행복하고 낭만적인 소녀처럼 행동하지 않았고, 그것이 그들의 아동기에 흠을 냈다. 그 생각을 하면 늘 죄책감이 든다.) 하지만 내가 상상하는 대중과의 화해는 불가능하다. 지금은 나를 알아보는 사람이 한 명도 없기 때문이다.

데이비드가 아기 기저귀를 갈러 가고, 이브와 에일라는 초대형 카우스 아이스크림 젖소 모형에 기어오른다. 나는 우리 짐들이 나오길 기다리면서 이 예상치 못한 상황 전개를 지켜본다.

에일라가 노래한다. "**연예인** 같은 사람들도 **없어요**. 그들은 **슬퍼도** 웃어요!"[3] 에일라는 한쪽 입꼬리만 올리고 떠나가라 노래한다. 제법 1940년대 영화배우 분위기가 난다. 고전 배우 중에서도 에일라는 에설 머먼과 메이 웨스트의 중간쯤에 해당한다. 짐을 챙기던 사람들 몇 명이 에일라를 돌아보며 웃음을 터뜨린다. 내 친구 릭이 에일라에게 장난삼아 가르쳐 준 노래다. "얘가 완벽하게 소화하는데?" 그가 내게 웃으며 말했다. 내 최악의 악몽은 내 아이가 아동 연예인이 되는 것이고, 이것을 내 친구들은 다 안다.

*

나는 어려서는 연기하고, 커서는 연출하면서 이 업계에서 많은 세월을 보냈다. 그동안 나는 아역배우 출신이면서 그 경험으로 인해 어느 한때 어떤 식으로든 피폐해지지 않았던 사람을 거의 보지 못했다. 아역배우였던 사람들은 대부분, 유명했던 사람들은 특히나, 성인이 된 자신에게 모종의 서글픈 공허함을 느낀다. 자신의 삶을 어릴 적 벼락출세의 희미한 뒤안길로 느낀다. 많은 아이들이 연기를 동경한다. 그 아이들이 연기를 해서는 안 될 이유는 없다. 특히 아동 극단이나 학교 연극에 참여하는 것은 나쁠 것 없다. 하지만 어떤 부모가 영리를 목적으로 설계된 환경에, 자식의 안녕을 최우선시하는 것이 불가능한 곳에, 잠깐도 아니고 상당 기간 자녀를 둔단 말인가? 무엇을 바라고? 이것이 내게는 평생 풀리지 않는 미스터리였다.

아역배우의 부모가 내게 조언을 구할 때가 많았다. 그들은 나를 그 경험을 '성공적으로' 통과한 사람으로 본다. 그리고 내 경우를 아역배우의 길이 자기 아이에게도 좋을 거라는 증거로 본다. 내가 심각한 약물중독 이슈 없이 그 경험을 지나온 것은 순전히 행운과 특권 덕분이며, 어떤 직업이든 성인이 될 때까지 기다리는 것이 순리라는 뜻을 내비치면, 또는 내가 아역배우로 겪었던 해롭고 파괴적인 경험들에 대해 이야기하면, 그들은 적대적이거나 방어적인 반응을 보인다. 또는 내 말을 아예 외면한다. 그때마다 나는 충격받는다. 아역배우의 부모가 경험자가 말하는 진실을 듣기 싫어한다는 사실이 놀랍다. 아역배우 부모들과 수십 번은 대화했지만 그렇지 않았던 적은 딱 두 번뿐이다. 대화는 대개 이런 식이다. "하지만 우리 애는 연기를 너무 *좋아해요*! *아이*가 하고 싶어 해요." 이에 대한 내 대답은 이렇다. "그래요. 하지만 소방관이나 의사가 되려는 아이들도 많아요. 그 아이들은 성인이 될 때까지 기다려야 하죠. 성인의 일에 따르는 압박과 의무를 떠안을 수 있을 때까지요."

이는 우리 사회가 이미 오래전에 결정한 것이다. *아이들은 일해서는 안 된다*. 어째서 이 원칙이 착취와 자기 본위 성향이 유난히 심한 이 산업에는 제대로 적용되지 않는지 당혹스럽다.

(이 말을 덧붙일 필요를 느낀다. 최근에 나는 카메라 앞에서 보낸 어린 시절을 행복하게 회상하는 전직 아역배우 두 사람을 만난 적이 있다. 두 사람 다 몹시 어렵고, 학대받고, 제한적인 환경에서 컸다. 따라서 이들에게는 일의 스트레스에도 불구하고 촬영장이 사실상 긍정적인 에너지 배출구이자 더 취약한 환경에서 벗어나는 탈출구 역할을 했다.)

〈에이번리 가는 길〉에 처음 캐스팅됐을 때, 나는 아홉 살이었고 이미 꿈꾸던 배역을 따낸 후였다. 우리 학교 연극 〈노빅딜〉의 블랙조커 역을 맡은 것이다. 〈노빅딜〉은 4학년 연극 교사인 고틀리프 선생님이 카드를 소재로 쓴 뮤지컬 코미디였고, 블랙조커는 재미난 대사들을 도맡아 하는 역이었다. 조커는 익살스런 개구쟁이였고, 주인공은 아니지만 누구보다 역동적이었다(〈리어 왕〉의 광대와 비슷하다. 더 격정적이고, 노래는 더 짧고, 어휘는 아홉 살 수준인 어릿광대로 생각하면 된다). 내가 블랙조커로 뽑혔다는 것을 알았을 때 가슴이 터질 듯 부풀어 올랐다. 나는 치솟는 아드레날린을 이기지 못하고 교문을 박차고 나가 듣는 사람 아무에게나 이 기쁜 소식을 외쳤다.

일주일 후 나는 유명 소설을 원작으로 한 TV 드라마의 주인공 역을 제안받았다. 이때 본인들은 여느 '스테이지 부모'와 다르다고 자부하던 엄마아빠의 자아상이 시험대에 올랐다. 엄마아빠는 내게 그 역을 맡을 것을 대놓고 강요하지는 않았다. 하지만 내가 "나는 그것 말고 〈노빅딜〉을 하고 싶어"라고 하자 내 눈을 피했다. 아빠는 평생 후회할 결정을 하지 않기를 바란다는 취지의 말을 웅얼거렸다. 아빠 말이 틀린 것은 아니었다. 어쩌면 나는 그 결정을 후회했을 뿐 아니라 내가 그렇게 엄청난 기회를 그냥 차버리게 놔둔 부모를 두고두고 원망했을지 모른다.

하지만 굳이 항변하자면 나는 이때 이미 직업 배우가 되는 것이 싫었다. 그것을 나도, 내 부모도 알고 있었다(이때는 내가 〈바론의 대모험〉에 출연한 이후였다. 나는 거기서 악몽 같은 경험을 했고,

이미 직업 배우의 길에 정이 뚝 떨어진 상태였다). 아홉 살 나이에 나는 필사적으로 '보통 아이'가 되기를 원했다. 내가 생각하는 '보통 아이들'(이때의 내가 생각하는 '보통'은 토론토의 백인 중산층이라는 점을 기억해 주기 바란다)은 매일 학교에 다니고, 그들 세계의 빅뉴스는 학교 연극에서 배역을 따내는 것이었다. 하지만 세상의 어떤 아홉 살짜리가 평생 후회하게 될 거라는 부모의 우려를 일축할 수 있단 말인가? 어떤 아홉 살짜리가 자식이 간판급 TV 드라마의 주연으로 발탁됐다는 소식에 기뻐 날뛰는 부모를 못 본 체할 수 있을까? 아홉 살이면 부모가 자식의 선택에 대한 실망감을 감추느라 천천히 고개를 돌리는 것을 눈치채고도 남았다.

나를 캐스팅한 후 제작진은 곧바로 다른 역을 맡을 아역배우들을 물색하기 시작했다. 그중 몇몇 배역은 내가 다니는 초등예술학교에서 오디션을 열어 뽑기로 했다. 며칠이나 아이들이 복도에 늘어섰다. 아이들은 도서관에 임시로 만든 심사장 밖에 서서 긴장된 대화를 나눴다. 그들을 지나다니며 나는 그들이 부러웠다. 그들의 허물없는 동지애가 부러웠다. 나를 이 멋진 학교와 급우들에게서 떼어놓지 않을 작은 배역 중 하나를 놓고 나도 그들 틈에 끼어서 오디션을 보고 싶었다.

계약에 따라 나는 그 드라마에 6년 동안 묶였다. 첫 시즌을 찍을 때 엄마가 3년의 암 투병 끝에 세상을 떠났다. 나는 엄마가 떠난 다음 주에 현장에 복귀해서 장시간의 고된 촬영을 재개해야 했다(드라마 제작사는 초과근무 수당이 지급되는 한 내가 초과근무를 무제한 소화한다는 조건을 제시했고, 내 부모는 거기에 동의했다. 드라마 출연 당시 나도 이를 알고 있었다. 이는 내가 속한 배우조합이 알면 불허했을 조건이었고, 우리는 이에 대해 공개적으로 말해선 안 된다는 경고를 여러 번 들었다. 모두가 모른 척했다). 드라마 프로듀서 케빈 설리번은 훗날 주간지 《피플》에 이렇게 말했다. "어머니의 투병으로 세라는 오랫동안 힘든 시간을 보냈습니다. 하지만 세라는 프로입니다. 어머니가 돌아가신 다음 주에 촬영에 복귀했고, 그것이 세라가 슬픔을 극복하는 데 도움이 되었어요." 그의 말은 마치 내게 선택권이 있었던 것처럼 들린다(내게는 선택권이 없었다).

아역배우에게 드라마 제작 환경은 대체로 각박하고 살벌했다. 나는 한 아이가 수십 명 앞에서 공개적으로 해고되는 것을 보았다. 해고 사유는 "불량 행동"이었다. 나는 열두 살 소년에게 정확히 "다시는 일할 생각 하지 마!"라고 악쓰는 소리를 들었다. 카메라가 도는데 배경에서 빈둥댔다는 것이 이유였다. 소년은 울었고, 실제로 (내가 아는 한) 다시는 영화나 TV에 출연하지 않았다. 심지어 현재 인터넷에서도 그의 흔적을 찾을 수 없다. 이 드라마에 함께 출연했던 내 친구 재커리 베넷의 표현을 빌리자면, 나는 다른 아이들이 "아이처럼 군다며 매일 벌받는 것"을 보았다. 나는 아이이길 멈추는 방법을 신속히 배웠다. 나는 내 몫을 해냈고, 내 대사를 소화했다. 다른 애들이 내게 장난을 치거나 농을 걸면 짜증이 났다. 나는 집중력을 잃으면 큰일 난다고 생각했고, 그래서 집중을 유지했다.

40~50대 스태프 한 명이 나를 열두 살 때부터 2년 동안 스토킹했다. 그는 내 밴을 따라 집까지 쫓아와서 나를 응시했다. 밤에 고속도로에서 흠칫 놀라서 깼을 때, 그 남자가 자기 트럭을 내가 탄 밴에 나란히 붙여서 운전하는 것을 본 적이 한두 번이 아니었다. 그는 크리스마스 직전에 내가 혼자 있는 집에 나타나 선물을 주었다. 선물 중에는 하트 모양의 목걸이도 있었다. 그가 나를 스토킹하던 당시 가정교사 로리가 항상 내 옆에 붙어있었다. 어느 날 그가 로리에게 자동차 타이어가 펑크 났다고 말했다. 로리가 자기 차를 살펴보러 주차장에 간 사이에 그는 사운드 스튜디오 구석에 혼자 있는 내게 다가왔다. 그는 자기가 준 선물에 대해 왜 고맙다는 말이 없는지 물었고, 자신의 애정과 "감정과의 투쟁"을 내놓고 고백했다. 그는 촬영 중에 종종 내 시선 방향에 서서 얼음 같은 파란 눈으로 나를 집착적으로 응시했다. 그는 내게 연애편지를 보냈고, 내가 그를 피하려고 뒤풀이 파티에 나타나지 않자 전화를 해서 화를 냈다.

나는 촬영장과 트레일러 사이를 바삐 오가며 지냈다. 학교 숙제도 트레일러 안에서 몰아서 했다. 나는 작가가 되고 싶었다. 정계로 진출하고 싶었다. 옥스퍼드대학교에 가고 싶었다. 이런 일들을 이루려면 학교 공부를 잘해야 했다. 나는 연기 활동이 내 앞길을 막을까 봐 겁났다.

내가 열세 살 때 제작사에서 기한 내에 내 계약을 갱신하지 않았고, 이로써 나는 사실상 다년간의 전속 계약에서 풀려났다. 나는 새장에서 풀려난 새처럼 기뻐 날뛰었고, 행복에 겨워 울었다. 일주일 후 아빠가 학교로 나를 데리러 와서 나쁜 소식을 전했다. 아빠와 내 에이전트는 드라마의 지속 여부와 상관없이 내가 출연료를 받을 수 있게 계약서에 '페이 오어 플레이'(pay or play) 조항을 적용했는데, 이제 제작사가 내 계약을 유지하기로 했기 때문에 내가 2년 더 계약에 묶이게 됐다는 것이었다. 나는 속이 뒤집혔고, 집에 가는 내내 울었다.

드라마 출연은 계속 이어졌다. 나는 지쳤다. 이용당하는 느낌이었다. 긴 독백을 외우는 것에 대한 불안감이 늘어갔고 나중에는 엄청난 심적 부담이 되었다. 때로는 대사를 며칠 만에 외워야 했다. 내 오른쪽 눈가에 남에게도 보일 만큼 심한 경련 증상이 생겼다. 그러자 감독들이 짜증을 냈다. 나는 침대 옆에 엄마의 모르핀 약통을 놓아두고, 밤마다 알약을 입에 털어 넣을까 말까 생각했다. 때로는, 대포처럼 나를 겨누는 카메라와 한 떼의 어른들 앞에서 실패하는 것보다는 죽는 것이 덜 무서워 보였다.

인기 어린이 드라마의 배우에게는 다른 의미도 있었다. 나는 두 번, 나도 아직 아이였을 때, 나를 만나는 것이 마지막 소원인 아이를 만나러 갔다. 두 아이 모두 병원에 있는 암 환자였다. 그들의 병실 냄새, 항암치료의 냄새가 내 엄마의 병을 생각나게 했다. 나는 내가 아닌 다른 사람이 되려고 애썼다. 나는 웃으려 애썼다. 드라마에 대해 좋은 말을 하려고 노력했다. 그들이 TV에서 본 인물이 되려고 노력했다. 하지만 두 번 모두 좌절만 맛봤다. 내 기저의 음울한 기질이 나를 막았다. 나는 그들이 만나고 싶었던 아이와 거리가 멀었다. 최근에 엄마를 잃은 후 다시 죽음과 가까이 있는 것도 고역이었고, 죽음을 마주한 누군가에게 내가 위안이 되어야 하는 부담도 견디기 힘들었지만, 그보다 더 힘들었던 것은 내가 그들을 실망시켰다는 자책감이었다.

한번은 내가 척추측만증 검진과 교정을 위해 정기적으로 다니던 토론토 아동병원에 갔을 때였다. 공용 공간을 지날 때, 어머니 한 분이 다가와 딸을 위한 사인을 부탁했다. 그의 딸은 바로 그 시간 뇌 수술을 받고 있었다. 그는 내게 엎드려 울었다. 나는 그를 꽉 안았다. 흐느끼는 여인의 무게에 눌려서, 중병과 싸우는 아이들의 고통과 그 부모들의 비탄에 눌려서 나도 쓰러질 것만 같았다. 하지만 돌이켜 생각하면 그 순간들은 내가 살아있는 특권을 누린 순간들이었다. 내가 그 드라마에 쏟은 많은 시간이 완전한 낭비는 아니었다는 분명한 증거였다. 어떤 사람들에게는 그 드라마가 중요했다. 내가 그 이유를 이해하지 못한다 해서 그 중요성이 실질적인 것이 아닌 것은 아니었다. 이제는 그것을 안다.

1년쯤 후 폐 이식을 기다리던 한 소녀가 내게 만남을 청했다. 소녀와 2시간을 함께 보내면서 내가 거기 있는 이유인 잔인한 전제를 나도 모르게 잊어버렸다. 나는 그 애가 좋았다. 많이 좋았다. 그 애는 재미있고 다정했다. 자기의 무서운 상황에 대해 삐딱한 유머 감각을 발휘했다. 나는 그 애와 친구가 되고 싶었다. 엄마가 돌아가시기 전해에 우리는 토론토 교외에서 오로라로 이사 갔는데, 그곳은 내가 다니던 학교에서 버스와 지하철로 1시간 반 거리였고, 나는 학교 친구들을 유지할 만큼 학교에 자주 가지도 못했다. 나는 이 소녀가 살아나서 우리가 자주 만나게 될 줄로만 알았다. 하지만 어쩌면 그건 내가 아무에게도 소녀의 예후를 묻지 않았기 때문이었다. 어느 날 내가 안부를 물으러 전화했을 때 그 애는 없었다. 그 애의 아버지가 내게 그 애의 얼굴이 그려진 티셔츠를 보내주었다. 나는 오랫동안 내 방에 혼자 앉아있었다.

가끔씩 고립에서 해방되는 순간도 있었다. 엄마의 죽음 이후 아빠가 슬픔에 빠져 점점 더 자기 안으로 침잠하고, 우리 집은 점점 더 돼지우리로 변하던 때가 있었다. 내 인생도 바닥을 치던 시기였다. 다행히 이 시기에 나를 자청해서 챙겨주는 사람들이 항상 있었다(세트장에서 내 가정교사 겸 보호자 역할을 했던 로리, 몇몇 배우들, 촬영감독, 의상 보조, 메이크업 아티스트, 영화연출 스크립터, 운전기사 같은 분들이었다). 그들은 나를 주말에 자신의 집에 데려가고, 재미있는 놀이를 만들어주고, 나를 안아주었다. 그러면 그때만큼은 세상이 견딜 만하게 느껴졌다. 샌프란시스코에 가서 맥 러프먼의 집에 머문 적도 두 번 있었다. 맥은 〈에이번리 가는 길〉에서 올리비아 이모를 연기했다. 맥의 집에서 보낸 몇 주 동안 세상은 마법처럼 환했고, 동심의 모험으로 가득했다.

내가 일하느라 수개월씩 친구들을 볼 수 없었을 때 7학년 프랑스어 교사 위스망 선생님이 가끔씩 주말에 나를 집으로 초대했다. 선생님에게도 어린 자녀가 두 명 있었는데, 선생님은 내게 완벽한 주말을 만들어주기 위해 엄청난 에너지를 쏟았다. 때로는 나와 같은 학년의 여학생을 함께 초대해서 내가 학교 친구들과 연락이 완전히 끊어지는 일이 없도록 배려하기까지 했다.

내가 열세 살 때는 앤 이모와 세라 언니가 퀘벡에서 스트랫퍼드로 이사 왔다. 스트랫퍼드는 우리 집에서 2시간 거리였다. 이모와 언니가 가끔씩 다녀갈 때면, 내가 일하러 나가 있는 사이 집이 구석구석까지 싹 치워져 있었다(한번은 내 침대 탁자에서 모르핀 약통도 사라졌다). 좋은 사람들이 끊이지 않고 나타났다. 비록 잠시 동안일지라도, 내가 무너지려는 순간이면 늘 천사처럼 나타났다.

나는 다섯 시즌 만에 드라마에서 하차했다. 이후에는 복합적인 의미가 있는 작품이나 실제의 나와 근접한 인물을 연기할 수 있는 작품만 계약했다. 10대 시절 애텀 이고이언 감독의 〈엑조티카〉(Exotica)에서 작은 역을 맡았는데, 그때 진짜 내 속에서 나오는 말 같은 대사들에 느꼈던 희열을 지금도 기억한다. 그 인물의 삶은 내 삶과는 전혀 달랐지만, 나는 그를 통해 나 자신을 연기했다. 나의 냉소와 회의, 개소리에 대한 무관용을 모두 담아 연기했다. 완성된 영화를 봤을 때 나는 거기서 마침내 나를 보았다. 원칙적으로는 여전히 연기에 관심이 없었지만, 멋진 독립영화 배역들을 만나면서 나는 사뭇 다른 종류의 연기 경력을 쌓게 되었고, 결국에는 직접 영화를 만들기 시작했다.

나를 알아보는 사람이 〈에이번리 가는 길〉의 나만 기억하고, 이후에 내가 한 일에 대해서는 전혀 알지 못하는 경우가 가끔 있다. 그런 경우 허탈하고 씁쓸한 기분이 든다. 내가 거기서 벗어나기 위해 했던 모든 일이 소거되는 느낌이다. 언젠가 잉마르 베리만 감독의 영화들에 출연했던 위대한 배우 비비 안데르손을 만난 적이 있다. 〈페르소나〉(Persona)에서 그의 연기는 내가 역대 최고의 하나로 꼽는 명연기였다고 말하자 그는 코웃음을 쳤다. 그리고 나와 눈도 맞추지 않고 이렇게 말했다. "네, 뭐, 좋은 영화였죠." 나는 세월이 흐른 후에야 그가 대놓고 무례했던 까닭을 이해하게 되었다. 커리어 초기에 그것도 자신이 아주 어렸을 때 했던 일로만 기억되는 것은 (비록 그것이 〈페르소나〉 같은 명작이라 할지라도) 이후에 해온 모든 일이 부정당하는 기분을 안길 수 있다.

내가 고위험 임신으로 입원했을 때였다. 마취과 레지던트가 내 IV를 교체하러 병실에 들어왔다. 내 혈관은 유난히 작았고, 의사는 혈관을 잡지 못해 한참 애를 먹었다. 짜증 난 얼굴로 위치를 바꿔가며 주삿바늘을 여기저기 찔러댔지만 계속 실패했다. 어느 순간 그가 눈을 들고 말했다. "그런데 배우 맞죠? 아주 옛날 드라마에 나왔던? 에이번리 뭐더라? 그런데 어쩌다 이렇게 됐어요?" 그때 마치 큐 사인이 떨어진 것처럼 혈관이 파열했고, 피가 우리 둘에게 왕창 튀었다.

*

우리는 샬럿타운 공항 밖 도롯가에서 렌터카 회사의 대리인이 미니밴을 끌고 나타나기를 기다린다. 에일라가 주위를 둘러

보며 실망을 감추지 못한다. "*이게* 프린스에드워드섬이야?" 우리는 아이에게 대서양은 미리 설명했지만 공항에 대해서는 말하지 않았다. 에일라는 비행기가 어느 원시 바닷가 한복판에 불시착한 느낌일 것이다.

우리는 2차선 고속도로를 타고 달린다. 도로는 우리가 묵을 북부 해안의 코티지 리조트까지 거의 직선으로 이어진다. 우리는 빨간 테두리의 하얀 헛간들을 지나고, 묘비가 옹기종기 모여 있는 작고 오래된 교회 마당들을 지난다. 나는 그 풍경이 너무 익숙해서 깜짝 놀란다. 나는 이 풍경을 찾아 기억을 더듬는다. 그러다 이 풍경이 친숙한 이유를 깨닫는다. 이 풍경은 내가 자란 세트장의 외관을 떠오르게 한다. 나는 어린 시절의 대부분을 이곳의 모형 속에서 살았다. 이 건물들을 본떠서 온타리오주 들판에 날림으로 세운 드라마 세트를 들락거리며 보냈다.

언젠가 내 지인이 '에이번리/스토리 걸'의 이야기들을 "존재한 적 없던 시대에 대한 향수"로 묘사했다. 루시 모드 몽고메리는 《스토리 걸》을 쓰고 얼마 되지 않아 프린스에드워드섬을 떠났다. 이후 온타리오주로 갔고, 그곳에서 목사와 결혼했지만 남편의 정신병으로 마음고생을 하다가 본인도 심한 우울증을 앓았다. 몽고메리는 결국 스스로 목숨을 끊었다. 이런 생각이 들 때가 많다. 몽고메리가 프린스에드워드섬을 배경으로 쓴 책들은 그에게 목가적 도피처가 아니었을까. (내가 〈에이번리 가는 길〉에서 연기한) 세라 스탠리는 그린게이블스의 앤처럼 어려서 고아가 되어 고달픈 유년을 보낸 인물이다. 하지만 드라마가 그리는 에드워드 시대 프린스에드워드섬의 생활상은 지난날에 대한 극도의 향수를 자아낸다. 나는 몽고메리의 소설들이 고도로 미화하는 캐나다 역사의 자화상에 늘 불쾌감을 느꼈다. 몽고메리의 책들이 보여주는 것은 허구적이고 미화된 백인만의 과거다. 지금도 많은 사람들이 몽고메리가 제시한 섬의 역사를 애틋하게 받아들이며 그 역사에서 원주민의 존재를 지우는 데 동참한다. 몽고메리는 이 섬을 아베그웨이트(Abegweit)라는 이름으로 즐겨 불렀다. 이 섬의 원주민 미크마크족이 이곳에 '물결에 안긴 요람'이라는 뜻의 에베크위트크(Epekwitk)라는 이름을 붙였는데, 훗날 유럽인들이 이를 잘못 발음해서 아베그웨이트가 되었다. 프린스에드워드섬은 미크마크족의 땅이다.[4]

*

10대에 접어들면서 나는 〈에이번리 가는 길〉 자체를 심각한 불의로 보기 시작했다. 일요일마다 온 가족이 모여 중요한 가정 의례처럼 그 드라마를 시청한다고 말하는 부모와 아이들이 많았다. 하지만 정작 내 생각은 반대 방향으로 굳어졌다. 그 드라마는 시대정신이 결여되어 있었고, 다양성을 찾아볼 수 없었을 뿐 아니라, 디즈니 채널에 편입된 후로는 '가족의 가치'를 더욱 노골적으로 내세웠다. 그리고 나이가 들수록 드라마 초기에 내게 있었던 몇 가지 일에 대한 분노도 커져갔다.

엄마를 잃은 직후, 나는 내 배역이 죽은 어머니를 생각하며 우는 장면을 찍었다(얄궂게도 내 극 중 어머니는 수년 전에 죽었고, 아버지도 그 시즌에 죽었다). 드라마 전체에서 내 배역이 부모의 죽음을 두고 우는 장면이 많이 등장한다. 모두 내 엄마가 죽은 후 몇 달 안에 찍은 장면들이다. 실제로 방금 엄마를 여읜 아이였던 내가 실감 나는 연기를 보여준 것은 어찌 보면 당연한 일이었다.

이 유용한 슬픔의 원천을 적극 활용할 작정이었는지, 나중에는 없던 장면도 추가되었다. 내 배역이 그리운 것들에 대해, 특히 어머니에 대한 기억을 일일이 말하는 장면이었다. 그 대사들은 내 속을 갈가리 찢었다. 나는 어머니의 그리운 손길과 기억에서 멀어지는 어머니의 목소리에 대해 말하는 독백의 감옥에 갇혔다. 끝없이 떠오르는 내 엄마의 이미지들에서 벗어날 방법이 없었고, 내 개인적 아픔조차 드라마의 목적에 이용하며 맡은 연기에 최선을 다할 의무를 거부할 수도 없었다. 내가 이 대사를 할 때 맥 러프먼이 내 손을 잡았다. 맥은 카메라가 그를 잡고 있지 않을 때도 나만큼 많이 울었다. 촬영이 끝나고 나는 망가져서 세트를 나왔다. 나와 몇 년씩 알고 지낸 촬영기사 몇 분이 서 있었다. 그들은 내가 계속 목메어 우는 동안 눈물을 글썽이며 그 자리에 묵묵히 서있었다. 그중 나를 항상 딸처럼 대하던 분이 나를 안아주며 말했다. "듣고 있을 수가 없었어. 나올 수밖에 없었어. 정말 미안하다." 그분은 이 해괴한 감정 착취의 공범이 된 것이 부끄럽다는 듯 바닥을 내려다보았다. 나는 모래주머니 더미 위에 널브러졌고, 한동안 그러고 있었다. 눈물이 모두 말랐다.

몇 년 치 눈물을 다 쏟아낸 것 같았다.

프로듀서 케빈 설리번은 이번에도 자신만의 야릇한 해석을 내놓았다. 그는 훗날 해당 장면에 대해 이런 말을 남겼다. “그 장면은 세라가 돌아가신 모친을 애도할 기회를 위해 특별히 작성되었다. 화면에 보이는 것 이면의 현실을 반영해서 세라는 매우 감동적인 연기를 선보였다.”

나는 내 엄마를 애도하는 데 그런 도움을 청한 적이 없었다. 또한 나중에 절감했듯 그 일은 도움이 된 것과는 거리가 멀었다. 내가 엄마의 죽음을 두고 흘린 첫 눈물 중 일부가 연기에 쓰였다는 점 때문에 나는 그 후 수년간 정말로 비통한 눈물을 흘릴 수가 없었다. 엄마 생각에 우는 것이 거짓으로 느껴졌다. 한때 이 눈물이 엄마를 잃은 심정을 순수하게 내보이는 것이 아니라 드라마의 영리 추구에 이용됐다는 사실이 내 애도를 독처럼 오염시켰다. 내가 엄마의 죽음에 대해 가식적인 기분 없이 울 수 있게 된 것은 수십 년이 흐른 다음이었다.

이 일이 내게 남긴 고통과 슬픔이 점차 뒤틀려서 분노로 변했다. 나는 사방에서 불의를 보기 시작했다. 기술 스태프들이 현장에서 내게 누구보다 많은 연민과 친절을 베풀었다. 그들은 연륜과 전문성을 보유한 사람들이지만 드라마 제작에 대해 의미 있는 발언권이 전혀 없었다. 일부 프로듀서들과 연출가들은 그들에게 대놓고 무례하게 굴었다. 스태프 대다수가 장시간 근무와 격무에 시달렸다. 그들은 운전 중에 깜빡 잠이 들어 도로에서 벗어났다는 이야기나, 아이들이 자는 새벽에 집을 나서고 아이들이 잠든 지 오래인 한밤에 귀가하느라 주중에는 자식 얼굴 한 번 보기 어렵다는 이야기를 자주 했다. 또 단역배우들은 영하의 날씨에 얇은 시대극 의상을 입고 남들보다 밖에서 오래 대기해야 했다. 나는 나이 지긋한 단역배우들이 점심 식사 줄에서 무지막지하게 밀려나는 것을 보았다. 나를 포함한 드라마의 '스타들'에게 자리를 내주기 위해서였다. 심지어 때로는 그들에게 제공되는 식사조차 우리와 달랐다. 그들은 더 싸고 영양가 없는 음식을 받았다.

나는 서열에 눈떴다. 그 서열에서 나는 정상급이었다. 적어도 표면적으로는 그랬다. 내가 시건방지게 행동해도 그것을 지적하는 사람이 없었다. 하지만 책임자 중에 내가 탈진해서 열이 치솟는지 어떤지 관심을 두는 사람이나, 엄마가 돌아가신 후 내가 일을 쉬지 못했다는 것에 신경을 쓰는 사람 역시 없었다. 나는 매일 애지중지와 등한시의 유독한 혼합물을 섭취했고, 당연히 그것은 내게서 최선을 끌어내지 못했다.

10대의 나는 정치적 입장을 적극적으로 드러냈다. 거기에는 어린 나이에 드라마 제작 현장에서 음험한 위계 구조를 목격한 것이 한몫했다. 나는 내가 목격한 것이 촬영장 너머 세상의 축소판이라는 것을 알았다. 나는 드라마 안팎으로 일종의 문제아가 되었다. 나는 걸프전쟁 기간에 워싱턴에서 열린 한 TV 방송 시상식에 참석했다. 미국 상원의원도 몇 명 참석한 행사였다. 나는 엄마의 유품인 커다란 피스 마크 목걸이를 착용했는데, 디즈니 채널 관계자가 목걸이를 벗을 것을 요구했다. 나는 벗지 않았다.

그 직후 나는 디즈니 채널의 임원에게 전화를 받았다. 디즈니 프로그램을 홍보하는 자리에서 정치적 발언을 해서는 안 된다는 내용이었다. 그는 디즈니는 “정치적 기업”이 아니라고 했다. 그 후 나는 기회 있을 때마다 언론에 이날 내가 디즈니에게 ‘검열당했던’ 이야기를 했다. 내가 열다섯 살이 됐을 때 제작사는 더는 내게 드라마에 남을 의지가 있는 척 포장하기가 힘들어졌다. 그들은 내 하차를 준비했다. 시간이 흘러 20대 때 케빈 설리번과 업계 행사에서 우연히 만났다. 그는 그동안 내가 드라마에 대한 나쁜 기억을 말한 인터뷰를 많이 읽었는지 이를 악물고 말했다. “너는 그 드라마에서 좋은 시간을 보냈어, 세라. 우리 모두 그랬어.”

아홉 살부터 열다섯 살까지 한 드라마에 갇혀 보낸 후, 나는 영화와 TV 산업에 밀실 공포를 느꼈다. 일을 할 때도 하지 않을 때도 그 공포가 끝없이 나를 압박했다. 이 압박감이 수십 년간 이어졌다. 최근까지도 나는 어떤 일이든 어느 정도로든 성공을 거둘 때마다 그것에 대해 무의식적 분개심을 드러냈다. 나를 지원할 뿐 다른 뜻이 없는 사람들을 밀어냈고, 경우에 따라서는 계약상의 의무들에서 벗어날 방법을 모색했다. 남들이 내게 일을 주려는 낌새를 채자마자 그 일의 수행에 대한 비이성적인 공포감에 휩싸였다. 그 기회가 아무리 매력적이어도, 구속에서 해방되려는 본능이 항상 앞섰다. 나는 이 강박을 기억나지 않을 때부터 느꼈고, 연기와 연출 모두에서 느꼈다. 인생에서 운 좋게 얻어지는 성공들도 비슷하게 느껴질지 궁금하다. 그것들도 어릴 때부터 내 목에 채워진 일종의 올가미처럼 느껴질까? 내 아이들이 태어난 후에는 나를 아이들로부터 떼어놓는 모든 직업적 의무들이 스테이지 맘이나 권위적 프로듀서처럼 느껴졌다. 심지어 내가 스스로 선택한 일일 때도 그랬다. 세트장에서 어린 시절을 잃어버린 내가 영화를 찍느라고 내 아이들의 어린 시절을 놓치는 것은 생각만 해도 견딜 수 없었다.

내 자신에 대한 진실에 이르는 데는 무척 오랜 시간이 걸렸다. 존경하는 내 에이전트와 매니저 개비 모거먼과 프랭크 프래타롤리는 내가 열일곱 살일 때부터 나를 대변해 왔다. 이들이 쌓아준 경력에 내가 내 손으로 불을 지르고 다닌 후에도 이들이 지금까지 나를 버리지 않은 이유는 나로서도 알 길이 없다. 그저 존경스러울 뿐이다. 나는 이들이 나를 기적적으로 당선권에 넣어준, 성공이 보장된 역들을 걷어찼고, 나중에는 이렇다 할 설명도 없이 연출 기회도 여러 번 날렸다. 그럼에도 이들이 버텨준 것은 순전히 내 행운이다.

잠재적 성공에서 달아나려는 내 회피 욕구가 어릴 적에 싹튼 덩굴에 얽혀있는 느낌에서 비롯됐다는 것이 최근에야 내게 명료해지기 시작했다. 이런 자각이 들자 나는 개비와 프랭크에게 전화를 걸었다. 그리고 내가 마침내 이해한 것을 고백했다. 두 사람은 나를 빼내기에 너무 늦어버린 상황에서 나를 빼내고, 내 행동에 대한 설명을 나 대신 찾으려 애쓰며 긴 세월을 보냈다. 내가 성공 가능성이라는 공포에서 한사코 벗어나려 했던 탈출 욕구의 근원이 어린 시절에 있다는 것을 이제야 이해하게 됐다고 하자 개비는 다만 이렇게 말했다. “그래. 알 것 같아. 누구나 나이가 들면서 스스로를 더 많이 이해하게 되잖아.”

*

우리는 북부 해안에 있는 작은 코티지에 도착한다. 침실이 따로 있는 코티지는 다음 날에나 빈다고 한다. 별수 없이 우리 다섯 식구는 일인용 침대가 두 개 있는 작은 방에 들어간다. 침대 사이에 조립식 아기 침대를 설치하고, 다음 1시간은 새만 한 모기들을 벽으로 몰아서 죽이는 데 보낸다. 다 합쳐 52마리다. 안내 데스크의 여성이 주초에 비가 많이 온 탓에 모기가 엄청나게 부화했다고 말하긴 했다. 나는 뜬눈으로 누워서 우리가 큰 실수를 한 것은 아닌지 걱정한다.

나는 그날 밤 세 번째로 에이미에게 젖을 물린다. 잠든 아이들 너머 창밖의 만을 바라본다. 커다랗고 불그스름한 별 하나가 하늘에 낮게 떠있다. 내가 화성을 보고 있는 걸까. 나는 젖꼭지를 리드미컬하게 잡아당기는 입을 느끼며 에이미의 검고 보드라운 머리카락을 보다가 다시 밤하늘을 본다. 나는 생각한다. “내가 학교를 자퇴하지 않았다면 저게 화성인지 알았을 텐데. 내가 정규교육을 받았다면, 아니면 교육을 받지 못한 만큼 더 엄격하고 더 규율 있게 배움에 매진했다면, 과학에 해박했을 텐데. 과학에 겁먹지 않았을 텐데. 만약…….” 이런 자책 독백을 이어가다가 어느 순간 내가 내면의 소리를 죽이고 나 자신을 봐주기로 한 모양이다. 에이미가 계속 젖을 빠는데도 나는 잠이 든다.

다음 날 나는 이브와 에일라와 함께 아무도 밟지 않은 완벽한 해변을 걷는다. 아기 띠 안의 에이미는 내게 딱 붙어 잠을 잔다. 이브가 말한다. "언젠가 우리가 중국의 만리장성을 끝에서 끝까지 걸을 수 있을까?" 나는 그리 해보고 싶다고 말한다. "지금 그때를 위해서 연습할까?" 이브가 묻는다. 에일라는 모래성을 쌓고, 이브와 나는 함께 걷는다. 오랫동안 걷는다. 나는 이브를 보다가 해변을 본다. 해변이 저 멀리서 안개처럼 절벽으로 녹아든다. 내가 말한다. "이게 엄마 꿈이었어. 꿈에서 너랑 걸었어." 이브가 말한다. "그럼 엄마의 꿈이 이루어진 거네." 내가 고개를 끄덕인다. 우리는 해변을 따라 오래오래 걷는다. 그러다 이브가 "상어 이빨"을 발견하고 신나서 폴짝 뛴다. 코요테 이빨일 가능성이 더 높다. 코요테 이빨이라 해도 충분히 놀랍다. 하지만 이브는 그것을 상어 이빨로 정했다. 그것이 이브가 믿기로 한 것이다. 어느 시점에 그것이 이브의 손에서 스르르 빠져나가 찾을 수 없게 된다. 이브가 망연자실한다. 이전에도 이후에도, 내 아이들 중 누구에게서도 이런 상심을 본 적이 없는 것 같다(지금도 나는 이브가 잠들 때 우리가 이 해변을 걷다가 상어 이빨을 발견한 이야기를 하곤 한다. 그러면 졸음에 겨운 입가가 어둠 속에서 동글게 미소로 변하는 것이 보인다).

우리는 발길을 돌려 왔던 곳으로 간다. 멀리서 우리를 향해 달려오는 에일라가 보인다. 에일라의 수영복은 밝은 분홍색이다. 아이가 파란색 바다와 보색을 이루며 햇빛 속에서 폭죽처럼 밝게 빛난다. 에일라는 언제나 천사와 이모티콘을 합쳐놓은 모습이다. 아이의 금발이 뒤로 흩날리고, 얼굴은 그때그때의 기분을 숨김없이 드러내며 속속 바뀐다. 지금 에일라의 얼굴은 슬프다. 슬픔이 조금의 여백도 허용하지 않고 얼굴 전체를 장악한다. 에일라는 자기만 버려진 기분이라고 말한다. 그러면서 나와 둘만의 시간을 원한다. 나는 에일라의 손을 잡는다. 이브는 잃어버린 상어 이빨을 다시 찾아보러 뛰어가고, 에일라와 나는 함께 파도에 뛰어든다. 우리는 손을 잡고 웃어댄다. 내가 이 순간을 슈퍼 8 필름 영화로 보고 있는 느낌이다. 먼 훗날 내가 이 순간을 기억할 때 어떤 마음일지 벌써 느껴진다. 나는 현재에 향수를 느끼고, 현재가 일어나는 순간에 현재의 지나감을 애도한다. 에일라가 잠시 갈매기 소리를 듣는다. 갈매기들이 우리 주위를 낮게 날고, 파도가 에일라의 무릎에서 찰싹인다. 에일라가 잠시 갈매기의 울음을 흡수하더니 갈매기 소리와 똑같은 비명을 내지른다. 해변을 지나던 사람들 몇몇이 이 놀라운 흉내에 웃는다. 에일라는 계속해서 악악 비명을 지른다. 비명을 지를 때마다 흉내가 발전하고, 지나가는 사람들에게 더 많은 웃음을 유발한다. 나는 웃는 여성 중 한 명과 눈이 마주친다. 나는 멋쩍은 미소와 함께 고개를 내저으며 어깨를 으쓱한다. 나는 다시 에일라를 내려다보며 생각한다. *배우하면 끝내주겠어.* 나는 이런 생각을 한 자신을 당장 비웃는다. 하지만 이 순간 자식의 재능을 발견하고 세상도 그걸 봤으면 하는 부모의 마음이 갑자기 이해된다. 나는 내 아이들이 다 자랄 때까지 직업 배우가 되는 것을 어떻게든 막을 생각이다. 하지만 그건 내가 운이 좋아서 실상을 알기 때문일 뿐이다. 모두가 그렇지는 않다. 나는 이 짧은 순간에, 갈매기의 비명 속에서, 스테이지 부모의 육감을 이해한다. 우리는 점심을 사러 부두에 있는 피시앤드칩스 판매대에 들른다. 북부 해안에서 가장 맛있다는 집이다. 판매대에 다다랐을 때 때 피크닉 벤치 사이에 서있는 소녀 세 명이 보인다. 셋 다 빨간색 땋은 머리가 달린 모자를 쓰고, 에드워드 시대 드레스를 입었다. 빨강 머리 앤의 집 그린게이블스를 방문하러 섬에 온 사람들이다. 그곳에서 자신을 앤으로 상상하기 위해서. 전형적인 〈에이번리 가는 길〉 팬들이다. 그들을 보자마자 나는 본능적으로 고개를 숙이고, 바삐 이브의 신발 끈을 고쳐 묶는다. 힐끔 눈을 들었다가 기겁한다. 그들 중 한 명이 나를 발견했다. 소녀는 웃고 있다. 소녀가 내 쪽을 가리키자 소녀의 친구들도 얼굴이 환해진다. 사람들이 나를 알아보는 익숙하고 오래된 공포가 바람처럼 내 몸을 관통하는 순간, 그들의 시선이 내가 아니라 내 등 뒤를 향하고 있다는 것을 깨닫는다. 나는 몸을 돌려 뒤를 본다. 에일라가 〈겨울왕국〉 노래를 목청이 터져라 부르고 있다. "**렛 잇 고! 렛 잇 고! 더는 숨길 수 없어!**" 내가 다시 소녀들에게 눈을 돌렸을 때 그들은 이미 다른 곳을 향하고 있다. 이번에도 사람들은 나를 알아보지 않았다. 나는 데이비드에게 미소와 윙크를 날린다. 이 완벽한 날이 망가지지 않아서 행복하다.

며칠 후 우리는 앤의 진짜 고향 캐번디시로 간다. 루시 모드 몽고메리가 성장기의 일부를 보냈고, 앤의 그린게이블스가 있는 곳이다. 허구의 영웅의 허구의 주거지가 애타게 보고 싶은 관광객들과 소녀들이 버스에 실려 집결하는 장소다. 내가 인간 좀비들을 거느리고 아름다운 해변을 걸었던 강렬한 기억이 있는 곳이다. 그곳이 내가 기억하는 대로인지 보고 싶다. 비가 내리는 날이다. 에드워드 시대 옷을 입은 소녀들을 보고 일부러 그들에게 눈을 맞추며 미소를 보내는 나를 발견한다. 해변에서의 하루가 비로 중단된 데 실망한 그들에게 친절한 제스처가 됐으면 하는 마음이다. 지금의 나는 예전의 내가 도망치고 피해 다니던 참한 소녀들과 눈을 마주치려 노력하고 있다. 어이없게도 지금의 나는 그들의 관광객 경험의 일부가 되고자 노력하고 있다.

그러다 문득 궁금해진다. 혹시 농담으로 뱉었던 내 예상이 적중한 걸까? 정말로 내가 너무 늙고 수척해져서 알아보는 사람이 없는 건가? 사람들의 시선이 나를 그냥 지나간다. 다른 곳을 보는 그들의 시선에 내가 걸리는 것일 뿐, 다른 인지의 기색은 없다. 내가 출연한 드라마를 알기에는 이들이 너무 어리다는 것을 나는 뒤늦게 깨닫는다. 지금 이곳의 열세 살 아이들은 30년 전의 열세 살 아이들이 아니다. 거기다 이제는 새로운 '앤' 드라마가 나왔다. 새로운 앤이 등장했다. 내 일부는 세월의 흐름을 인식하지 못했다. 내 인생의 이 장(章)에는 시간이 적용되지 않았다. 내게 너무 생생하게 남은 탓이다. 그래서 저들에게는 내가 보이지 않는 사람, 알려지지 않은 사람이라는 것을 깨닫는 데 어이없이 오랜 시간이 걸렸다. 드디어 끝났다. 나는 데이비드를 본다. 나는 미소 짓는다. 얼굴이 부서지는 느낌이 나도록 크게 미소 짓는다. 이브가 내 표정을 포착하고 말한다. “우와. 엄마는 비 오는 해변이 그렇게 좋아?”

해일처럼 밀려드는 안도감 외에 뭔가 다른 감정도 있다. 아직은 마땅한 이름을 모르겠는 감정. 나는 릭에게 전화한다. 릭은 내 절친한 친구이자 랍비다. 10대 후반부터 내게 견고한 부모 역할을 하는 사람이다. 나는 릭과 통화하며 스스로 그 감정의 이름을 발견한다. “내 인생의 이 부분이 공식적으로 끝났어요. 나를 알아보는 눈들이 만든 감옥에서 탈출하고 싶었던 세월이 길었기 때문에 이 종결에 미련은 전혀 없어요. 다만 내 안에 작은 상실 또는 혼란이 느껴져요. 사실은 내가 이들의 눈에 띄려고 노*력하고* 있나 봐요. 너무 애처롭지 않나요? 대체 이게 뭐냐고요? 이 기분은 지금 내 기분의 2퍼센트밖에 되지 않지만, 정말 기분 더러운 2퍼센트예요!”

릭이 말한다. “인간은 기본적으로 재앙이야.”

“정말 창피해요” 내가 개탄한다. “내가 그들을 피한다고 생각했는데, 작은 부분일지언정 내 일부는 참한 여학생들이 나를 단체로 알아봐 주기를 *원한다*는 거잖아요. 이보다 더 창피한 게 어디 있어요.”

“인간인 것을 축하해.” 그가 말한다.

코티지로 돌아오는 차 안에서 나는 아이들에게 19세기에 프린스에드워드섬에서 일어난 농민 봉기인 소작인연맹(Tenant League)에 대해 들려준다. 수년 전 토론토대학교에서 대학예비과정을 들을 때 알게 된 이야기다. 나는 늘 대학에서 캐나다 역사를 공부하고 싶었고, 토머스 속넛 교수의 열정적이고 극적인 설명으로 이 농민운동에 대해 생생하게 들었다.

프린스에드워드섬의 정착민은 오랜 세월 이 땅을 개간하고 경작했지만, 영국에 사는 부재지주들에게 임대료를 내는 소작농 신세를 면치 못했다. 농민들은 연맹을 결성해서 조직적으로 임대료 지불을 거부하기 시작했다. 보안관이 연맹 농민을 체포하러 출동하면, 이웃들은 양철 트럼펫을 불어서 일대의 연맹 지지자들에게 이를 알렸다. 때로는 수십 명씩 이 트럼펫 신호에 응답해서 위험에 처한 농민을 에워싸고 그의 체포를 막았다. 영국은 급기야 군대를 투입했는데, 군인 대부분이 아일랜드 사람들이었고, 이곳에 도착하자 그중 많은 수가 소작농의 편에 섰다. 이 민란은 결국 진압되었고, 소작인연맹의 투쟁사는 캐나다에서 거의 묻혔지만, 이 섬의 사회 문화에 깊은 영향을 미쳤다. 오늘날에도 프린스에드워드섬에서는 비거주인의 토지 취득이 강하게 규제되고 있다.

나는 이 이야기에 경탄했고, 들판에 울려 퍼지는 양철 트럼펫 소리와 그것이 불러일으킨 연대와 결속의 이미지에 마음을 빼앗겼다. 그 시대 의상을 입고 가짜 프린스에드워드섬 들판에서 해맑은 연기를 하던 어린 시절에는 이 섬의 역사에 대해 알 만큼 안다고 생각했다. 하지만 아니었다. 이 섬에는 배울 가치가 있지만 우리가 몰랐던 역사가 많았다.

다음 날 우리는 다른 해변을 걷는다. 그리고 그다음 날에는 또 다른 해변을 걷는다. 이 해변들은 개발이 전면 금지되어 있어서 마치 다른 시대의 공간처럼 보인다. 모든 것이 망쳐지기 전의 시대. 내 아이들이 영원히 떠나기 싫다고 한다. 나도 떠나기 싫다. 이곳에서 나는 내 과거에서 자유롭다. 심지어 고질적 수면 부족에서도 자유롭다. 밤새 에이미에게 젖을 먹이지만, 이렇게 해변에 나와 있으니 바닷바람이 피로까지 날려버린다. 아이들도 전혀 지루해하지 않는다. 이렇듯 광대한 공간을 눈앞에 둔 아이들은 무엇을 하고 놀지에 대한 아이디어가 동날 일도, 지루할 겨를도 없다.

프린스에드워드섬에서의 마지막 밤, 우리는 옛 농가에 있는 멋진 레스토랑에 간다. 아이들 모두를 대동하고 품격 있는 레스토랑에 가는 것은 처음이다. 행여 아이들이 야성을 억눌러야 할 때 더 드러내지 않을지 걱정된다.

우리는 레스토랑에 들어가기 전에 아이들의 에너지를 일부라도 소진할 요량으로 밖에서 아이들과 뛰어논다. 농가 옆 들판에 건초더미가 여기저기 흩어져 있다. 내가 말한다. “건초더미들 좀 봐. 나는 건초더미가 좋더라.” 에일라가 말한다. “아냐, 저건 소들이야.” 우리는 이 문제를 놓고 옥신각신한다. 하지만 에일라는 이치에 굴복할 마음이 전혀 없다. 에일라가 똥고집을 부릴 때는 아무도 못 말린다. 그런 때는 맞서지 않는 것이 상책이다. “건초더미가 맞아.” 내가 마지막으로 한 번 더 말한다. 하지만 부질없다. “아니.” 에일라가 눈에 날선 경고를 띠고 말한다. “소야.” 나는 퇴각한다. 아이는 진실을 알면서도 떼를 쓴다. 떼쓰기 영역에서는 교전이 어렵다.

일단 레스토랑에 들어가자 아이들이 예상 밖의 상황 대처 능력을 보이며 완벽한 천사처럼 행동한다. 우리가 자기들을 믿어준 것을 뿌듯해하는 눈치다. 옆 테이블의 노부부가 따뜻한 시선으로 우리를 본다. 부인이 말을 건다. "우리도 터울이 적은 아이 셋을 키웠어요. 지금이 고달플 시기죠. 하지만 평생 그리운 시절이기도 해요. 단란한 가족이네요."

아기가 지쳐서 칭얼대기 시작한다. 데이비드와 나는 번갈아 아기 띠를 메고 밖을 걸으며 아기를 재운다. 내 차례가 됐을 때 나는 들판의 울타리를 따라 왔다 갔다 한다. 언덕이 껑충대며 올라간다. 그 때문에 황혼의 하늘 아래 놓인 건초더미들이 절벽에 올라앉아 있는 것처럼 보인다. 절벽에서 공허로 굴러 떨어지기 직전 같다.

나는 지금이 인생에서 고달픈 시기라는 노부인의 말을 떠올린다. 나는 혼자 웃는다. 그리고 생각한다. 내 인생에서 지금처럼 다행한 때도 없는데, 그럼 나는 지금까지 어떤 인생을 살았던 것일까.

에이미가 땀에 젖은 머리를 내 목에 기대고 천천히 잠든다. 아기의 머리가 무거워지는 것이 느껴진다. 나는 예이츠의 시 〈도둑맞은 아이〉(The Stolen Child)에 곡을 붙인 로리나 매케닛의 노래를 흥얼거리며 걷는다. "이리로 오렴, 인간의 아이야. 이 물가로, 이 벌판으로, 요정과 함께 손잡고 오렴. 세상은 네가 이해하는 것보다 더 눈물로 가득하단다."

내가 어렸을 때 좋아하던 노래다. 하늘이 캄캄해지고, 건초더미도 검은 실루엣으로 변해간다. 달은 점점 밝아져 이제는 빛이 난다. 훈훈한 바람이 분다. 나는 레스토랑이 있는 옛 농가의 실루엣을 올려다본다. 환히 불 밝힌 2층에 지금 내 아이들과 남편이 앉아있다. 나는 시선을 헛간으로 옮긴다. 하얀 페인트와 붉은 테두리 때문에 헛간은 내가 어릴 때 일하던 세트의 속 빈 외관과 너무나 비슷하다.

갑자기 숨이 차고 심장이 빠르게 뛴다. 눈앞의 세상이 넓어지면서 한꺼번에 천 가지 생각이 밀려든다. 나는 어디에 가고 싶은지, 누가 그리운지, 무엇이 기쁜지, 내가 누군지, 언젠가 이 순간을 묘사할 때 내가 어떤 단어들을 사용하게 될지 등. 이것은 내가 예전에, 아역배우 시절 삶이 틀어지기 전에 자주 빠지던 종류의 무아경이다. 이것은 루시 모드 몽고메리가 "플래시"(the Flash)로 묘사한 느낌이기도 하다. 몽고메리가 직접 경험했고, 자신의 작품 속 소녀들에게도 다양한 버전으로 부여했던 섬광 같은 깨달음. 《초승달의 에밀리》(*Emily of New Moon*)에서 몽고메리는 이 느낌을 이렇게 묘사한다. "기억나지 않을 때부터 (…) 언제나 에밀리는 자신이 어떤 경이롭게 아름다운 세계와 아주 가까이 있는 느낌이었다. 그 세계와 자신 사이에는 얇은 커튼 한 장만 걸려있을 뿐이었다. 하지만 결코 그 커튼을 걷어낼 수는 없었다. 다만 가끔씩 아주 잠깐 바람이 커튼을 펄럭였다. 그럴 때면 그 너머의 황홀한 영역을 언뜻, 그저 언뜻 엿보고, 이 세상 것 같지 않은 음악을 한 음 엿들은 기분이었다. 이런 순간은 드물게 왔고, 순식간에 지나갔다. 그때마다 에밀리는 형언할 수 없는 기쁨으로 숨이 막혔다. 그것은 떠올리는 것이 불가능했다. 그것은 회상할 수도, 기억나는 척할 수도 없는 것이었다. 하지만 그 경이감은 며칠이나 그에게 머물렀다. (…) 그리고 이런 섬광이 올 때마다 에밀리는 인생을 영원토록 아름답고, 멋지고, 신비로운 것으로 느꼈다."

한때는 나도 낭만적인 동경으로 가득한 낭만적인 아이였다. 처음 〈에이번리 가는 길〉에 캐스팅됐을 때, 그리고 학교 연극의 배역을 놓친 낙담에서 회복됐을 때, 나는 우리 집 앞마당 잔디밭에 배를 깔고 누워 《스토리 걸》을 읽었다. 책은 오래되어 퀴퀴한 냄새가 났다. 나는 그 낡은 책장의 냄새를 맡고 사과를 베어 먹으며 다른 시대의 프린스에드워드섬에 있는 척했다. 나는 이 감성을 잊고 살았다. 내가 한때는 루시 모드 몽고메리의 이야기들을 사랑하는 아이였다는 것을 잊고 살았다. 나도 몽고메리의 책을 모두 읽었다. 그것도 집어삼키듯 읽었다. 어린 시절이 방해받기 전에는 나도 참한 소녀 중 한 명이었다. 이 순간 잠든 에이미를 안고 울타리를 따라 걸으며 나는 사춘기 이후로 몰랐던 감정을 느낀다. 무슨 일이든 일어날 수 있다는 예감이 든다. 그 일이 무엇일지 알지 못한다는 것은 또 얼마나 짜릿한가.

숙소로 돌아가는 길에 나는 프린스에드워드섬에서 태어난 위대한 시인 밀턴 에이콘의 시 〈섬〉(The Island)을 아이들에게 읽어준다. 휴대폰 불빛으로 책장을 비추며 읽는다. 우리는 어둠에 잠긴 마을들을 구불구불 통과해 북부 해안을 가로지른다. 도로 너머로 언덕과 절벽의 윤곽이 보일 듯 말 듯 어둑하게 떠있다.

뒤를 돌아보니 아이들은 모두 잠들어 있다.

*

이번 여행에서 나는 꿈에서 본 해변과 절벽의 모호한 경계를 여러 번 떠올린다. 나를 이곳으로 이끈 그 꿈처럼, 프린스에드워드섬 자체가 내 삶의 '경계들을 녹인다'. 이 섬에서 내 삶이 모호해졌다. 내가 어렸을 때는 불가능했을 방식으로, 세상에서 가장 좋은 의미로 모호해졌다. 내가 부모와 어린 시절과 상실에 대해 오랜 세월 날카롭게 엮어왔던 서사가 이곳에서 모두 뿌옇게 소멸했다. 이제 궁금해진다. 내가 예전에 믿었던 것처럼 내가 어린 시절을 탈출해서 이 아름다운 삶에 도달한 것일까? 아니면 반대로 내 어린 시절이 고맙게도 나를 정확히 이곳으로 인도한 것일까? 이듬해 여름 이브는 2주간의 뮤지컬 연극 캠프에 참가한다. 이브는 뮤지컬에 마음을 빼앗겨 지도사들에게 더 많은 대사와 더 큰 역을 달라고 열심히 조른다. 내 아이가 무대에 올라 〈슈렉〉의 아기 곰을 연기하는 것을 보는 느낌을 어떻게 표현해야 할지 모르겠다. 너무 긴장되고, 너무 흥분된다. 다른 배역이 웃긴 대사를 하려는 참이면 이브는 미리 웃음이 터져서 곰 손을 파닥이며 얼굴을 가리고 키득댄다. 이 연극은 즐거움 자체를 위한 것이고 참여한 아이들을 위한 것이며, 이 목적을 너무나 장하게 달성하고 있다. 여기서 중요한 것은 공연의 경험이지 공연 자체가 아니다. 이브가 다음 해에는 2주짜리 캠프 말고 한두 달 과정을 등록할 수 있는지 묻는다. 내가 망설임 없이 "그래"라고 하자 이브가 충격 먹은 얼굴로 말한다. "난 엄마가 안 된다고 할 줄 알았어."

나는 이브에게 말한다. "그것이 즐거움을 주고, 그걸로 돈 버는 사람이 없고, 참여한 아이들의 즐거움이 목적이고, 담당자들에게 그보다 더 중한 관심사가 없는 한, 네가 원하는 만큼 얼마든지 연기해도 좋아."

"그런데 엄마, 나 연기자가 되고 싶어." 이브는 자칫 내가 놀라서 대화를 끝낼까 봐 내 눈치를 살피며 아주 차분하게 말한다. "있잖아, 엄마에게 나빴던 것이 나한테도 나쁠 거란 법은 없잖아."

맞는 말일 수도 있다는 것은 인정한다. 하지만 위험을 감수하진 않을 거다. "네가 정말로 좋아하는 일이라면 그렇지."

나는 이번에는 에일라에게 묻는다. "너도 내년 여름에 연기 캠프에 가고 싶어?" 에일라가 눈을 들어 나를 본다. 아이의 얼굴이 황당함의 이모티콘이 되어있다. "전혀." 에일라가 말한다.

나도 모르게 이런 말이 나온다. "왜, 너 연기 엄청 잘하잖아."

에일라가 내 눈을 똑바로 보며 말한다. "그게 무슨 상관이야, 안 그래?"

위험을 향해 달려라

사고

2015년 10월 19일이다. 나는 거실 바닥에 앉아있다. 내 앞의 커피테이블에는 하겐다즈 프랄린앤드크림 아이스크림이 한 통 놓여있다. 세 살배기 이브는 크레용으로 소파에서 그림을 그리고, 14개월 된 에일라는 내 어깨에 머리를 대고 잠들어 있다. 연방선거일 밤이다. 나는 길었던 보수당 집권이 8년 만에 무너지는 것을 TV로 지켜본다. 숟가락으로 아이스크림을 떠서 입에 넣으며 나는 화면 속 캐나다 지도를 본다. 지도 대부분을 뒤덮었던 보수당의 파란색 바다가 파란색 웅덩이로 줄어드는 것을 지켜본다. 나는 현관에서 이웃들과 포옹한다. 앞으로 다 잘 될 거예요. 아이스크림을 조금 더 입에 넣으면서 나는 인생이란 살아볼 만하다고 생각한다.

그러다가 멈칫한다. 내 인생의 멋진 순간마다 늘 그랬듯, 나는 불가피한 재앙에 쫓겨 벼랑 끝에 서있는 듯한 위기감에 휩싸인다.

다음 날 나는 이브를 유치원에 데려다주고, 주방 청소를 하고, 바닥에서 에일라와 잠시 놀아준 후, 위층으로 올라가 책상에 앉아 글을 쓴다. 나는 최근 〈작은 아씨들〉 리메이크 영화의 시나리오 작업을 맡았다. 꿈꾸던 일이다. 매일 밤 나는 이브에게 에이미, 베스, 메그, 특히 조의 이야기를 들려준다. 이브는 매일 밤 마치가(家) 네 자매의 이야기를 해달라고 조른다. 책에 있는 이야기가 모두 동이 나서 나중에는 내가 지어내기 시작한다. 이브는 영화를 만들 때 세트장에 구경 가도 좋은지 묻는다. 나는 좋다고 대답한다. 하지만 내가 연출까지 맡을 것 같지는 않다. 셋째를 낳을 마음이 있고, 아이들도 너무 어려서 아직은 감독 일에 복귀할 생각이 없다. 촬영장에서 매일 15시간씩 보내느라 내 아이들의 어린 시절을 놓치기는 싫다. 딱 그 방식으로 내 어린 시절을 잃었다. 다시는 그런 일을 감수하고 싶지 않다.

유치원으로 이브를 데리러 가기에 앞서 나는 지역 커뮤니티센터로 수영을 하러 간다. 운동을 좋아한 적은 없다. 하지만 최근에 수영 강습을 받기 시작한 후 난생처음 내가 육체적으로 향상된 느낌을 받았다. 내 몸이 기본적으로 움직이지 않는 사람의 몸에서 움직이는 사람의 몸으로 바뀌는 것을 느꼈다. 팔에 근육이 생겼다. 다리도 튼튼해졌다.

우리 가족은 운동 능력이 좋다. 키 크고 건장한 와스프족이다. 유일하게 나만 활기도 체력도 기운도 없었고, 그걸로 늘 가족에게 놀림을 받았다. 내가 열 살 때 마크 오빠가 테니스를 가르쳐 준 적이 있다. 그때 내가 맥없이 라켓을 내던지며 "*땀난단 말이야!*"라고 처량하게 찡찡댔던 일을 두고 마크 오빠는 지금까지도 나를 놀린다. 오빠는 걸핏하면 내 흉내를 낸다. "*땀난단 말이야!*" 이 말은 나의 끈기와 투지 결여를 상징하는 말이 되었다. 그리고 내가 도전에 직면해 휘청댈 때마다 내 뒷골을 울리는 부끄러운 메아리가 되었다. 그래서 수영은 내게 의미가 크다. 나는 수영에 진심이다. 실력도 늘고 있다. 어쩌면 나는 그렇게까지 한심한 인간이 아닐지도 모른다. 내가 운동신경 부족과 그 극복에 대한 압박감을 과장하는 말처럼 들릴 수 있다. 하지만 안타깝게도 그렇지 않다. 많은 사람들이 가족에게서 실패자의 자격지심을 주입받는다. 이런 맥락에서 나는 그들이 틀린 것으로 판명나고, 스스로 오판을 인정하는 달콤한 승리를 상상한다. 물론 이것은 몽상이다.

나는 수영을 마치고 샤워하고 옷을 입는다. 그러다 가방에 헤어드라이어가 없는 것을 깨닫는다. 지난번에 여기 왔을 때 두고 간 것이 분명하다. 머리는 젖었고, 밖은 쌀쌀한 10월이다. 안내데스크의 여성에게 혹시 헤어드라이어를 보지 못했는지 물어보니 분실물 통을 확인해 보라고 한다.

나는 다급히 분실물 통이 어디 있는지 물을 필요를 느끼지 못한다. 헤어드라이어는 내게 어떠한 감정적 가치도 없다. 나는 때로 헤픈 인간이다. 게으른 인간이다. 속으로 '겨울 코트를 입고 땀이 찔찔 나는데 내가 분실물 통까지 뒤져야 해?'라고 생각하는 부류의 인간이다. 요점은 그 헤어드라이어는 내게 필요하지도 소중하지도 않으며, 그것을 그냥 두고 가는 것이 내 성격에 부합한다는 것이다. 이 분실 사건이 중요한 이유는 딱 하나다. 이날 뜬금없는 책임감의 발동으로 그 헤어드라이어를 찾으러 간 일을 여러 해가 흐른 지금까지도 땅을 치고 후회하기 때문이다.

안내 데스크의 여성이 구석의 분실물 수거함을 가리킨다. 웰빙을 홍보하는지, 그 웰빙을 달성하는 프로그램을 홍보하는지 알 수 없는 대형 입간판이 수거함을 반쯤 가리고 있다. 수거함을 보려면 입간판과 수거함 사이로 비집고 들어가야 한다. 수거함 위에는 업장용 대형 소화기가 있다. 나는 잔뜩 웅크리고 입간판 옆으로 들어가 수거함 안을 뒤적이며 내 헤어드라이어를 찾는다. 몸에서 열이 오른다. 나는 칠칠맞지 못하게 소지품을 흘리고 다니는 나와 이따위 헤어드라이어에 미련을 떠는 나를 동시에 저주한다. 나는 코트를 벗어던지기 위해 몸을 벌떡 일으킨다.

다음 순간 정확히 무슨 일이 일어났는지는 나도 모른다. 금속성 불협화음 같은 타격 소리가 들린다. 뭔가 커다란 것이 내 옆 바닥에 쿵 떨어진다. 나는 눈을 돌려 아래를 본다. 바닥에 대형 소화기가 보인다. 소화기가 살짝 구르고 있다. 치아가 머릿속을 들쑤시는 것처럼 아프다. 이를 잃는 악몽을 꾼 적 있다. 나는 움직임도 말도 없이 그대로 멈춰선 채 치아를 모조리 잃었을 때 틀니나 수술을 제외한 해결책이 뭐가 있을까 생각한다. 나는 치과 치료에 대해 잘 모른다. 이것만큼은 확실하다. "나는 치과 치료에 대해 아는 게 없어." 나는 턱을 움켜잡는다. 턱이 부러졌을지 모른다. 아니면 내가 기절 직전인 것 같다. 불쑥 깨닫는다. 내가 의식을 잃을 경우 내게 무슨 일이 일어났는지 아는 사람이 있어야 해. 내 목소리가 들린다. 나는 허공에 대고 해체된 로봇이 내는 것처럼 단조롭고 반복적인 소리로 되풀이해서 말한다. "방금 소화기가 내 머리에 떨어졌어요. 소화기가 내 머리에 떨어졌어요. 소화기가 내 머리에 떨어졌어요." 내 목소리가 내 안이 아니라 내 옆에서 나오는 것 같다. 안내 데스크 여성은 자리를 비운 모양이다. 커뮤니티센터 입구에 있는 사람들, 그래서 지금 이 순간을 목격했을 유일한 사람들은 서로 수어로 이야기하는 남녀뿐이다. 저들은 내 말을 듣지 못했거나 들을 수 없다. 상황이 웃기게 흘러간다는 생각이 어렴풋이 올라온다. 이 이야기로 사람들을 웃길 다양한 방법을 잠시 고민하던 중에 나는 안내 데스크 여성이 지금 내 옆에 서서 내게 괜찮은지 묻고 있다는 것을 알아차린다. 나는 여성에게 지금의 내가 유일하게 아는 듯한 말을 되풀이한다. "방금 소화기가 내 머리에 떨어졌어요." 여성은 책임자를 불러올 테니 가만히 있으라고 말한다. 나는 몇 분간 거기 서있다가 내가 이러고 있을 때가 아니라고 판단한다. 무슨 부상인지는 몰라도 나는 방금 발생한 부상을 위한 도움을 기다릴 시간이 없다. 사실 내게는 부상 자체를 당할 시간이 없다. 나는 유치원에 이브와 이브 친구를 데리러 가야 하고, 계획대로 둘에게 저녁을 해주어야 한다.

나는 세상으로 걸어 나간다. 이후 3년 동안 내게 이런 세상이 이어지게 된다. 차들이 너무 빠르게 움직인다. 해가 너무 밝다. 바람 소리조차 견디기 힘들다. 물속에 있는 느낌이다. 하지만 나는 전적으로 침착하다. 내가 팔다리의 움직임을 의도해도 팔다리가 내가 생각하는 속도로 움직이지 않고, 자꾸 오른쪽으로 방향을 튼다. 나는 보도 가운데로, 직선으로 걸으려고 하는데 몸이 자꾸 잔디밭으로 들어간다. 다시 대각선으로 돌아와 나를 전진 방향에 놓으려면 의식적으로 보도 왼편으로 움직여야 한다. 하지만 나는 다시 방향을 잃고 옆으로 샌다. 나는 번화한 거리에 이르러 걸음을 멈춘다. 내가 평소 무단횡단을 하는 곳이다. 하지만 지금은 안전하게 길을 건널 시점을 판단할 엄두가 나지 않는다. 차들의 속도에 눈이 돌아갈 지경이다. 그럼에도 어쨌든 나는 길을 건넌다. 내게 문제가 생기는 일은 있을 수 없다고, 다시 한 번 결정을 내린다. 어린 자녀들과 내가 고용된 일을 생각할 때 지금은 삶이 어떤 일로든 방해받을 여유가 없다. 그러니 모든 것이 괜찮을 수밖에 없다. 괜찮아야 하기 때문이다. 다른 선택지는 없다.

나는 잠시 걸음을 멈추고 휴대폰으로 데이비드에게 이메일을 보낸다. "방금 소화기가 내 왼쪽 턱에 떨어졌어. 농담 아니야. 지금 머리가 완전 멍해."

그날 저녁 나는 이브와 에일라와 이브의 유치원 친구를 위한 식사 준비를 한다. 데이비드가 저녁 계획을 포기하라고 했지만 나를 설득하진 못했다. 채소를 썰 때 손이 너무 느리게 움직이는 느낌이다. 앉아서 쉬어야 하지 않나 하는 생각이 둔하게 들지만 나는 식사 준비를 위한 물리적 동작들을 꾸역꾸역 이어간다. 저녁 준비에 필요한 동작들이 갑자기 늘어난 것 같다. 동작 하나하나가 나름의 의식적 생각을 요한다(생선을 오븐용 접시에 담는다. 쌀에 물을 붓는다. 밥솥 플러그를 꽂는다. 오븐을 연다). 나는 내 동작들을 옆에서 울려 퍼지는 아이들의 목소리와 분리하려 애쓴다. 하지만 그러기가 이상하리만치 어렵다. 두 가지가 한데 뒤엉켜 있는 것 같다. 방에 소음이 있는데 어떻게 레인지를 켤 수 있지? 나는 이것이 내게 닥친 새로운 문제이며, 이상한 문제라는 것을 깨닫는다.

아이들이 내가 어렵사리 식탁에 차려준 저녁을 먹는다. 식사 중에 이브가 말을 듣지 않는다. 음식을 던지는 등 짜증나게 군다. 나는 이브에게 화낸다. 나는 이브의 양팔을 붙잡아 내 신경에 거슬리는 행동을 못 하게 한다. 이브는 겁먹은 표정이다. 식탁에 앉아있는 이브의 꼬마 친구도 마찬가지다. 나는 이브의 팔을 놓아준다. 식탁에서 물러나 아예 거실 소파로 간다. 많은 것이 혼란스러운 와중이지만, 평소의 내가 내 아이들을 그렇게 겁박하거나 거칠게 다루지 않는다는 것은 확실하다. 나는 아이들과 떨어져 소파에 앉는다. 등을 끄고 어두운 거실에 혼자 앉아있다. 이곳에서도 집 반대편 주방에 있는 아이들이 보인다. 겁먹은 아이들의 작은 초상화 같다. 데이비드가 아이들을 맡으러 들어간다. 나는 한 손을 들어 얼굴 앞에서 흔들어본다. 손날로 허공을 천천히 내리쳐본다.

나는 혼자 생각한다. "현실이 원래 이런 느낌이었나? 이렇게

TV를 보는 느낌이었나? 공기가 원래 이렇게 걸쭉했었나? 버터 같이 손으로 자를 수 있을 것처럼?”

나는 이 질문들을 데이비드에게 한다. 그가 나를 유심히 지켜본다. 내가 스스로 대답한다.

“내게 묻는다면 내 대답은 ‘아니오’야. 현실이 원래 이런 느낌일 리 없어.”

이브 친구의 아빠가 딸을 데리러 왔을 때 나는 그분에게 내게 일어난 일을 이야기한다. 그분은 내가 말을 매우 느리게 한다고 말해준다. 데이비드가 사고 후 내 상태를 기록해 둔 바에 따르면, 이브 친구가 아빠와 떠날 때 내가 “여러분 사랑해요”라고 말한다. 데이비드는 이런 평을 달았다. “아주 친한 사이가 아니란 것을 감안할 때 평소답지 않은 인사말임.”

이 낯 뜨거운 작별 인사에 대한 임상 기록을 읽을 때마다 나는 지금도 웃음이 터진다.

나는 브리티시컬럼비아주에서 주치의로 일하는 수지 언니에게 전화한다. 언니는 내 말을 듣더니 뇌진탕 같다고 말한다.

후유증

이후 며칠에 걸쳐 나는 의사들을 비롯한 여러 선의의 사람들로부터 여러 조언을 받는다. 종합하자면 이렇다. 어두운 방에 누워있어라. 어두운 방에 누워있지 말아라. 스크린타임을 줄여라. 스크린타임을 없애라. 밖에 나가라. 안정을 취해라. 3주 동안 아무것도 하지 마라. 3주 동안 아무것도 하지 말지 마라. 산책 나가라. 계속 누워있고, 낮잠을 최대한 많이 자라. 증상이 있을 때마다 모든 일을 내려놓고 휴식을 취해라. 속도를 늦춰라. 내게 무슨 일이 생긴 것인지 소견을 구했을 때 내 주치의는 어깨를 으쓱하며 난감한 표정으로 말한다. "*무슨 일*이 생기긴 했네요."

이제껏 여러 건강 문제를 겪었지만, 의사들을 포함해서 이렇게 많은 사람들이 이렇게 노골적으로 의견을 달리하는 경우는 처음이다. 막다른 길만 있는 나라에서 지도 한 장 없이 갈팡질팡하는 느낌이다. 갑자기 내가 제 기능을 하지 못하는데, 해결책은 오리무중이고, 전문가들은 서로 상충되는 조언을 하거나 어깨를 으쓱하며 "*무슨 일*이 생기긴 했네요"라는 말이나 하면, 누구라도 패닉에 빠질 수밖에 없다. 그런데 나는 그런 정상적인 반응을 하지 못한다. 나는 그저 멍할 뿐이다. 내 뇌의 어느 부분이 불안감을 관장하고 있었는지 몰라도, 그 부분이 소화기에 맞아 고장 나버린 것 같다.

뇌진탕 증세를 몇 년씩 겪은 지인들은 처음 몇 주 동안 더 쉬지 않은 것을 후회한다. 그들은 초기에 안정을 취했다면 상황이 달라졌을지 모른다고 생각한다. 이 지인들 중에 메러디스라는 시나리오작가가 있다. 그는 2년째 뇌진탕 증세를 겪고 있다. 그는 언제 어디서나, 심지어 실내에서도 랩어라운드 선글라스와 챙이 넓은 야구 모자를 쓴다. 처음 1년은 집에서 아이들이 흥분하면 스키 헬멧을 썼다고 한다. 아이들이 어쩌다 그의 머리를 치는 일을 방지하기 위해서였다. 그는 뇌진탕 이후 일을 그만두었다. 그는 내게 길고 공감 어린 이메일을 보내 안정을 취할 것을 조언한다. 그는 이렇게 말한다. "잠이 친구고, 휴식이 동료예요."

아무것도 제대로 이해할 수 없는 상황에서 나는 침대에 눕기로 한다. 그리고 〈작은 아씨들〉의 두 번째 초안 작업을 이어가기로 한다. 하지만 말들이 마구 뒤섞인다. 내가 무엇을 쓰고 있는지, 그걸 왜 쓰고 있는지 모르겠다. 내가 만든 구조적 문제를 어떻게 해결해야 할지 감이 없다. 내가 원하는 것은 영화가 마치 자매가 성인이 된 현시점에서 시작해서 그들의 어린 시절을 회상으로 풀어가는 것이다. 나는 조의 결혼으로 영화가 끝나는 것만은 반드시 피하고 싶다. 그런 결말은 원작자 루이자 메이 올콧에 대한 모욕이다. 원래 올콧은 소설을 그렇게 끝내길 원하지 않았다. 내가 원하는 영화의 시점과 결말을 이미 제작사와 공유했고, 두 번째 초안을 반쯤 작성한 상태다. 그런데 지금의 나는 이것을 어떻게 마무리해야 할지 도통 모르겠다. 말이 모두 한꺼번에 뒤범벅이 된다.

나는 제작사에게 내게 사고가 생겼고, 그래서 잠시 쉬어야 한다고 알린다. 그리고 이 상황이 조 마치가 여성(프리다 바어!◆)과 사랑에 빠지는 설정으로 가자는 내 의견이 관철되지 않았기 때문은 아니라고 말한다.

그들은 내 부상을 염려하고 내 사정을 이해한다. 나는 프로듀서 중 한 명인 에이미 파스칼과 통화할 때 내 말이 어눌하게 들리는지 묻는다. 에이미가 말한다. "솔직히 좀 이상해요."

◆ 《작은 아씨들》에서 주인공 조 마치는 끝에 '프레드리히 바어'라는 독일인 교수와 사랑에 빠지고 결혼한다.

나는 내 말이 어떤지, 전에는 어땠는지 감이 없다. 나는 사람들이 하는 말을 상당 부분 알아듣지 못한다. 지금의 내 상태로는 각본 작업도, 다른 어떤 일도 마칠 수 없다. 내게 분명한 것은 이것뿐이다.

2주쯤 흘렀다. 내가 잠이 들려 할 때 데이비드가 침대 끝에 앉는다. 그가 걷잡을 수 없이 흐느끼기 시작한다. 그제야 나는 아주, 아주 나쁜 일이 일어났을 수도 있겠다는 생각이 든다.

데이비드가 말한다. "당신에게 이런 일이 생기다니 너무 심란해."

나는 마치 아주 멀리서 생각하듯, 내가 나아질 수 있을지 생각한다.

하루의 대부분을 침대에 누워 지낸 지 3주쯤 됐을 때 처음으로 두통이 시작된다. 이전에는 어지러웠고, 물속처럼 둔했고, 혼란스러웠고, 메스꺼웠다. 이제는 머리가 터질 듯이 아프다. 마치 뇌동맥류가 일어난 것처럼. 하지만 뇌동맥류는 아니다. 정상적인 생활이 불가능할 정도의 편두통이다. 이 편두통은 한번 시작하면 좀처럼 멈추지 않는다. 이제 아래층에서 올라오는 작은 소음 하나하나가 내 머릿속을 쿵쿵 울린다. 침실에서도 주방의 말소리가 시끄럽게 들린다. 마치 고속도로변에 나와 있는 것 같다. 두통이 심해지자 나는 많이 쉬라는 조언에 입각해서 더 자주 낮잠을 청한다.

데이비드가 아이들 뒷바라지를 도맡다시피 한다. 그가 아이들을 입히고, 먹이고, 이곳저곳 데려가고 데려온다. 나는 침실

창문으로 데이비드가 아이들을 2인용 유아차에 태우고 보도를 내려가는 모습을 바라보곤 한다. 그가 유아차를 밀고 간다. 수영 강습으로, 놀이 친구의 집으로, 공원으로. 이렇게 유능하고 자상한 파트너가 있다니 얼마나 다행인가. 내 감각이 둔한 것이 차라리 다행스럽다. 내가 제대로 느낄 수 있다면, 내 인생이 매일 내게서 멀어지는 것을 지켜보는 심정을 내가 견딜 수 있을까.

아침에 이브, 에일라와 함께 주방에 있을 때, 우리는 내 두통이 도지는 것을 막기 위해 이브에게 계속해서 말소리를 더 낮추라고 말한다. 이브는 이 잔소리를 납득하지 못한다. 아침마다 내가 유치원까지 함께 걸었는데 왜 이제는 그러지 않는지도 이해하지 못한다. 나는 침대에 누워있을 때조차 에일라와 가급적 많은 시간을 보내려 노력한다. 하지만 때로는 에일라가 옹알이 중에 악쓰는 소리나 우는 소리를 내는 것을 감당하지 못한다. 나는 에일라의 일상을 놓치고 있다. 에일라의 옹알이가 어떤 단어가 되고 어떤 의미를 담는지 알아가는 과정을 놓치고 있다. 에일라를 노래 모임과 드롭인센터◆에 데려가지도 못한다. 나는 황량한 구멍들을 만들고, 먹먹한 통증을 느낀다. 하지만 내가 나으면, 만약 낫게 되면, 이 통증이 지금보다 훨씬 더 날카롭게 느껴지리란 것을 안다. 만약 지금의 상태가 지속되면 결국은 내 심장이 내 혼탁한 뇌를 뚫고 나가서 잃어버린 순간들에 대한 비통한 비명을 지르고 말 것이다.

◆ drop-in centre, 영유아를 위한 캐나다의 시간제 보육 시설.

나는 내가 갇힌 이 정적인 곳에서라도 내 아이들의 삶과 함께 할 방법을 궁리한다. 나는 어린이용 그리스 신화 책을 주문한다. 그리고 매일 내 자신에게 과제를 부과한다. 축약 버전의 신화들을 하나씩 천천히 읽고, 기둥 줄거리를 기억해서, 이브에게 잠자리에서 들려주는 과제다. 하지만 이야기를 읽는 것조차 힘들다. 그 이야기를 기억하는 것은 더 힘들다. 때로는 이야기 하나를 읽고 기억하는 데 며칠이 걸린다. 나는 내 자신에게 말한다. 이런 식으로나마 나는 내 뇌를 조금씩이라도 가동하고 있어. 이런 식으로나마 바깥 세계의 아름다운 것을 이브에게 전해주고 있어. 이거라도 하지 않으면 방에만 틀어박혀 있는 내가 이브에게 가져다줄 수 있는 것이 거의 없어. 내 뇌진탕이 모두의 기대만큼 빨리 지나갈 기미가 보이지 않자 친구들이 음식을 해서 나르기 시작한다. 조니 오빠는 정기적으로 음식과 아이들 교구를 공급한다. 수지 언니와 몇몇 친구들은 며칠에 한 번씩 전화해서 식료품을 챙겨 보낸다. 친구 두 명은 자기들도 각자 아이가 셋이나 있는데도, 요일을 정해서 한 주도 거르지 않고 우리에게 저녁을 해다 준다. 나는 흐리멍덩한 머리로도 내가 얼마나 운이 좋은지, 이들이 아니었으면 상황이 얼마나 더 나빴을지 자각한다.

어쩔 수 없이 나는 〈작은 아씨들〉 제작사에 내가 아직도 작업을 못 하고 있고, 심지어 5분 이상 화면을 볼 수도 없어서, 언제쯤 작업이 가능할지도 알 수 없다고 통보한다. 당연히 그들은 새 시나리오작가를 물색한다.

이 시기에 대한 내 기억은 몽롱하고, 시간 순서도 뒤죽박죽이다. 이 흐릿한 몇 개월 중 어느 시점에 나는 열일곱 명 정도가 모인 가족 모임에 참석한다. 그리고 그곳에서 고장 나버린다. 떠들썩함과 어수선함과 조명이 나를 학살하는 것 같다. 이 수준의 소동과 소음에 노출되면, 고통이 번개처럼 머리 왼편부터 몸 전체를 가로질러 배 속에 내리꽂힌다. 그러자 속이 뒤집히고 구역질이 올라온다. 총탄 세례 같은 자극을 받으면 며칠씩 메스꺼울 것을 알면서도 나는 간다. 그리고 최선을 다해서 멀쩡한 척한다.

나는 몸 상태가 허락하지 않아서 크리스마스 파티에 참석하지 못한다. 파티에서 유아와 젖먹이를 혼자 간수하느라 고군분투하는 데이비드에게 가족 중 몇몇이 이렇게 물었다고 한다. 혹시 내가 "칭병하는" 것은 아닌지? 나는 이 단어의 뜻을 사전에서 찾아보고 알았다. *칭병*은 '의무나 일을 피하기 위해 병을 과장하거나 거짓으로 꾸며내는 것'이다. 한마디로 내가 꾀병을 부린다는 뜻이다. 그들은 나를 만나면 이런 식으로 말한다. "너무 말이 없는 것 같아, 세라. 무슨 문제 있어?"

이 질문이 내가 뇌손상을 입었다는 대답을 다시 듣고자 함이 아닌 건 분명하다. 그들은 그것을 인정하지 않는다. 나는 최선을 다해 아무렇지 않은 척하다가 남들이 보지 않을 때 슬그머니 바람을 쐬러 나간다. 성치 않아 보이는 내 상태가 또다시 누군가의 역정이나 의심을 유발하는 것을 피하기 위해서다. 내 정신에 무슨 일이 일어난 건지 나도 답답한 마당에 그런 반응까지 마주하는 것은 고역이다.

나는 지금껏 여러 질병과 신체적 문제를 겪었다. 그중 다수가 겉으로는 보이지 않는 문제들이었다. 자궁내막증, 척추측만, 전치태반, 그리고 이제는 뇌진탕. 이 점이 나를 사람들에게 거슬리고 못미더운 존재로 만든 것 같다.

나는 머리 부상 클리닉의 재활 전문의에게 간다. 이 의사는 희망적이다. 의사는 증세가 생기는 임계점까지 활동의 수위를 끌어올릴 것을 권한다. 그러다 한계가 느껴지고 증상이 생기면 다시 후퇴하라고 한다. "한계를 넘었다 싶으면," 의사가 말한다. "다시 물러나면 됩니다."

의사는 내게 몸에 귀를 기울이라고, 언제 증상들이 일어나는지 인지하라고 한다. 익숙한 구호다. '내 몸의 말을 듣기'. 요가와 명상에서도 항상 하는 말이다. 이 기술을 더 심화해서 내 몸이 보내는 미묘한 메시지들을 잘 들으라는 말이다. 용기가 난다.

재활 전문의는 증상이 오는 것이 느껴질 때까지 매일 밖에 나가 걷고, 증상이 심해지면 발을 돌려 귀가하라고 한다. 다음 날 산책을 나간다. 우리 집에서 겨우 세 집 지났을 뿐인데 갑자기 어지럽고 토할 듯 메슥거린다. 잔뜩 흐린 날에도 빛이 섬광처럼 쏘는 것 같다. 지나가는 차마다 초대형 화물차 소리를 내며 내게 극심한 고통을 유발한다. 나는 의사의 조언대로 내 몸이 보내는 신호에 따라 발을 돌려 집으로 향한다.

나는 대안을 찾기 시작한다. 나는 약장수에 혹해서 엉터리 약을 사는 타입이 아니다. 오히려 무작위 표본추출 실험 또는 공신력 있는 연구로 뒷받침되지 않은 약이나 의사가 처방하지 않은 방법은 그게 뭐든 강하게 의심하는 편이다. 하지만 내 삶이 내게서 멀어져 버렸고, 의사들은 서로 엇갈리는 조언을 하거나 아무 조언도 하지 않는다. 지금의 나는 '뇌진탕 치료제'라고 적힌 병만 봐도 상자째로 사들일 판이다.

이후 수개월 동안 나는 교외의 낯선 장소들로 다양한 해법을 찾아다니며 수천 달러와 막대한 시간을 쓴다. 뉴로피드백 전문가라는 사람은 공들이 튀어 다니는 컴퓨터 화면을 종일 쳐다보게 하더니, 진이 다 빠진 내게 나이와 젠더를 고려할 때 내 주의 집중 시간이 1퍼센트 수준이라고 말한다(이 말이 이후 몇 년간 나를 괴롭힌다). 나는 글루텐과 유제품을 끊으라는 영양사도 만나고, 아이스하키 선수 시드니 크로스비를 치료했다는 척추 지압사도 만난다(나중에 알았지만 뇌진탕 전문가치고 시드니 크로스비를 치료했다는 소문을 뿌리지 않는 사람이 없다. 얼마 후 나는 자기가 아는 기적의 뇌진탕 치료사에 대해 열을 올리는 사람을 보면 이렇게 묻는다. "혹시 그 사람, 시드니 크로스비를 치료했다는 사람 아니에요?" 대답은 예외 없이 "맞아요"다).

나는 두개천골 마사지를 받고, 9주 과정의 마음챙김 기반 스트레스 감소 프로그램에 참가하며 일시적 두통 완화 효과를 본다. 이 명상 프로그램에서 나처럼 장기 뇌진탕을 겪는 다섯 사람을 만난다. 우리는 가끔씩 모여서 그간 탐사한 다양한 방법들에 대한 의견과 정보를 공유한다. 그중 한 여성이 콜드레이저 요법에 빠져있다. 그런데 그 요법을 받으면 두통이 심해진다고 한다. 이 모임은 어중이떠중이에 불과하다. 더구나 매번 절반 정도가 모임에 불참한다. 고통이 너무 심하거나 까먹거나 둘 중 하나다(

주의: 머리 부상은 사회집단 구성 조건으로 바람직하지 않음).

나는 3개월 후 앞서 말한 재활 전문의에게 다시 간다. 의사는 지금쯤 내가 많이 나아졌을 것으로 생각한 모양이다. 나는 브레인 포그가 심하고, 가끔씩 두통에 시달리고, 여전히 멀티태스킹과 명료한 생각이 어렵다고 말한다. 의사는 매일 실내 자전거로 운동하고, 두통과 불안증에는 가바펜틴을 복용할 것을 권한다. 지금은 불안증이 심하지 않고, 두통 빈도도 낮아지고 있다고 말했지만 의사는 어쨌든 내게 처방전을 발급한다. 그리고 진료 상담이 끝나갈 무렵 의사는 내 두통의 원인이 소화기가 내 머리를 칠 때 발생한 경추부 염좌일 수 있고, 그럴 경우 목과 어깨 연조직의 회복이 필요하다면서, 도수 치료 훈련을 받은 칸찬 마산드라는 물리치료사에게 가볼 것을 권한다. 의사는 칸찬의 치료 효과를 입증하는 연구는 없지만, 지금껏 자신이 보낸 환자들 중에 호전되지 않은 환자가 없었다고 말한다.

나는 가바펜틴은 사지 않지만, 칸찬에게는 간다. 그리고 치료 몇 번 만에 효과를 본다. 도수 정골 요법은 심한 증상에서 벗어나게 해주고, 한 번 받으면 효과가 며칠씩 간다. 또한 칸찬은 놀랄 만큼 지혜로운 여성이다. 거의 샤먼 같은 분위기를 자아낸다. 그에게는 의료인의 과학적인 사고와 치유자의 자상한 태도가 모두 있다. 그는 뇌진탕 환자를 많이 접했고, 그들이 한계를 "가지고 놀도록" 돕는 방법을 터득했다. 그는 내게 하루를 통과하는 방법을 가르친다. 어떻게 하면 더 많은 것을 해내고, 나를 파괴하지 않고 내게 도전할 수 있는지 가르친다. 그는 인정 많고 친절하고, 뛰어난 경청자이자 치어리더다.

몇 번 도수 치료를 받고 칸찬이 권한 운동을 한 후 나는 상태가 다소 좋아진 것을 느낀다. 그러자 그가 말한다. "좋아요. 이제 뇌를 좀 더 괴롭혀 보길 바라요. 뇌가 어떻게 반응하는지 봅시다." 그는 내게 사람들이 모이는 사교 상황에, 내게 증상을 야기할 것이 분명한 환경에 들어가라고 말한다. 그 상황이 내게 미치는 영향에 주목하라고 한다. 문턱을 밟으면 도망치는 대신 *넘어가라*는 조언은 이번이 처음이다. 새로운 개념이다.

나는 몇 주 동안 많이 걷고, 매주 칸찬에게 가고, 매일 명상하고, 실내 자전거를 타고, 자신을 좀 더 '괴롭히라'는 칸찬의 지시에 따른다. 그 결과 극심한 편두통의 횟수가 줄어들고, 매일 아이들과 학교까지 걸어갈 수 있게 된다. 아직도 글은 쓸 수 없고, 방에 사람이 많으면 하는 말을 알아듣기 어렵다. 아직도 붐비는 환경에 오래 있으면 심한 두통이 밀려든다. 아직도 천장 등과 소음을 견딜 수 없다. 사고력과 집중력, 모든 종류의 멀티태스킹 능력은 여전히 매우 제한적이다. 하지만 칸찬의 지도와 치료에 힘입어 서서히 실질적으로 호전된다.

뇌진탕이 일어난 지 5개월이 지났다. 이제는 일에 복귀해야 한다. 마거릿 애트우드의 소설 《그레이스》(*Alias Grace*)를 각색한 미니시리즈에 대한 옵션의 만기가 임박했고, 우리가 가진 돈도 바닥나고 있다. 《그레이스》의 각색은 내가 열일곱 살 때부터 꿈꾸던 일이었고, 이 미니시리즈 각본을 쓰는 데 몇 년을 바쳤다. 이제 나는 뇌진탕 전에 6부작으로 써놓은 각본을 이해하지 못한다. 하지만 내가 직접 연출을 맡을 필요는 없고, 또 내가 어떤 상태에 있든 일은 진행되어야 한다. 나는 미니시리즈 제작에 관심 있는 회사들을 만나기 위해 감독과 프로듀서와 함께 로스앤젤레스로 간다.

공항에서 나는 내 가방, 기저귀 가방, 유아차를 보안 검색대의 컨베이어벨트에 올려놓는다. 내 주위에서 분주히 움직이는 사람들, 이동 벨트의 소음, 눈앞에서 끝없이 오가는 물건들, 이 와중에 수십 가지의 자잘한 결정을 내려야 하는 상황이 나를 메스껍고 어지럽게 한다. 시야가 흐려지고 머리가 아프다. 신발을 본다. 신발 끈을 푼다. 신발을 벗는다. 신발을 벨트에 올려놓는다. 여권을 언제 내밀까? 신발을 벨트에 놓기 전에? 놓은 후에? 후에. 아기 띠 안에서 우는 아기를 얼러본다. 검색대를 통과하기 전에 아기 띠를 벗어야 하나? 뇌손상을 입으면, 평소에 뇌가 의식적인 노력 없이도 얼마나 많은 일을 처리하는지 제대로 실감할 수 있다. 20초 동안 크고 작은 결정, 관찰, 판단이 수없이 이루어진다. 제대로 작동할 때의 뇌는 경이로움 그 자체다. 뇌가 더는 원활히 작동하지 않게 되자 비로소 뇌가 정상적으로 하던 일에 경악한다. 그리고 소통과 활동에 요구되는 인지 작업을 매분 매초 산더미같이 수행하면서도 사람들이 항상 피곤에 절어 있지 않은 것이 불가사의할 따름이다.

나는 눈앞의 과제들을 해낼 자신이 없어진다. 내 능력으로는 역부족이다. 내가 컨베이어벨트에 물건을 몇 가지나 올려놓았더라? 검색대를 통과한 후에 그 가짓수가 기억날까? 남에게 말해놓아야 한다. "데이비드," 내가 말한다. "나 방금 컨베이어벨트에 일곱 개 올려놨어."

그가 웃는다. "훈장 감인걸."

총괄 프로듀서 노린은 로스엔젤레스에서 미팅을 하루에 두 건만 잡고, 사이에 시간 간격을 두어서 내가 머리 빠개지는 두통 없이 일정을 소화할 수 있게 한다. 뇌진탕 두통이 오면 내 왼쪽 눈꺼풀이 눈에 띄게 쳐진다. 내게 이상이 있다는 것을 숨기고 싶어도 대개는 숨길 수가 없다. 상태가 좋을 때도 나는 총기가 떨어져 보이고, 최악의 경우에는 뇌졸중을 겪는 좀비처럼 보인다. TV 드라마를 팔러 온 사람치고 썩 바람직한 모습은 아니다.

우리가 접촉한 회사들 중 열정적인 곳들은 이미 처음 몇 회를 읽었다. 그들은 내게 후반부는 어떻게 진행되는지 설명해 달라고 한다. 나는 멀뚱히, 말없이, 내 앞의 허공을 응시한다. 대본이 어떻게 흘러가는지 나로서도 오리무중이다. 미팅을 준비하면서 대본을 다시 읽었지만 지금은 한 마디도 생각나지 않는다. 살인 사건이 일어나고, 사건의 진범이 누군지에 대한 이야기라는 것만 어렴풋이 생각난다. 누가 살해당하는지조차 기억나지 않는다. 그들이 내게 더 가벼운 질문을 던진다. 인물들의 관계를 설명해 주시겠어요? 한참 생각하다가 내가 그것도 할 수 없다는 것을 깨닫는다. 나는 속절없이 동료들을 쳐다보고, 그들이 공백을 메우려 노력한다. 회의가 엉망진창으로 끝난 후 이 회사는 우리 프로젝트를 정중히 거절한다. 다행히 넷플릭스가 열정을 보인다. 그들은 통찰력 있는 논평을 한다. 더 다행스럽게도 그들은 내가 내용을 기억해야 하는 어떤 질문도 하지 않는다.

나는 촬영장에서 보내는 시간을 최소화하며 제작 기간을 버텨낸다. 나는 반복적으로 권고받은 대로 "임계점을 넘지 않도록" 조심한다. 하지만 내게 요구되는 일을 해내려면 종종 문턱을 넘을 수밖에 없다. 그래 봤자 일의 수위는 내가 언젠가 다시 감독을 맡게 되면 그때 요구될 업무 시간과 에너지의 발끝에도 미치지 못한다. 나는 이마저도 간신히 해내고 있다. 하지만 긍정적으로 생각하려 노력한다. 나는 원래 커리어 확장에 딱히 야심이 없었다. 내가 만든 두어 편의 영화에 꽤 만족하는 편이고, 내 자신의 완성을 위해 더 많은 작품을 해야 한다는 생각도 없다. 지금의 나는 전에는 할 수 없었을 방식으로 내 아이들에게 집중하고 있다.

이브가 이 점을 여러 번 확인해 준다. 부상 직후의 어느 날이다. 나는 어두운 거실의 바닥에 앉아서 이브와 '배낭 속 장난감'이라는 게임을 한다. 내가 플라스틱 음식 모형들을 건네주면 이브가 작은 배낭에 집어넣는 게임이다. 내 부상 이후 우리는 매일 아침 이 게임을 한다. 내가 건네는 물건들을 직접 내려다보지만 않으면(시야에서 너무 많은 것들이 지나다니면 두통이 온다) 나는 이 게임을 내리 1시간도 할 수 있다.

이브는 내가 방금 건네준 플라스틱 바나나에서 눈을 떼고 내게 말한다. "보통은 사람들이 머리를 부딪히면 좋지 않아. 엄마만 빼고. 엄마가 머리를 정말 심하게 다쳐서 정말 좋아."

"왜?" 내가 묻는다.

"엄마가 항상 나랑 바닥에 앉아있잖아. 전에는 엄마가 너무 많이 돌아다녔어."

사실이다. 나는 이전에는 못 했던 방식으로 내 자신을 아이들에게 바칠 수 있다. 나는 이곳에 있다. 마음도 몸도 다른 어느 곳도 아닌 여기에 있다. (항암치료를 받던 때의 엄마가 생각난다. 내가 열 살쯤이었다. 항암을 받고 온 엄마는 거실 창가에 앉아서 처음으로 내 스웨터를 떴다. 엄마는 이 세상을 미친 듯이 뛰어다녀야 하는 사람이었다. 다섯 아이를 돌보고 생계를 유지하고 여자가 드문 산업에서 경력을 쌓기 위해서, 그리고 겨우 눌러놓은 불행한 어린 시절의 고통이 되살아날 여지를 주지 않으려고 엄마는 정적을 피해 열심히 움직이며 살았다. 추운 가을 날 뒷마당에 서서 창가에서 뜨개질하는 엄마를 보던 기억이 난다. 그때 내가 엄마의 병에 딸려 온 정적인 평안을 반겼던 기억이 난다. 엄마가 오로지 내 것이 되어서 기뻤던 것이 생각난다. 그때 나는 엄마가 삶에서 짧은 휴식을 취하는 줄로만 알았다.)

그렇게 삶이 전과는 다른 속도로 흘러간다. 다음 몇 년 동안 나는 내 삶을 수정해서 내 한계들을 수용한다. 그리고 그 결과 대체로 무탈하다. 나는 느리고, 한 번에 여러 일을 못하지만, 아프지는 않다. 내게 남은 후유증은 이제 사람들 눈에는 잘 띄지 않는다. 하지만 때로 '야심찬 하루'를 보내면(아이들을 학교에 데려다주고, 친구를 만나고, 장을 보고, 저녁을 준비하고, 글까지 조금 쓰면) 적어도 하루는 어두운 방에 누워있어야 해결이 나는 극심한 두통이 닥친다. 나는 내 자신에게 말한다. 속도를 늦추고, 말을 줄이고, 사교 모임을 줄이는 것이 내게 좋아. 이때껏 내가 매사 너무 급하게 움직이고, 너무 많이 말하고, 너무 많은 일을 벌이며 살았던 건 사실이잖아. 다시는 예전의 나로 돌아가지 못하리란 것도 받아들인다. 나의 새로운 기준선을 받아들이고 그것과 화해한다.

그러다 비이성적이고 충동적인 낙관 속에서 우리는 셋째 아이를 갖기로 결정한다.

퇴행

우리는 셋째를 가진다. 아름다운 아기가 태어나고, 우리는 특별한 여름을 보낸다. 아기 에이미는 밤새 젖을 빤다. 하지만 우리는 종일 밖에서 지내기 때문에 수면 부족을 겪을 틈이 없다. 우리는 프린스에드워드섬에 가서 끝없이 이어진 해변을 걷는다. 에일라는 나와 함께 몇 시간이고 조개껍데기를 줍고, 이브는 저 멀리 앞서 달리고, 아기 띠 안의 아기는 내게 기대서 파도 소리를 자장가 삼아 잠이 든다.

우리는 집에 돌아온다. 데이비드가 다른 도시로 출근하게 되자 생활이 한층 고달파진다. 넉 달 동안 밤에 아기를 돌보던 데이비드가 통근을 시작한다. 나는 이른 아침부터 아이 셋을 혼자 건사한다. 어떤 날은 저녁에도 나 혼자다. 아이들에게 이런저런 질병과 부상이 생기고, 나는 궤도를 벗어나 미쳐가는 기분이다(갓난아이를 옆에 끼고 피 흘리는 네 살배기를 들쳐 업고 병원으로 달려간 적이 여러 번이다). 핼러윈 아침, 나는 눈을 뜬다. 에일라도 내 기척에 깬다. 아기는 페파피그 옷을 입고 있고, 나는 머미피그 의상을 입고 있다. 아기가 의상의 틈을 비집고 내 가슴에 달라붙어 있고, 나는 두꺼운 펠트 의상 안에서 땀에 흠뻑 젖어있다. 지난 한 달 반 동안 나와 아이들은 패혈성 인두염 두 번, 항생제 알레르기 반응 여러 번, 농가진(이때 이브는 여러 날 밤 자지 못하고 얼굴 피부의 고름 딱지를 긁으며 비명을 지르며 울었다), 혀 열상, 발목 염좌를 겪었다. 나는 아기를 아기 띠에 앉히고 학교 핼러윈 퍼레이드에 간다. 얼굴에 '행복한 엄마' 미소를 발랐지만, 세상이 다시 고장 나기 시작하는 느낌이다. 밤이 되고, 나는 거대한 대디피그 의상을 입은 데이비드를 향해 걸어간다. 데이비드는 거리에서 핼러윈 사탕 사냥에 나선 아이들에 둘러싸여 우리를 맞이한다. 나는 그에게 영국식 억양으로 외친다. 내 머리에서 머미피그 탈이 들썩인다. "대디피그! 마침 잘 왔어요! 마미피그의 상태가 좋지 않아요!"

다음 며칠 동안 나는 빠르게 퇴행한다. 하룻밤 자면 없어지던 두통이 이제는 사라지지 않는다. 나는 아무것도 알아듣지 못한다. 소화기가 벽에서 내 머리로 떨어진 다음 날로 돌아간 것 같다. 이럴 수는 없다. 내가 내 정신을 되찾기 위해 지난 몇 년 동안 얼마나 열심히 노력했는데. 그동안 얼마나 많이 나아졌는데.

*

나는 이후 두 달간의 일을 대부분 기억하지 못한다. 아이들이 자꾸 아프고 탈이 났다는 것과 내 뇌진탕 증세가 계속 악화됐다는 것만 안다. 나는 불빛이 나를 괴롭히지 않는 밤에만 산책을 나간다. 다행히 일주일에 이틀 아이들을 돌봐주는 사람이 있다. 마이는 똑똑하고, 인정 많고, 현명한 유아 교육자다. 그가 우리 모두의 스트레스를 엄청나게 덜어준다. 그가 있어서 다행인 정도가 아니다. 마이가 없으면 우리는 침몰한다.

가족 몇몇은 애초에 내 부상을 심각하고 장기적인 뇌손상으로 믿지 않는다. 나는 그들에게 내 뇌진탕 증상이 재발했다는 소식이 들어가지 않게 조심한다. 어쩌다 한 번씩 온 가족이 모이는 것 외에 우리는 더 이상 자주 연락하지 않는다. 그럼에도 그들의 역정과 불신이 어떻게든 취약한 상태의 내게 뻗어와 나를 와해할 것만 같아 겁이 난다.

나는 다른 전문의에게 간다. 국내에서 최고로 이름난 의사다. 그는 내게 상당히 많은 시간을 할애한다. 환자를 대하는 태도도 세심하기 그지없다. 그는 내게 평생 뇌진탕을 몇 번 겪었는지 묻는다. 한번 찬찬히 생각해 보라고 한다. 나는 소화기 사고 외에는 뇌진탕을 겪은 적이 없는 것 같다고 말한다. 그러다 문득 예전에 있었던 사건 하나가 생각난다. 내가 열한 살이었고, TV 드라마를 찍을 때였다. 내 배역이 납치되어 포장마차 안에 묶여있는 장면이었다. 촬영기사들이 마차를 흔들 때 세트 장식이 풀렸고, 내 머리 위 선반에 불안정하게 놓여있던 무거운 잼 단지가 굴러떨어져서 내 머리에 맞고 깨졌다. 그 후 하루 이틀 어지럽고, 맥이 없고, 머리가 멍했던 기억이 난다. 나는 이 이야기를 의사에게 한다. "그게 뇌진탕입니다." 의사가 내 진술을 진료 기록부에 적는다.

의사는 과거에 머리 부상을 많이 입었을수록 뇌진탕이 왔을 때 쉽게 회복하지 못할 가능성이 높다고 말한다. 나도 몰랐던 뇌진탕 이력이 내게 묘한 위안을 준다. 내 삶에 걸린 사나운 제동에 대한 일종의 설명을, 지금까지 몰랐던 설명을 얻은 기분이다.

의사는 내게 더 많이 걸으라고 한다. 아기에게 수면 훈련을 시켜서 내 수면 시간을 확보하고, 실내 자전거 운동을 하고, 긍정적으로 생각하라고 한다. 나는 의사에게 내가 다시 영화를 만들 수 있을지 묻는다. 의사는 잠시 말이 없다. 의사가 나직이 한숨 쉰다. "그런 목표를 가져서 나쁠 건 없겠죠." 그가 온화하게 말한다. 약간 죄책감이 담긴 표정이다. 마치 방금 말을 뗀 아이에게 노력하면 셰익스피어 전집도 읽을 수 있다며 허풍을 친 어른처럼. 그 말이 나중에는 좌절을 부를 뿐이란 것을 알지만 지금 당장 내가 받을 위안에 더 가치를 두는 사람처럼.

크리스마스 무렵, 이브의 머리가 육중한 교문에 세게 부딪히는 일이 발생한다. 다행히 뇌진탕 증세는 일주일 후에 없어진다. 하지만 데이비드가 크리스마스트리를 점등하는 순간, 이브와 내가 동시에 비명을 지르며 돌아선다. 트리의 휘황한 빛에 구역질이 올라온다. 우리는 서로 끌어안고 웃음을 터뜨린다. 이브가 말한다. "엄마 기분을 알게 돼서 좋아."

치료

어느 날 나는 길에서 친구인 메러디스를 본다. 항상 랩어라운드 선글라스와 챙이 넓은 야구 모자를 쓰고 다니고, 집에서는 뛰노는 아이들과의 충돌에 대비해 스키 헬멧을 쓰고 사는 바로 그 메러디스다. 그랬던 그가 선글라스와 모자 없이, 웃는 얼굴로, 거리를 활보한다. 메러디스는 나를 보지 못하고, 나도 그를 부르지 않는다. 너무나 시선을 사로잡는 모습이라 부를 수가 없다. 내가 그를 부르면 그 이미지가 증발해 버리거나, 조롱하는 홀로그램으로 변해버릴 것만 같다. 그에게 무슨 일이 일어난 걸까?

그날 늦게 나는 메러디스에게 이메일을 보내 어떻게 지내는지 묻는다. 직접적으로 묻지는 않는다. 다만 내가 본 것이 사실인지 착각인지 확인하고 싶다. 나도 희망을 가져야 하는지, 나도 희망을 가질 수 있는지 알아야 한다. 하지만 이 질문을 말로 꺼내놓기가 너무 겁난다. 그랬다가 헛물켰다는 낭패감을 겪을 것이 두렵다. 내가 메러디스와 닮은 사람을 봤던 것이고, 메러디스는 호전되지 않았을 수도 있다. 아직도 그는 집에서 스키 헬멧을 쓰고 다니고, 그것도 모자라 날뛰는 아이에 대비해 두 손으로 얼굴을 가리고 있을지 모른다.

메러디스가 답장을 보냈다. "피츠버그에 있는 클리닉에 다녔고, 지금은 정말 잘 지내요. 검은 선글라스도 모자도 쓰지 않고, 낮잠도 안 자요. 거의 정상적으로 생활하고 있어요. 조만간 100퍼센트 회복을 예상해요. 너무 신나서 둥둥 떠다니는 것 같아요. 4년쯤 됐어요."

메러디스는 그동안 자신이 뇌진탕을 앓는 사람들과 주고받은 이메일을 죽 달아서 보내준다. 피츠버그에 있는 클리닉에 대한 내용이고, 이메일 상대들은 나도 직간접적으로 아는 사람들이다. 그 이메일 모두에서 갑자기, 예상치 못하게, 기적적으로 호전된 것에 대한 희열이 느껴진다. 내가 메러디스의 이메일에서 읽은 의기양양함과 다르지 않다. 날아갈 듯이 거리를 내려오던 그의 몸에서 읽은 것과 다르지 않다. 그는 내게 동영상을 첨부해 보내면서 두통을 유발할 수 있으니 화면은 보지 말고 듣기만 하라고 조언한다.

나는 동영상을 클릭한 다음 눈을 돌린다. 피츠버그대학교 메디컬센터(UPMC) 스포츠의학 뇌진탕 프로그램을 운영하는 마이클 ('미키') 콜린스 박사의 설명이 흘러나온다. 그는 뇌진탕을 뉴런 내부의 "에너지 문제"로 설명한다. "이 에너지 문제가 뇌진탕에 따르는 행동 문제를 야기합니다."

박사는 뇌진탕의 다양한 유형을 설명한다(뇌진탕에도 '유형'이 있다는 말은 처음 듣는다). "복잡합니다." 그가 말한다. "하지만 재미있기도 하죠. 분류할 수 있어야 적절한 치료법을 적용할 수 있고, 그래야 환자 상태가 좋아지니까요."

박사는 뇌 도식을 이용해서 뉴런이 '에너지 문제'를 야기하는 과정을 설명한다. 그러고 보니 뇌진탕으로 오래 고통받았건만, 그동안 내게 뇌진탕이 *무엇인지* 설명해 주는 사람이 한 명도 없었다. 콜린스 박사의 자세한 설명을 듣기 전까지 나는 지난 3년 반 동안 내게서 아이들과의 시간, 일, 즐거움, 음악, 춤, 파티, 형제자매 중 두 명과의 관계를 앗아간 것의 실체를 알지 못했다. 하지만 내가 두통의 위험을 잊고 눈을 화면으로 돌린 순간은 따로 있다. 그것은 박사가 뇌진탕은 낫는 병이라고 말한 순간이다. 뇌진탕은 치료가 가능하다.

나는 토론토의 명망 있는 뇌진탕 전문의에게 콜린스 박사의 클리닉을 어떻게 생각하는지 묻는다. 이 의사는 콜린스 박사가 카리스마로 유명하고 환자들에게 많은 약속을 하며, 그의 클리닉은 돈이 *많이* 든다고 말한다. 그리고 피츠버그에 가지 않는다해서 내가 놓치게 될 것은 *아무것도* 없다고 말한다. 이 의사는 콜린스 박사의 클리닉을 엉터리 약으로 여긴다. 나는 의사의 얼굴에 뜨는 지겨운 표정을 놓치지 않는다. 캐나다에서 못 하는 것을 미국 민간 의료기관은 할 수 있다고 믿는 사람들에게 내가 내보이던 표정과 다르지 않다.

내 친구 버지니아가 개입한다. 그는 최근에 이 클리닉에서 치료를 받고 완쾌한 사람을 안다. 그는 내 머리가 제대로 돌지 않는 위기 상황인 만큼 *반드시* 가야 한다고 말한다. 그는 데이비드에게도 똑같이 강경하게 말한다. 우리는 듣는다. 내 인생에서 내가 남의 지휘를 요했던 때가 이번이 처음은 아니다. 때로는 내게 무엇이 필요한지 묻는 사람 대신 내게 할 일을 말해주고 내 의심과 무대책을 불도저로 밀어버릴 사람이 필요하다.

어쩌면 엉터리 약일지 모른다. 하지만 나는 엉터리 약이라도 쓰고 싶다. 특히 이 엉터리 약에 끌린다. 이 엉터리 약의 효과를 내 눈으로 직접 봤고, 내가 본 결과가 마음에 든다. 나는 다시 한 번 구글에서 콜린스 박사를 검색한다. 뇌진탕 분야의 의료인이라면 누구나 부러워 죽을 법한 사진이 하나 뜬다. 콜린스 박사와 시드니 크로스비가 함께 앉아있는 사진이다.

UPMC 뇌진탕 클리닉을 두 번 방문하는 데 미화 2500달러가 든다. 항공료와 호텔비 때문에 비용이 만만치 않다. 더구나 캐나다인으로서 나는 영리 의료와 의료 쇼핑 개념에 알레르기가 있다. 하지만 비용에 대한 경고를 받았을 때는 이 클리닉이 기둥뿌리를 뽑을 줄 알았는데 다행히 그 정도는 아니다. 나는 양식을 작성한다. 작성할 양식이 많다. 양식에 데이비드가 사고 직후 몇 달 동안 내 상태를 상세하게 적어놓은 기록도 첨부한다.

NICU(신생아집중치료실)에서 가족지원 전문가로 일하는 친구 케이트가 클리닉에 동행해 주기로 한다. 내가 헤매지 않게 돕고, 의사의 말을 메모해 줄 예정이다. 나는 들어봤자 대부분 까먹을 것이 분명하기 때문이다. 마이도 함께 가기로 한다. 우리가 클리닉에 있는 동안 아기를 돌볼 사람이 필요하다. 마이는 1박 2일의 피츠버그 여행에 주저 없이 동의한다. 덕분에 나는 아직 모유 수유 중인 에이미와 떨어져 있지 않아도 된다. 내가 고맙다고 하면 마이는 오히려 불편해한다. 그래서 입 밖으로 고맙다고 하는 대신 주문을 외듯 속으로 감사의 말을 되풀이한다.

비행기에서 아기가 젖을 빨다가 잠이 든다. 아기 입술이 내 젖꼭지를 놓치고 아기 머리가 뒤로 넘어가 내 팔오금에 얹힌다. 아기 뺨이 발갛게 물든다. 아기 천사 같다. 나는 내 몸에 귀 기울인다. 내 몸은 이 여행이 지금의 내 뇌가 감당하기에 무리라고 말한다. 나는 머릿속에서 쿵쾅대는 북소리를 잠재우려 애쓴다. 하지만 내 수용 능력을 넘어선 상황이라는 걱정에 두통이 잦아

들지 않는다.

다음 날 아침 케이트와 나는 조명이 눈부시게 밝고 TV를 요란하게 틀어놓은 대기실에서 대기한다. "딱 봐도 뇌진탕 클리닉으로 설계된 곳은 아니야." 내가 케이트에게 속삭인다. 젊고 상냥한 레지던트가 우리를 진료실로 데려간다.

20분 동안 컴퓨터로 신경 인지 검사를 받고 나니 온몸이 식은땀이다('내 나이와 젠더를 고려할 때 내 주의집중 시간이 1퍼센트 수준'이라던 말이 머릿속에 메아리친다). 레지던트가 짧게 검진한 후 콜린스 박사가 들어온다. '미국다움의 폭발'이라고 일컫고 싶은 등장이다. 박사는 자신감 넘치고, 단도직입적이다. 그는 공간을 소유한다. 만약 사람의 분위기에 기상 현상이 연동된다면, 우리 머리카락이 강풍에 날아갔을 것이다. 박사가 나를 검사한다. 박사는 내게 막대기의 점들을 이용한 일련의 테스트를 빠르게 진행하면서 내 눈을 뚫어져라 살핀다. 그는 내게 시선만 엄지에 고정하고 머리를 좌우로 돌리라고 한다. 그는 빠르고 크게 말한다. 케이트가 부지런히 메모한다. 나는 박사에게 내 증상들을 말한다. 경미한 것과 극심한 것 모두 말한다.

"증상 추적을 멈춰요! 증상 파악을 멈춰요! 시간 낭비를 말아요!"

박사가 내게 고함친다. 그리고 몸을 돌려 케이트에게 고함친다. 그는 케이트의 공책을 가리킨다. "친구의 증상을 추적하지 말아요! 그건 친구를 돕는 게 아니에요!"

박사는 내게 이제부터는 내 몸의 증상에 집중하지 말고, 내 회복 시간에 주목하라고 한다.

박사는 내 뇌진탕의 임상적 경과를 봤을 때 내가 외상 후 편두통과 불안증을 수반한 전정 기능장애에 해당한다고 설명한다. 그는 뇌진탕의 여섯 가지 유형을 상호 교차하는 여섯 개의 원으로 나타낸 도표를 보여준다. 그는 전정 원, 불안증 원, 편두통 원을 가리킨다. 그는 전정 원과 불안증 원 사이에 줄을 그으며 편두통 원으로 내려간다.

박사의 설명에 따르면, 머리에 소화기가 떨어지는 사고로 내 전정 기능에 문제가 생겼고, 이 문제가 불안증을 유발했다. 이에 나는 나쁜 조언에 따라 어두운 방에 오래 틀어박혔고, 그로 인해 편두통이 시작되었다. 이것이 불안증을 더 키웠고, 전정계 이상을 악화시켰다. 박사는 흔한 경우라고 말한다. 뇌의 같은 영역에서 정서도 처리되기 때문에 전정 기능장애가 생기면 정서 처리 기능도 영향을 받는다. 결과적으로 전정 기능장애가 있는 사람은 심장박동수가 증가하면 불안이 닥치는 역방향 자율 반응이 생긴다. 박사가 다시 전정 원과 불안증 원을 차례로 가리킨다.

"여기서부터 복잡해져요." 박사가 말한다. 이 경로가 생겼기 때문에 이제는 반대로 불안증이 먼저 말을 붙일 수도 있다. 전정 증상이 심리 증상은 아니지만, 두 시스템 사이의 소통이 너무 원활해져서 이제는 내 불안증이 전정 문제를 일으킬 수 있다는 뜻이다. "이 소통을 끊어야 합니다." 박사가 말한다. 그가 불안 원을 가리킨다. "*이것*이" 이번에는 전정 원을 가리킨다. "*이것*에게 말을 못 붙이게 해야 해요." 그는 이어서 아래의 편두통 원을 가리킨다. "이것에게 말을 전달하지 못하게요."

나는 박사에게 불안에 대해서는 잘 모르겠다고 말한다. 나는 원래 불안해하는 성격인데, 뇌진탕 이후 많이 느끼지 않는 것이 불안이기 때문이다. "무감각해진 것 같아요." 내가 말한다.

"개구리가 겁먹으면 어떻게 하죠?" 박사가 묻는다. 그가 갑자기 얼어붙는다. 눈만 튀어나올 듯 부릅뜬다. 어색한 정적이 흐른다. 나는 그가 개구리 흉내를 내고 있다는 것을 깨닫는다.

"아, 맞아요." 내가 말한다.

"염소는 또 어떤지 알아요? 밀면 넘어가요." 그는 다시 얼음이 된다. 팔다리에 뻣뻣하게 힘을 주고 한옆으로 기울어지기 시작한다. 그는 얼어붙은 염소 흉내를 끝내고 몸을 바로 하며 빙그레 웃는다.

나는 당황해서 그를 본다. 이상한 사람이다.

"겁나면 얼어붙게 돼 있어요. 그게 불안을 표출하는 방식이에요." 박사가 내 눈을 직시하며 내게 몸을 숙인다. 마치 내 분자 하나하나까지 전부 집중하기를 원하는 것처럼. 그가 말한다. "오늘 진료에서 다른 건 몰라도 이것 하나만 기억해요. 위험을 향해 달려라."

박사는 이제 증상들을 피해야 할 대상으로 보지 말고, 내 내성의 한계치를 끌어올릴 "기회"로 보라고 한다. 나는 불편함에서 벗어나는 대신 불편함에 뛰어드는 방법을 배워야 한다.

완전한 회복을 위해서는 내게 증상을 야기했거나 통증을 유발했던 것들에 매일 나를 노출해야 한다. 장보기, 파티, 스크린

타임, 운전, 촬영장을 포함한 모든 것. 나는 나를 괴롭히는 것들을 계속 피했고, 그 기피 습관이 내 뇌가 거기 대처하는 능력을 계속 바닥냈다.

앞으로 나는 전정 운동과 체력 운동도 규칙적이고 열성적으로 수행해야 한다. 하루도 빠짐없이 해야 한다. 하루 세 번 규칙적인 식사와 충분한 수분 섭취와 수면 시간 엄수도 필수다.

증상을 유발하는 환경이나 활동에 참여한 후 두통이 오는 게 느껴져도 드러눕거나 쉬면 안 된다. 클리닉에서 배운 동적 운동을 하거나 빠른 걸음으로 산책해야 한다. 그런 다음 내가 나를 노출시켰던 위험 환경으로 다시 들어가야 한다. 다시 말해 지금까지 받았던 조언은 잊어야 한다. "한계가 느껴지면 후퇴하는" 대신 *계속 밀고 나가야 한다.*

"지금은 엄두가 나지 않는 것들을 모두 하게 될 겁니다. 사회활동을 활발히 하게 될 것이고, 매일 역동적으로 운동하게 될 것이고, 당신을 가장 괴롭히는 환경들로 돌아가게 될 겁니다. 뇌를 다시 훈련하는 거예요. 만약 낮에 누워있거나 잠을 자다가 들키면, 그때는 내가 당신에게 소리를 지를 겁니다. 소리를 지를 거예요!" 그가 몸을 빙글 돌려 손가락으로 케이트를 가리킨다. "못할 것 같아요? 이 친구에게도 소리 지를 거예요!"

케이트가 질겁해서 펜을 떨어뜨릴 뻔한다.

"메모는 좀 그만해요! 내가 다 불안해요. 이건 도움이 되지 않아요!"

박사에게 내가 100퍼센트 회복할 수 있을지 물을 엄두가 나지 않는다. 토론토 전문의에게 들었던 나직한 한숨과 얼버무리는 대답을 또다시 듣고 싶지 않다. 하지만 참지 못하고 물어보고 만다.

박사는 조금도 주저하지 않고, 고함치던 목소리 그대로 대답한다. "*그래요!* 당신이 100퍼센트로 돌아간다고 보장해요! 그것도 당신이 생각하는 것보다 더 빨리!"

"얼마나 걸릴까요?" 내가 묻는다.

그가 나를 신중히 보다가 답한다. "4주에서 6주. 꽤 간단한 케이스니까요."

이쯤 되면 이 사람이 정말 돌팔이 사기꾼이 아닌지 궁금해진다. 나는 3년 반째 뇌진탕 후유증으로 고통받고 있고, 상태가 최상일 때도 정상 수준의 60퍼센트 정도 기능한다. 또한 나는 의사들의 언어에 상당히 정통한 편이다. 누군가 치료 예후를 놓고 이런 식의 장담을 할 때는, 특히 누구도 명확히 알지 못하는 부상에 대해 큰소리치는 사람은 일단 의심해야 한다는 것을 알 정도는 된다.

"하지만 환자가 정말로 열심히 노력해야 해요." 그가 단서를 단다. 그가 미식축구 코치처럼 나를 바싹 굽어본다. "*이제 우리는 귀를 휘날리며 고지를 향해 달립니다!*"

박사가 주장 관철을 위해 내 머리통을 들이받을 수도 있다는 생각에 나는 머리를 약간 젖힌다. 또 뇌진탕을 입을 수는 없다.

나는 케이트를 힐끔 본다. 케이트는 황급히 눈을 돌린다. 우리 둘 다 웃음이 터지기 일보 직전이다. 둘 중 하나의 입꼬리만

슬쩍 들려도 걷잡을 수 없이 폭소가 터질 판이다. 우리는 정중한 캐나다인이고, 호통에 익숙하지 않다. 심지어 긍정적인 응원조차 우리는 사과하는 톤으로 한다.

박사는 그동안 나와 내 주위 사람들이 내 뇌진탕을 음으로 양으로 오만가지 방식으로 수용해 왔다고 지적한다. 이제 내가 할 일은 지금까지 내가 어떤 타협과 절충을 해왔는지 모두 파악하고 싹 제거해서, 내 뇌가 이전 세상에 다시 익숙해지게 하는 것이다. 예를 들어 방의 밝기가 견딜 만하면, 방에 있는 다른 사람들에게 방의 밝기가 충분한지 물어보고, 그들의 기준으로 조명을 조정한다. TV를 볼 때도 볼륨이 두통 없이 견딜 만한 경우, 함께 TV를 보는 사람들에게 볼륨이 충분한지 묻는다.

박사의 말투가 갑자기 나긋해진다. 그가 머리를 갸웃하며 정답게 묻는다. "당신은 시나리오작가예요. 어떻게 컴퓨터 앞에서 그렇게 많은 시간을 보내죠? 분명 몹시 고통스러울 텐데."

내 경계심이 풀리고 만다. 나는 신이 나서 스크린 블루라이트를 차단해 주는 앱을 소개한다. 이 놀라운 앱 덕분에 나는 증상 악화 없이 매일 짧게나마 컴퓨터를 들여다볼 수 있게 되었다. 하지만 이건 함정이다. 박사가 눈을 가늘게 뜨고 손날을 칼처럼 세워서 자기 목에 긋는다.

나는 기겁한다. "블루라이트 앱도 제거해야 해요?"

"당연히. 그리고 컴퓨터 앞에서 일하는 시간도 점점 더 늘려야 해요."

박사가 이미 내게 100퍼센트 회복을 (광적으로) 보장했지만,

나는 상세히 확인받고 싶다. 나는 그에게 내가 다시 영화를 만들 수 있을지 묻는다.

그가 말한다. "당연히 다시 영화를 만들게 됩니다. 이렇게 말하면 이해가 될까요. 다시 영화를 만들기 *전까지*는 완전히 낫지 않은 겁니다. 왜냐, 그것이 당신을 이루는 일부이기 때문이죠. 지금 당신은 당신 인생의 여러 영역들을 놓고 저울질하고 있어요. 그걸 당장 멈춰야 합니다. 모든 영역이 동등해요."

나는 캐나다 의사에게 같은 질문을 했을 때는 "그런 목표를 가져서 나쁠 건 없"다는 회의적인 대답을 들었다고 말한다.

이 말에 콜린스 박사가 고개를 내젓는다. 그가 분노를 참는 것이 보인다. "그게 환자에게 할 말이에요?"

나는 머뭇대며 묻는다. 만약 박사가 제안하는 방식으로 나를 밀어붙였다가, 이를테면 어느 날 나 혼자 아이들을 먹이고 학교 보내고 수유하는 일을 시도했다가 다음 날 끔찍한 결과를 얻게 된다면? 만약 너무 무리한 나머지 심한 편두통 때문에 반드시 해야 할 일조차 할 수 없게 된다면?

"**공격, 공격, 공격!**" 그가 당장 외친다. "**밀어붙인다. 공격, 공격, 공격!**"

케이트가 무릎의 공책으로 황급히 눈을 내리까는 것이 느껴진다. 우리는 서로를 볼 엄두도 내지 못한다. 폭소가 터지면 이렇게 겁나게 진지한 사람에게 그 이유를 설명할 방법이 없다.

"**무조건 전진.**"

나는 끄덕인다. 구토와 공포가 올라온다. 하지만 박사의 완치

장담에 대한 의구심을 접으려 애쓴다. 이런 전격적인 자신감을 직면할 때 내가 성격적으로 느끼는 민망함과 내게 요구되는 과제의 막중함이 주는 부담감을 무시하려 애쓴다. 대신 메러디스가 해방감을 뿜으며 날아갈 듯 거리를 내려오던 그날의 이미지에 정신을 집중한다. 나는 박사에게 내 친구가 그의 치료를 받았으며, 그 친구도 토론토에 사는 시나리오작가인데 지금 정말 잘 지내고 있다고 말한다.

"캐나다 여성 영화인들에게 무슨 일 있나요?" 그가 묻는다. "그 윗동네에 무슨 일 있어요?" 박사는 뇌진탕으로 이 클리닉을 찾는 사람들 중에 이상하게 캐나다 여성 영화감독과 시나리오작가가 많다고 말한다(이 클리닉에 왔던 캐나다 여성 감독 중에 내가 아는 사람만도 네 명이다). "안내 데스크에서 계속 물어요. 토론토에 무슨 일 났냐고."

나는 우리가 경쟁이 심한 집단이라고 말한다. 여성 영화감독의 수도 적지만, 영화 제작에 할당되는 돈은 더 적다. 그래서 우리는 공공 지원금 경쟁에서 서로를 밀어내기 위해 서로의 머리를 내리치는 두더지 게임에 돌입했다. 덕분에 박사의 클리닉은 문전성시를 이루었고, 박사는 아무도 보지 않을 과하게 진지한 저예산 영화들에 의사로 출연하는 보너스까지 얻었다.

그가 나를 황당한 눈으로 본다.

"농담이에요." 내가 말한다. 농담임을 분명히 하기 위해 나는 당황스럽고 억지스럽게 웃는다.

그가 한쪽 입가의 4분의 1만 써서 흐릿하게 웃는다. 살짝 어금니를 악문 미소다. 자기가 뱉은 썰렁한 농담이 정말로 웃기다고 생각하는 사람 앞에서 웃지 않자니 너무 어색해서 웃어주기는 하는데, 그러자니 자존심이 상하고 부아가 치밀 때 나는 미소다. 나는 이 순간이 너무 싫다. 끝내고 싶다.

박사가 진료실을 나가자 케이트와 나는 참았던 웃음이 폭발한다.

프로그램

물리치료사가 나를 북적이는 3층짜리 체육관으로 데려간다. 그는 내가 벽에 등을 대고 서서 실내 전체를 마주하게 한다. 그리고 여러 운동을 차례로 가르친다. 체육관을 채운 사람들의 끊임없는 움직임, 소음, 천장 불빛이 나를 어지럽고 메스껍게 한다. 물리치료사가 미소 짓는다. "이곳이 애초에 뇌진탕 환자들을 위해 설계된 곳은 아니지만, 우리가 설계했어도 이보다 더 적절하게 설계하진 못했을 거예요."

나는 소란스럽고, 번잡하고, 눈부시게 밝은 실내를 바라보며 말한다. "맞아요. 위험을 향해 달려라."

나는 물리치료사를 따라 (내게는) 버거운 운동들을 익힌다. 나는 그에게 콜린스 박사는 원래 그렇게 악을 쓰며 말하는지 묻는다.

그가 되묻는다. "박사님이 악을 썼어요?"

"약간요." 내가 말한다.

"음, 박사님은 오랫동안 이 일을 해왔고, 많은 환자들을 봐왔고, 임상심리학자이기도 해요. 환자를 만난 지 1분 안에 이 사람에게 공감 어린 경청이 필요한지, 아니면—"

"저는 고함이 필요한 사람이었군요." 내가 말한다.

다시 사무실로 돌아온다. 물리치료사가 내게 전에는 어떤 운동을 했는지 묻는다. 나는 요가를 규칙적으로 했는데 그만둔 지 오래됐다고 말한다. 견상 자세처럼 몸의 아래위가 바뀌는 자세를 하면 지금은 머리가 터질 것 같다. 물리치료사는 고개를 끄덕이며 타이핑한다. 헤어지기 전에 그는 내게 종이 한 장을 내민다. 향후 6주간의 운동 요법이다. 나는 매일 20분씩 빠르게 걸어야 하고, 스쿼트, 웨이트, 플랭크 등의 운동을 세 차례 해야 한다. 종이 맨 밑에 견상 자세를 취한 사람의 사진이 있고 그 옆에 "×30"이라고 쓰여있다. 나는 의아한 눈으로 물리치료사를 본다. 그가 말한다. "맞아요. 해야 돼요."

다음에는 전정 재활치료사 앤을 만난다. 앤도 내게 일련의 운동을 가르친다. 나는 시선을 엄지에 고정하고 머리를 빠르게 양옆으로, 다음에는 아래위로 움직인다. 앤을 등지고 서서 어깨 너머로 앤을 보며 공을 던진다. 내가 머리를 돌려 반대편 어깨 너머를 보면 앤이 공을 다시 던져준다. 우리는 이것을 10회 반복한다. 어지럽고 메스껍다. 내가 이것을 한 달 반 동안 매일 해야 한다니, 믿기지 않는다. 앤은 콜린스 박사가 내게 했던 말을 반복한다. 이제부터 내가 할 일은 환경을 내게 맞추는 것을 멈추고, 대신 다양한 환경에 대한 내성을 높이는 것이다. 적정 수준의 통증은 누워서 쉬라는 신호가 아니라 활동을 바꾸거나 운동하라는 신호다. 앤은 친절하고, 인내심 있고, 온정적이다. 나를 놀랍도록 꼼꼼히 살피며 나를 평가하고 내게 맞는 프로그램을 짜준다.

이날 마지막 순서로 다시 콜린스 박사에게 간다. 그는 처음보다 한결 부드럽고 차분하다. "당신이 여기에 더 일찍 오지 않은 것이 유감이에요." 그가 말한다. "그렇게 오래 고생한 것이 안타까워요. 삶에 엄청난 영향을 미쳤을 거 아닙니까. 아이들에게도요."

나는 말없이 고개만 끄덕인다.

박사는 내게 이 치료의 효과를 얼마나 확신하는지 묻는다. 그의 질문은 전체 결과가 내 자신감에 달려있다는 말처럼 들린다. 나는 박사의 말처럼 빠르게 호전될 수 있다는 것이 쉽게 믿기지는 않지만, 그의 환자 중 한 명의 결과를 내 눈으로 직접 본 만큼, 나라고 믿음을 가지지 말란 법은 없어 보인다고 대답한다. 이 말은 캐나다에서 "**완전 믿어!**"와 동의어다. 박사는 내가 이런 어정쩡한 화법을 구사할 때 미국인들이 흔히 보이는 반응을 보인다. 그는 연민과 짜증이 섞인 표정으로 대답한다. 그의 대답은 오늘날 내가 뇌진탕을 앓는 사람에게 피츠버그 클리닉을 추천할 때 쓰는 말이 되었다.

"그래요, 지금까지 해온 것들로는 별 재미를 못 봤으니, 여기에 한번 걸어보는 것도 나쁘지 않죠."

회복

우리는 미식축구 감독 같았던 콜린스 박사를 흉내 낸다("공격! 공격! 공격!"). 그걸 보고 마이가 묻는다. "그래서 뭐예요? 의사가 좋았어요, 싫었어요?"

케이트와 나는 어깨를 으쓱하고 설명을 시도한다. 잘 모르겠다. 다만 우리는 상황을 인식하는 새로운 방식을 접했고, 그 충격으로 우리의 세계관에 균열이 생기며 틈이 살짝 생겼다. 오늘 우리는 뇌가 어떻게 작동하고 어떻게 치유되는지에 대해 배웠다. 우리의 기대, 자신과의 관계, 아이들과의 관계, 무엇이 진정한 공감인지에 대한 인식이 모두 바뀌었다. 우리는 이전에 명심하던 '웰빙'의 기본 교리에 의심을 품게 되었다. 그 교리는 우리에게 마음을 편히 먹고, 자기 한계를 받아들일 것을 종용하지만, 어떤 한계를 받아들일지는 명시하지 않는다.

나는 고함을 치고 기합을 거는 남자들을 좋아하지 않는다. 하지만 스포츠 팀에 있었던 적이나 코치를 가져본 적도 없다. 나를 성공시키는 것이 궁극의 목표인 코치, 그저 구령을 붙이는 것이 아니라 내가 완주할 때까지 떠나지 않고 도와주는 코치는 없었다. 그동안 가족들로부터 "더 세게 밀어붙이고" 약하게 굴지 말라는 비판적인 훈계는 많이 받았지만, 그 훈계는 나를 나라는 동굴로 더 깊이 몰아넣을 뿐이었다. 이제 굳건히 내 옆에서 나를 밀어주고, 필요한 지원을 제공하고, 나에 대한 부동의 믿음을 표현하는 누군가가 있다고 생각하니 짜릿한 흥분감이 생긴다.

집에 돌아온 후 나는 치료 계획을 철저히 따른다. 등 뒤로 공을 던지면 에일라가 받아서 다시 내게 던지고, 나는 재빨리 반대편으로 몸을 돌려 공을 받는다. 이 운동으로 하루를 시작한다. 우리는 이것을 수십 번 반복한다. 에일라는 자기가 내 치료에 보탬이 되어서 기분 좋다고 말한다. 하지만 어느 날 에일라가 내게 눈을 들지 않고 말한다. "우리는 계속 엄마가 낫는 얘기를 하잖아. 하지만 나는 지금의 엄마가 좋아. 엄마가 나아지면 엄마가 달라질까? 난 엄마가 달라지는 건 싫어." 나는 엄마는 달라지지 않을 것이며, 다만 더 팔팔한 엄마가 될 뿐이라고 안심시킨다. 하지만 속으로는 내가 아이에게 사실을 말하고 있는지 자신이 없다. 나는 이렇게 살아본 적도, 나 자신을 이렇게 강하게 밀어붙인 적도 없다. 뒷일이 어찌 될지는 나도 알 수 없다.

나는 운동을 하루도 거르지 않는다. 아이들을 학교에 데려다주고, 저녁을 만들고, 주방을 청소한다. 식료품점에 가고 물건을 고치는 등, 지난 몇 년간 데이비드가 맡아 하던 집안일을 많이 시도한다. 나는 글을 쓴다. 사람들과 어울린다. 아이들이 놀자고 하면, 그게 무슨 놀이든 얼마나 소란스러운 게임이든, 그러자고 한다. 나는 시나리오를 쓴다. 웹 드라마 중 몇 편을 연출하기로 계약한다. 내가 일까지 재개해야 다 나은 것이 된다는 말을 되새긴다. 하지만 내게는 아직 떼어놓기 어려운 아기가 있어서 더 긴 프로젝트는 무리다. 나는 초대받으면 어디든 간다. 대개는 아기와 함께 간다. 때로 지옥처럼 아프고 메스껍다. 특히 처음 몇 주는 극심한 편두통의 전조 증상을 느낀다. 하지만 이제는 그런 증상이 느껴지면 침대에 눕는 대신 밖에 나가 붐비는 보도를 속보로 걷거나 강도 높은 동적 운동을 수행한다. 운동이 끝날 즈음에는 대개 두통이 많이 가라앉아 있다. 나는 이렇게 하면 나을 수 있다는 믿음에 매달려 버티는 법을 습득한다. 요컨대 내 몸에 아등바등 귀 기울이기를 멈추는 법을 배운다. 내 회복을 응원하는 친구가 있다. 그 친구가 거의 매일 문자나 전화로 말한다. "힘든 거 알아. 하지만 너라면 할 수 있어."

때로 아침 식탁에서 아이들 떠드는 소리에 머리가 아파서 아이들에게 악쓰지 말라고 할 때도 있다.

이제 일곱 살 된 이브가 콜린스 박사를 흉내 내는 나를 흉내 내며 악을 쓴다. **"위험을 향해 달려, 엄마!"**

"공격 공격 공격!" 에일라도 미국 억양으로 목청껏 외친다. **"엄마! 귀를 휘날려!"**

아이들이 점점 더 시끄럽게 군다. 더는 내 뇌진탕을 이유로 조용히 하지 않을 작정인 듯하다. 조용히 하는 것이 내게 도움이 되지 않는다는 것을 아이들도 안다.

피츠버그에서 돌아온 지 2주쯤 됐을 때다. 내가 앞으로 얻게 될 보상을 엿볼 기회가 생긴다. 데이비드가 그의 동료와 동료의 애인과 저녁을 먹는 자리를 만들었다. 나는 한 번도 만난 적 없는 사람들이다. 에이미는 아직 모유 수유만 하기 때문에 데려가야 간다. 뇌진탕 이후, 이 상황은 내게 지옥을 뜻한다. 시끌벅적한 레스토랑에서 누군가의 말에 집중하는 것만 해도 상당한 에너지를 요하는데, 초면인 사람들을 대할 때 필요한 사교술을 발휘하면서 젖먹이까지 건사해야 한다. 이런 상황은 나를 침몰시킨다. 때로 비슷한 상황에 처하면 내 왼쪽 눈꺼풀이 처지면서 눈을 반쯤 덮고, 머리는 깨질 듯 아프다. 하지만 나는 약속에 간다. 이는 내 치료의 일부다.

데이비드의 동료와 그의 애인은 친절하고, 사려 깊고, 호기심이 많다. 한번 만나면 헤어지고 싶지 않은 종류의 사람들이다. 나는 아기에게 젖을 먹인 다음 다시 유아차에 눕혀 재운다. 그러다 식사 중에 문득 깨닫는다. 지금까지 대화 중에 오간 모든 말을 내가 완벽하게 이해했다. 나는 잘 알아듣고, 대화에 잘 참여하고, 아프지 않다. 머리에 불이 들어온 것 같다. 불이 켜져서 지난 3년 반 동안 내가 볼 수 없었던 모든 것이 훤히 드러난 느낌이다.

집으로 걸어오는 길에 불현듯 지난 몇 년간 내가 얼마나 나를 나처럼 느끼지 못하고 살았는지 절감한다. 심지어 '양호했던' 기간, 상태가 좋았던 날에도 지금처럼 명료하고 생생하게 세상에 존재하는 기분이었던 적이 없다. 나는 이 기분을 데이비드에게 말하다가 눈물이 터진다. 내가 낫긴 낫겠구나 하는 생각이 든다. 이 방법이 효과 있을 것이며, 내가 다시 나로 돌아갈 거라는 확신이 든다. 내 뇌가 다시 살아난 기분을 미리 느낀다. 그것을 믿게 된 이 순간에야 나는 지난 몇 년의 상실의 무게를 제대로 각성한다. 내 둘째 아이의 4년 중 3년. 내 맏아이의 7년 중 3년. 나는 온 마음을 다해 거기에 있었지만 내 뇌는 반밖에 없었다. 내가 얼마나 다른 사람으로 살았는지 새삼 깨닫고 나는 흐느껴 운다.

이 명료함의 순간이 지나간다. 하지만 이틀 뒤에 다시 오고,

다음 날 다시 온다. 그러다 그 순간들이 꼬리에 꼬리를 물고 오기 시작한다. 하루에도 몇 번씩 오고, 올 때마다 점점 더 길게 지속된다. 4주 후에는 이런 강한 활기와 존재감을 항상 느낀다. 6주가 지나자 두통, 브레인 포그, 정신 혼란, 어지럼증, 피로감이 더 이상 발생하지 않는다. 나는 나 자신이다. 내가 돌아왔다. 이제는 전에 했던 모든 것과 그 이상을 할 수 있다. 이제는 '위험을 향해 달리는 것'이 내 삶을 조직한다. 나는 겁나는 과제들, 내가 항상 피해왔던 과제들에 뛰어든다.

묘한 패러다임 변화다. 지금까지 나는 '내 몸에 귀 기울이기'와 '자기 돌봄' 문화에 물들어 있었고, 그 문화에 한계가 있다는 생각을 하지 못했다. 이 개념이 중요하지 않다는 뜻은 아니다. 이 개념을 전혀 모르는 사람이라면 배우는 것도 나쁘지 않다. 하지만 오랫동안 나는 모든 의료 종사자, 요가 강사, 명상 지도사들로부터 내 몸에 귀 기울이라는 말만 줄기차게 들었다. 그들은 내게 *더* 열심히 들으라고만 했지, 누구 한 사람 내가 *이미* 얼마나 열심히 듣고 있는지는 묻지 않았다. 나는 뇌진탕으로 고장 난 뇌를 통해 내 몸의 말을 들었고, 내 몸이 못 한다고 하면 그 한계를 확정했다. "네 말이 맞아. 나는 그런 것들은 못 해." 나는 내 몸의 말을 들었다. 그런데 내 몸도 내 말을 들었다. 그게 문제였다.

첫 진료에서 콜린스 박사는 이렇게 말했다. "뇌진탕을 당하면 무엇이 자신에게 이로울지에 대한 좋은 본능이 없어져요. 어두운 방에 혼자 눕고 싶어져요. 세상에 나가 사람들과 어울리기 싫어져요. 인생에서 중도 하차하고 싶어집니다. 이 나쁜 본능이 나쁜 조언과 결합해서 당신을 필요 이상으로 병들게 합니다.”

6주 후 피츠버그에서의 후속 진료에서 팀 전체가 내 결과에 신나하는 것을 느낀다. 더는 미식축구 코치에 빙의해 있지 않은 콜린스 박사가 말한다. “세라처럼 호전되는 사람을 볼 때의 흐뭇함은 이루 말할 수 없습니다. 이 결과를 위해 얼마나 노력했겠어요. 우리 모두 당신이 자랑스러워요.”

박사는 남들도 내 변화를 알아차렸는지 묻는다. 사고 전의 나를 알지 못하는 이웃 한 명이 며칠 전 길에서 나를 보았다. 그는 나와 가까워질 때까지 나를 알아보지 못했다. “무슨 일 있으세요?” 이웃이 말했다. “딴 사람처럼 보여요. 누군가 불을 켠 것 같아요.”

콜린스 박사가 말한다. “아이들도 예전 엄마를 다시 만나 행복하겠어요.”

나는 박사에게 둘째 아이 에일라는 뇌진탕 이전의 나를 알지 못한다고 말한다. 사고가 났을 때 에일라는 한 살이었다. 에일라는 이제야 태어나서 처음으로 나를, 진짜 나를 알아가는 셈이다.

그가 밭게 숨을 들이마신다. 그의 눈에 눈물이 고인다.

에일라는 떠들썩한 놀이도 소화하는 지금의 나를 보며 자주 신기해한다. 에일라는 신나서 환호한다. “엄마는 끝내주게 *재미있는* 사람이었어! 엄마도 놀 줄 아는구나!”

나는 이브가 그린 그림을 박사에게 선물한다. 괴물이 공중으로 솟구쳐 오르고, 기다란 귀를 바람에 펄럭이며 하늘을 나는 괴물을 그린 만화다. 괴물의 말풍선 안에는 이렇게 쓰여있다. “귀를 휘날리며 고지를 향해 달리자!" 나는 이 그림을 들고 있는 콜린스 박사의 사진을 찍는다. 아이들에게 보여주기 위해서. 아이들에게 콜린스 박사는 일종의 영웅이다. 자기들에게 놀 수 있고, 춤출 수 있고, 무엇도 겁내지 않는 엄마를 선사한 마법사다.[5]

나는 전정 재활치료사 앤에게 작별을 고하고 감사를 표한다. "삶을 되찾아줘서 고맙다는 인사를 하루에도 몇 번씩 받으시죠?" 내가 말한다.

그가 말한다. "아무리 들어도 지겹지 않아요."

물리치료사는 나를 체육관으로 데려가서 새로운 운동을 가르친다. 한 청년이 내 눈에 들어온다. 20대 초반으로 보인다. 길고 텁수룩한 머리에 안색이 창백하다. 청년은 실내 자전거를 타면서 울고 있다. 나는 상상한다. 아마도 그는 어두운 방에서 몇 달, 어쩌면 몇 년을 보냈다. 그는 이 물리치료실이 심히 고통스럽다. 운동 기구들의 소음, 천장에서 쏟아지는 눈부신 조명. 이런 식의 자해가 무슨 소용일까 싶은 낭패감. 그는 더 이상 자신에게 호의적이지 않은 몸에 갇혀있다. 나는 청년이 이 순간 낭떠러지 끝에서 한 걸음 더 내딛는 상상을 한다. 그러자 그는 마침내, 자신이 생각하는 것보다 빨리, 자신이 기억하는 삶에 착지한다. 심지어 그가 기억하는 것보다 더 나은 삶으로 귀환한다.

나는 명료하게 생각할 수 있는 것에 매일 감사한다. 겉으로 보이지 않고 극소수만 이해하는 부상을 수용하기 위해 내 삶을 수정하지 않아도 된다는 것에 매일매일 감사한다. 일상의 기본적인 일들을 처리할 능력은 물론이고, 내게 일하고, 춤추고, 놀

수 있는 능력이 있다는 것이 너무 기쁘다.

그럼에도 뇌진탕은 내 삶에 상흔을 남겼다. 내가 처음 부상을 입었을 때 가족들은 내가 뇌진탕으로 고통받는다는 것을 믿었고 많이 도와주었다. 하지만 그들 중 일부는 내 뇌진탕 증상의 지속성과 심각성에 대해 지금도 의구심을 보인다. 나는 그들의 불신이 당황스럽고 속상하다. 뇌진탕에서 회복되고 몇 달 후 나는 안과 검진을 받았다. 의사는 왼쪽 눈 시력 저하의 원인이 시신경 손상이며, 소화기 사고 때문일 가능성이 높다고 말한다. 이 말에 나도 모르게 안도의 한숨이 나온다. 내가 겪은 일이 실제라는 물리적 증거를 확보했다는 생각에 속이 후련하다.

"*땀난단 말이야!*" 내가 시끌벅적한 가족 행사에 참석하지 못하고, 두통이 닥치면 산책을 나가야 했던 시절 가족 중 몇 명은 이 말을 자주 떠올렸을 것이다. 가족 사이의 균열이 다 그렇듯, 이 문제에도 오래 쌓여 굳어진 겹겹의 층이 있다. 하지만 그들의 의구심은 내게 서글픔과 스트레스를 안겼고, 나부터 나를 계속 의심하게 했고, (콜린스 박사가 지적했듯) 강해져야 할 때 나를 약한 인간으로 인식하게 했다. 때로 나는 내 몸의 호소보다도 가족의 회의론을 더 크게 들었고, 내가 느끼는 병증의 강도를 혹독하게 깎아내렸다.

자신의 과거 역량을 알고 그 역량에 큰 변화가 생겼음을 아는 것과, 이전의 자신이 어땠는지에 대한 실질적인 느낌을 유지하는 것은 별개의 문제다. 내가 만난 많은 뇌진탕 경험자들이 공통적으로 토로하는 것이 바로 이런 자기 회의다. 그들은 남들이 믿어주지 않는 고통, 자기 자신을 온전히 믿지 못하는 고통에 대해 말한다.

현재

내가 이 글을 쓸 때 캐나다는 또 한 번의 연방선거를 치렀다. 영화 〈작은 아씨들〉이 개봉했다. 아이들과 함께 이 영화를 본다. 이브는 몇 년 전 내가 잠자리에서 들려주었던 이야기, 특히 에이미 마치가 강의 얼음 사이로 빠지는 대목을 기억한다. 이브는 (그레타 거윅 감독이 아름답게 연출한) 이 영화에 잔뜩 고무되어 위층으로 뛰어올라가 어린 시절의 이야기를 쓰기 시작한다.

내가 예전의 뇌를 잃은 지 4년이 지났다. 뇌를 되찾고 의기 충만한 삶을 살게 된 지는 겨우 8개월 되었다. 나는 이제 완전히 세상으로 복귀했다. 내 머리에 소화기가 떨어지기 직전의 연방선거에서 집권했던 당이 이번에 다시 집권했다. 내가 그때 작업 중이었던 프로젝트가 이제 영화로 나왔다. 이전과 이후가 묘한 대칭을 이룬다.

요즘 나는 일상의 혼돈을 소화하며 감속과 가속의 필요에서 얻은 상반된 교훈들에 유념한다. 나는 온전히 호흡하고 순간에 몰입하는 법을 배웠다. 나는 바닥에 앉아 내 아이들과 노는 법을 배웠다. 아이들과 소꿉놀이를 하고, 책을 읽고, 수다 떨면서 생활의 과제와 의무는 아득히 잊는 법을 배웠다. 내가 생각했던 것 이상을 해냈다는 믿음을 가지게 됐고, 두려움 없이, 또는 두려움이 있어도 계속 나아가는 법을 배웠다. 그간 내가 배운 온갖 상반된 지침들 속에서 살아갈 방법을 찾을 수 있을지 때로는 걱정스럽다. 순간에 집중하는 동시에 위험을 향해 달릴 수 있을까? 잘 모르겠다. 하지만 적어도 나는 내 뇌를 다시 찾았고, 해법을 궁리할 수 있다.

요즘 나는 아이들을 학교에 데려다주고, 아기와 드롭인센터에 가고, 각본을 쓴다. 감당 가능한 스크린타임이나 사교 시간에 대한 물리적 제한은 없다. 나는 아이들과 간지럼 괴물 놀이를 끝없이 할 수 있고, 아이들이 신나서 악쓰는 소리도 즐길 수 있다. 혼잡한 공간에서 사람들이 하는 말도 알아들을 수 있다. 내가 무엇을 쓰고 있고, 무엇을 썼는지 기억한다.

나는 40대다. 나는 뇌진탕 회복의 한계를 훌쩍 뛰어넘는 변화들을 얻었다. 이제는 내가 피하는 것에서는 더 약해질 것이고, 내가 달려드는 것에서는 더 강해지리라는 것을 안다. 내 몸의 신호를 들을 줄 알지만, 무능과 한계를 내재화할 정도로 그 신호에 휘둘리지 않는다. 내 몸에 귀 기울인다는 개념을 내 활력을 죽이는 무기로 사용하는 과오를 범하지 않는다. 나는 고속도로 운전에 긴장하지만 그래도 한다. 현재 영화 제작을 준비하고 있다. 늘 쓰고 싶던 책을 쓰고 있다. '위험을 향해 달리기'는 내가 내 삶에 도입한 존재 방식이다. 보물이자 주문이고 전투검이다.

감사의 말

내 남편 데이비드는 삶을 적극적으로 포용한다. 삶이 그에게 무엇을 던지든 의연히 받아낸다. 그와 함께 있으면 모든 것이 가능하게 느껴진다. 이 책을 쓰는 것도 예외는 아니었다. 이렇게 삶으로 충만한 사람과 세상을 함께 걸어가게 된 것에 매일매일 감사한다.

나는 해미시 해밀턴의 니콜 윈스탠리와 펭귄 프레스의 버지니아 스미스라는 걸출한 인재들을 내 에디터로 맞는 비현실적인 행운을 누렸다. 이들의 지혜와 통찰, 인정으로 두껍게 포장된 명확한 방향 제시 능력은 숨이 막힐 정도다. 언젠가 내가 이 책의 보도 자료 같은 멋진 보도 자료에 걸맞은 자격과 역량을 실제로 갖춘 작가가 되기를 희망한다. 두 사람은 내가 스스로 묻기 두려웠던 질문들을 대신 해주며 나를 부드럽게 이끌었고, 덕분에 전에는 있는지조차 몰랐던 위험들로 달려가는 내 자신을 자주 만날 수 있었다. 니콜은 10여 년 전 내게 책을 쓸 생각이 없는지 처음으로 물어본 사람이기도 하다. 그 질문은 내가 거의 묻었던 평생의 욕망을 끄집어냈다.

전설적인 세라 챌펀트는 타의 추종을 불허하는 품위와 인내심과 솔직함으로 무장하고 이 책이 출판되기까지 전 과정에서 친절한 길잡이가 되어주었다.

숀 오키는 노련한 매의 눈으로 원고 교열을 주관했다. 그에게 발각되는 것을 각오하지 않고서는 문장에 세미콜론 하나도 몰래 넣을 수 없다.

벤 펠런은 사실 확인을 도와주었고, 그 과정에서 나를 부단히 즐겁게 했다.

표제지마다 정감 어린 삽화를 그려준 로런 타마키와 이 책을 멋지게 디자인해 준 켈리 힐에게 감사드린다.

이베트 랭은 자료 조사에 많은 도움을 주었다.

릭 살루틴은 내 삶의 항수(恒數) 같은 존재이며, 이 책에도 함께했다. 그는 많은 시간을 할애해서 내가 이 책 자체만이 아니라 이 책을 둘러싼 감정을 타개해 나가는 것을 도왔고, 단 한 번도 다른 곳에 있고 싶은 내색을 하지 않았다.

개비 모거먼, 프랭크 프래타롤리, 팸 윈터는 여섯 에세이들의 초고를 모두 읽었고, 나와 몇 시간씩 통화하며 내가 그것들을 다듬는 데 크게 기여했다. 이 세 사람은 실리아 채슬스와 더불어 내가 배우와 감독으로 보낸 세월 동안 내 안내자 역할을 했다. 이들은 엄청난 지혜와 초인적 인내심으로 내가 영화 산업에서 길을 잃지 않게 도와주었다.

자신감이 떨어져 있던 시절, 미리엄 테이브스가 내 뒤에 버티고 서서 나를 앞으로 밀었다. 테이브스는 내게 놀라운 인간미를 베풀었고, 이 책이 세상에 나갈 준비가 되었다는 믿음을 불어넣었으며, 이 믿음이 내가 대대적인 후퇴를 준비하고 있을 때 나를 앞으로 나아가게 했다.

사촌 언니 세라 리글러가 제공한 통찰과 무조건적 지지에 힘입어 이 책의 에세이들을 마무리 지을 수 있었다.

이 책의 집필 과정 전반에서 케이트 롭슨이 수없이 다양한 방식으로 나를 지원했다. 특히 내가 뇌진탕 후유증으로 고생하던 시기에 기꺼이, 그리고 변함없이 내 곁을 채워준 것에 무한한 감사를 보낸다.

이 세상 누구보다 나를 크게 웃겨주는 내 오빠 조니에게 감사한다. 조니 오빠는 여러 면에서 다정도 용기라는 것을 보여준다. 이 책을 오빠에게 보여주기가 몹시 겁났지만, 막상 보여주었을 때 돌아온 것은 응원뿐이었다. 많은 일을 겪는 내내 오빠는 언제나 내 친구이고 동지였다. 오빠가 내 인생에서 얼마나 큰 역할을 하는지를 생각할 때 이 책에서 오빠에게 할애한 지면은 터무니없이 적을 뿐이다.

내 언니 수지는 늘 내게 글을 쓸 것을 권했다. 언니가 나를 잠재적 작가로 보는 것이 내게 엄청난 의미를 부여했다. 언니의 온정, 아량, 회복력을 미치게 본받고 싶다.

나는 세상 최고의 오빠 마크와 한집에서 자라는 행운을 누렸다. 오빠 덕분에 시, 정치, 모험, 부적절한 농담, 그리고 조건 없이 사랑받는 것에 입문할 수 있었다.

내 언니 조는 우리 가족에서 진정한 작가다. 언니는 내 비밀의 일부를 쥐고 있고, 내가 비밀의 일부를 공유하기를 권했다. 그 비밀들의 무게를 계속 나 혼자 짊어질 필요는 없다면서.

어린 시절 앤 이모에게 받은 보살핌은 여러모로 내 형성과 발달에 중요한 역할을 했다. 나는 부모가 된 이래 매일 이모를 본보기로 삼았다. 양육자의 본을 보여준 이모에게 감사한다.

내게 필수 불가결한 지원과 통찰을 제공한 저스틴 사파예니, 앤드리아 곤살베스, 앨리슨 픽, 케빈 모리스, 스콧 손리, 셜리 블럼버그, 에밀리 제이드 폴리에게 심심한 감사를 표한다. 린다 프리드너와 이언 매키넌의 지혜와 지원과 신중한 법적 감수를 받을 수 있었던 것도 큰 행운이었다. 니콜 스탬프는 놀랄 만큼 명확하고 실용적이고 현명한 피드백을 아끼지 않았다.

이 책을 쓰는 과정에서 다음 분들에게 많은 신세를 졌다. 이들이 베풀어 준 굳건한 우정과 유용한 피드백에 감사드린다.

잭 호리건, 아이리스 응, 크리스 커레리, 세라 미첼, 데이 딘스버컨, 마거릿 애트우드, 퍼트리스 굿맨, 에이바 로스, 버지니아 존슨, 루이스 트로차토스, 애텀 이고이언, 앤드리아 아다리오, 캐시 걸킨, 앤턴 피아티고르스키, 뤽 몽펠리에, 제시카 리드, 수전 마고티오, 해리엇 색스, 클레이턴 루비, 에마 루비색스, 제인

삭스, 조 캐런스, 제니퍼 네델스키, 해나 성, 치 응우옌, 그리고 애저베도 가족 전체(베브, 프랭크, 제시카, 크리시, 프랭키).

제이미 도너번은 2019년 11월의 산책에서 내게 방침을 바꿔 이 책의 탈고를 우선시할 것을 주장했고, 그 주장을 관철시켰다. 때로는 좋은 친구와의 산책이 인생을 바꿔놓는다.

내 올케언니 메건 샌도미어스키는 내가 엄마가 된 이후 지난 9년 동안 우리에게 도움이 필요할 때마다 달려와 주었다. 메건의 존재와 사랑에 깊이 감사한다.

이 책에서는 마이코 타카기를 간략히 언급했지만, 사실 그가 없는 우리 삶은 상상할 수 없다. 그는 현명함과 공감 능력에서 나의 롤모델이다. 그가 우리 인생에 있다는 것은 믿기지 않는 행운이다.

내 친구 지젤 고든은 내게 뇌진탕 환자의 현실적 고충에 대해 조언하며 많은 시간을 보냈다. 부상 첫해에 그에게 받은 이해와 도움과 현실적인 보살핌, 그리고 그 모든 것에 깔린 우정이 없었다면 나는 가망이 없었을 것이다.

에이바 로스와 크리스틴 톰슨은 내가 뇌진탕으로 가장 힘들었던 시기에 우리에게 매주 식사를 날라다 주었고, 지난 몇 년간 수많은 방법으로 도움을 베풀었다.

코리 민츠는 척추수술 회복기와 10대의 혼란기를 내 손을 잡고 함께 통과했다. 그는 여전히 내가 믿고 사랑하는 친구이며, 현재 음식 리포터로 활약 중이다.

지안 고메시 사건의 증인으로 나선 여성들에게 감사드리고,

그들이 보여준 놀라운 용기에 경의를 표한다. 루시 디쿠티어와 린다 레드그레이브와 또 한 분의 이름을 밝히지 않은 고소인 외에도, 글을 올리거나 경찰에 출두해 피해 사실을 알렸지만 사건이 재판으로 이어지지 않은 많은 여성들이 있다. 이 여성들에게 다시 한번 고마운 마음을 전한다. 이들은 사회운동을 일으켰다. 그 업적은 결코 잊히지 않을 것이다. 이들 덕분에 세상이 바뀌고 있다.

멜라니 랜들과 로리 해스켈은 〈침묵한 여자〉를 쓸 때 대체 불가의 소중한 길잡이이자 지지자였다. 두 사람 모두 성폭행 문제에 대한 획기적인 연구에 매진한다. 두 사람은 뛰어난 연구자인 동시에 경이로운 친구다.

일레인 크레이그의 책 《재판을 재판하다》가 성폭행 재판의 고소인으로 나서는 피해 여성들이 겪는 고초를 이해하는 데 큰 도움이 되었다.

크리스 머피 변호사의 당부는 내가 〈침묵한 여자〉를 통해 내 사연을 고백하는 계기가 되었다. 그의 말이 수년간 내게서 떠나지 않았다. 나는 내 이야기를 하겠다는 결정을 내렸고, 그 과정에서 머피 변호사는 실질적인 조언과 지지를 제공했다.

토론토 아동병원과 마운트시나이 병원에서 내 치료에 참여한 의료진 한 분 한 분에게 감사의 마음을 전한다. 이 책에서 일일이 언급하진 못했지만 이 두 곳에는 내게 선한 영향을 미친 분들로 가득하다.

〈위험을 향해 달려라〉에서 언급하진 못한 은인이 더 있다. 특히 뇌진탕 투병 초기에 주디스 닐리의 정골요법과 두개천골요법으로 통증 완화 효과를 얻었다.

칸찬 마산드는 내게 회복의 가능성과 개연성을 보여주었다. 그는 지금까지 뇌진탕을 비롯한 다양한 부상과 질병으로 고생하는 수많은 사람들에게 도움을 주었다. 그의 치료를 받게 된 것은 크나큰 행운이었다.

UPMC 뇌진탕 클리닉의 마이클 (미키) 콜린스 박사와 앤 무차를 포함한 치료 팀 덕분에 나는 내 뇌와 내 삶을 되찾았다.

나는 뇌진탕을 앓았던 여성 작가 몇 명과 '뇌진탕 클럽'을 결성했다. 구성원 모두 UPMC에서 치료를 받았다. 세미 첼라스, 태지 캐머런, 메러디스 부치니치와 서로의 경험을 공유하고 경청하게 된 것을 더없는 축복으로 생각한다.

더글러스 헤든 박사는 내가 열다섯 살 때 놀라운 공감 능력과 혜안으로 내 정신건강을 구했다. 박사는 나를 그저 척추측만증 환자가 아니라 한 명의 전인적 아동으로 대하고 치료했다. 또한 박사는 원고 전체를 세심히 읽고 모든 에세이에 사려 깊은 통찰을 제공했다. 그토록 결정적인 시기에 그를 의사로 만난 내 행운을 지금도 믿기 어렵다.

마빈 왁스먼 박사는 TV 드라마의 피보험자를 위한 정기 건강검진에서 내 척추측만증을 처음으로 발견한 분이다.

수행심리학자 케이트 헤이스 박사는 내가 무대공포증과 싸울 때 나와 함께했다. 그의 연구 업적은 많은 사람들의 인생을 바꿨다.

스트랫퍼드 시절 환상적인 분장실 짝꿍이었던 배우 미셸 피스크에게 감사드린다. 내게 더없이 현명하고 자애로운 멘토가 되어주었다.

마티 매러든은 자신의 연극보다 아역배우의 안녕을 우선시하는 연출가였다. 그는 대체 불가의 존재다.

1994년 스트랫퍼드 연극제의 〈거울 나라의 앨리스〉 출연진과 제작진에게 깊이 감사한다. 그리고 나의 하차로 인해 엘긴앤드윈터가든 극장의 겨울 상연이 무산된 것에 대해 다시 한번 사과드린다.

TV 드라마 〈에이번리 가는 길〉의 촬영장에서 내 가정교사이자 보호자였던 로리 패런스를 잊을 수 없다. 로리는 내 어린 시절에서 가장 힘든 시기에 나를 위해 이루 말할 수 없이 많은 애를 써주었다. 그가 내 무사 안녕에 쏟은 노력은 아무리 말해도 지나치지 않고, 평생 감사해도 모자라지 않다. 이 책에서 로리에게 할애한 지면은 그저 약소하기 짝이 없다.

에릭 아이들은 여덟 살의 내게 피난처가 되어주었고, 내가 어른이 된 후에는 당시의 내 기억을 두 번 이상 입증해 주었다. 또한 에릭은 이 책의 원고를 매 단계에서 꼼꼼히 읽고 내가 당시를 이해하는 데 필요한 기억의 공백들을 채워주었다.

리처드 콘웨이는 건강 문제로 고생하는 와중에도 〈미치광이 천재〉를 읽고 피드백을 제공했다. 〈바론의 대모험〉 촬영 기간에 일어난 특정 사건들의 경위와 이유에 대한 내 경험을 입증해 주고 절실히 필요했던 배경 설명을 보태준 것에 영원히 감사한다.

켄트 휴스턴도 이 에세이를 위한 감동적인 지지와 피드백을 제공했다.

찰스 맥케온 역시 〈바론의 대모험〉 제작 당시 나를 따뜻하게 대해주었고, 촬영에 대한 자세한 기억을 떠올리는 데 귀중한 출처가 되어주었다.

내 친구 재커리 베넷은 아역배우로서의 경험을 나와 상세히 논하고 탐구했으며, 그 경험의 분석에 많은 영감을 주었다. 나는 열 살 때 이미 그가 내 편이란 것을 알았고, 그 사실은 한 번도 변한 적이 없다.

맥 러프먼은 지금도 여전히 내 삶의 필수적인 부분으로 남아있다. 그는 내 어린 시절에 마법을 뿌려 동심의 빛을 더했고, 지금은 그의 멋진 남편 대니얼 헌터와 함께 내 아이들에게 같은 마법을 뿌리고 있다. 또한 두 사람의 현실적이고 정서적인 지원이 이 책의 완성을 가능하게 했다.

영화 촬영장에서 다양한 순간에 아역배우들의 입장과 권리를 옹호하고, 그 과정에서 자신의 일자리가 위험해지는 상황까지 감수한 스태프들(촬영기사, 전기설비 기사, 운전기사, 의상 담당 등)의 이야기를 많이 들었다. 내가 직접 목격한 것도 여러 번이다. 그들의 용기 있는 행동에 깊이 감사한다. 성공하지 못했더라도 그들이 노력했다는 사실은 우리의 기억에 남아있다.

토머스 속넛 박사는 내가 수강했던 토론토대학교 대학예비과정의 교수였다. 그의 캐나다 역사에 대한 열정과 매혹적인 스토리텔링은 우리 모두를 학구열에 불타게 했다. 박사는 특히 프린스에드워드섬의 소작인연맹 봉기에 대한 내 질문들에 친절하게 답해주었다.

전설적인 산부인과 의사 폴 번스타인 박사는 최근에 은퇴했다. 하지만 여전히 제왕절개수술을 돕고, 거기서 행복을 느낀다. 박사는 귀한 시간을 내서 내게 〈고위험 임신〉을 위한 의학 자문 역할을 해주었다.

호제이 커발로 박사 역시 〈고위험 임신〉에 대해 귀한 피드백을 제공했다.

뛰어난 마취과 의사 메리 엘런 쿡은 이 책의 이야기들을 어느 누구보다 세심히 읽었고, 검토와 답변에 과분할 만큼 많은 시간을 할애했다. 그는 내가 의학적 세부 사항을 이해하고, 내 경험을 검증하는 데 도움을 주었다. 하지만 그를 아는 것만도 인생의 기쁨이다. 또한 그는 내게 '연속극 스타 뺨치게 섹시한' 닥터에게 사과하라고 조언했다. 그분은 실제로도 매우 친절한 의사였다. 다음과 같이 사과드린다.

연속극 스타 뺨치게 핫한 의사 선생님에게: 선생님은 지극히 사랑스러운 분이시고, 훌륭한 이웃이었습니다. 제가 이 책에서 선생님을 짓궂게 묘사한 것이 기분 나쁘지 않으셨으면 좋겠어요! 그리고 수분크림은 적당량만 바르세요.

나는 스물두 살 때부터 세라 프레크 박사에게 심리상담을 받았다. 박사는 오래전부터 이 이야기들을 들었고, 내가 그것들을 처리할 수 있도록 도왔다. 박사의 정신분석과 심리치료가 아니었다면 지금 내가 어떤 사람이 되어있고 어디에 있을지 알 수 없다.

내 어머니는 잠을 희생해 가며 항상 책을 읽었고, 정신없이 바빠도 매일 밤 내가 잠들기 전에 이야기를 읽어주었다. 엄마가 내게 주입한 모든 것에 감사하고, 엄마가 이 세상에 가져온 웃음, 온기, 재미에 감사한다. 엄마 같은 사람은 세상에 다시없다.

내 아버지 마이클 폴리는 경이로운 인물이었다. 2018년 작고할 때까지 아빠는 우리를 끈끈히 묶는 존재였다. 이 책보다는 내가 2012년에 만든 다큐멘터리영화 〈우리가 들려줄 이야기〉가 아빠가 어떤 사람이었는지를 보다 풍성하고 친절하게 보여준다. 아빠가 돌아가신 지금 내가 이 책에서 아빠의 몇몇 결점을 논할 자격이 생겼다고 느낀 것은 어쩌면 아빠가 살아있을 때 내가 그 영화를 만들었기 때문일지 모른다. 그 결점이 무엇이든, 아빠는 내가 남들에게서 보지 못한 방식으로 계몽된 사람이었고, 대개의 사람들이 관대하지 못할 상황에 관대하게 대응했다. 그가 나의 아빠였다는 것은 내게 숱하게 많은 면에서 행운이었다. 아빠, 아빠는 내가 그 영화에서 아빠를 영웅으로 묘사한 것이 불편하다고 늘 말씀하셨죠. 자, 여기요! 이 책으로 균형이 잡혔다고 생각해 주세요.

주

1. 이 영화의 제작 실태를 다룬 앤드루 율의 책 《빛을 잃다》에는 해당 장면의 촬영 후 내가 동맥고혈압과 호흡성부정맥 증세를 보였다는 언급이 있다. 나는 이에 대한 기억이 없지만, 병원에서 건강에 이상이 없다는 말을 들었다는 내 기억도 정확하지 않을 수 있다는 의심이 든다.
2. 이 사건들은 《빛을 잃다》에 자세히 나와있다.
3. 어빙 벌린 작사, 작곡의 노래 〈쇼비즈니스 같은 비스니스도 없지〉에서 발췌. Copyright 1946 by Irving Berlin Music Co.
4. 《빨강 머리 앤》을 원작으로 CBC와 넷플릭스가 제작한 드라마 〈빨간 머리 앤〉(Anne with an E)은 원작에는 없는 원주민 차별과 학대 문제를 언급하는 등, 현실성과 포용성을 주입하려

는 노력을 보여준다.

5. 오랫동안 이 에세이를 쓰고 싶었다. 하지만 캐나다 보건의료 시스템의 실패를 다루게 된다는 생각에 선뜻 실행에 옮기지 못했다. 특히 미국에서 공공 보건의료를 향한 투쟁이 중대한 기로에 있는 시점에는 더욱 예민한 문제가 아닐 수 없다. 나는 평생 수차례의 대수술과 건강 위기를 겪었다. 척추수술, 고위험 임신으로 인한 장기 입원, 아기의 NICU 입원, 세 차례의 제왕절개수술, 중증 자궁내막증 수술 등. 모든 것이 국민건강보험(universal healthcare)으로 처리되었다. 나는 거의 예외 없이 훌륭한 의료 서비스를 받았다. 그럼에도 미국 미디어에서 캐나다의 보건의료 시스템을 끔찍한 악몽으로 묘사하는 경우를 종종 본다. 내 이야기가 캐나다의 공공 보건의료 시스템은 미국의 민간 의료 수준에 미치지 못한다는 해로운 선전에 악용될 수 있다고 생각하면 소름이 끼친다. 뉴펀들랜드주 총리 대니 윌리엄스가 미국에 가서 심장판막치환수술을 받은 일이 세간의 화제였다. 그런데 정작 이 수술의 개척지로 유명한 곳은 토론토다. 자신이 받을 수술에서 세계 최고의 결과를 내는 곳이 다름 아닌 자기 나라인데도, 윌리엄스는 굳이 국경을 넘었다. 캐나다 의사이자 국민건강보험의 옹호자로 유명한 대니얼 마틴 박사가 미국 상원의 한 위원회에서 이 사례를 말하며 다음과 같이 덧붙였다. "때로 사람들 사이에 특정한 인식이 생깁니다. 저는 여기에 미디어 담론이 적지 않은 영향을 미친다고 믿습니다. 비용을 많이 치를수록 좋은 결과

를 얻을 수 있다는 인식은 사실 무근입니다."

내가 마지막으로 피츠버그 클리닉을 방문했을 때 안과 의사를 소개받았다. 그 안과의는 내가 내 경험을 대국적으로 이해하는 데 도움을 주었다. 그의 아내가 캐나다 사람이라서 그의 가족은 캐나다에서 많은 시간을 보낸다. 그가 말했다. "안과 수술 분야에서 캐나다는 우리보다 꾸준히 5년에서 10년 앞서 있습니다. 뇌진탕의 경우는 제가 알기로 캐나다가 일관되게 뒤처져 있는 몇 안 되는 분야 중 하나입니다. 그건 공공 의료냐 민간 의료냐의 문제와는 아무런 상관이 없어요. 많은 경우 캐나다의 공공 시스템이 혁신 측면에서 미국보다 훨씬 앞서 있습니다."

위험을 향해 달리다

기억과 대면한 기록들

초판 1쇄 인쇄 2024년 2월 27일
초판 1쇄 발행 2024년 3월 13일

지은이 세라 폴리
옮긴이 이재경
펴낸이 이승현

출판2 본부장 박태근
논픽션 팀장 강소영
편집 조은
디자인 김준영

펴낸곳 ㈜위즈덤하우스 **출판등록** 2000년 5월 23일 제13-1071호
주소 서울특별시 마포구 양화로 19 합정오피스빌딩 17층
전화 02) 2179-5600 **홈페이지** www.wisdomhouse.co.kr

ISBN 979-11-7171-149-9 03840